CUPCAKES
de Martha Stewart

CUPCAKES
de Martha Stewart

175 ideas geniales para deleite de todos

De los editores de
Martha Stewart Living

Fotografías de Con Poulos y otros

Editorial EJ Juventud

Agradecimientos
Son muchas las personas que han contribuido a dar forma a este
maravilloso libro, en especial la directora editorial de alimentación
y entretenimiento Jennifer Aaronson; las editoras de grupos de
proyectos especiales Evelyn Battaglia, Ellen Morrissey, Sarah Rutle-
gde Gorman, Christine Cyr y Stephanie Fletcher; los directores
artísticos William van Roden, Matt Papa, Yasemin Emory y Amber
Blakesley; el director editorial y creativo Eric A. Pike, y los fotógra-
fos Con Poulos y Raymond Hom además de los asistentes de
fotografía Marc McAndrews y Christina Holmes. Entre las personas
que también proporcionaron ideas, consejos y apoyo se incluyen:

El talentoso equipo de Martha
Stewart Living Omnimedia

Mary Cahill
Denise Clappi
Marissa Corwin
Alison Vanek Devine
Lawrende Diamond
Catherine Gilbert
Katie Goldberg
Heloise Goodman
Elizabeth Gottfried
Julie Ho
Marcie McGoldrick
Heather Meldrom
Sara Parks
Ayesha Patel
Dawn Perry
Lucinda Scala Quinn
Megan Rice
Gael Towey

Nuestros compañeros
de Clarkson Potter

Rica Allannic
Amy Boorstein
Angelin Borsics
Dorin Cooper
Jenny Frost
Derek Gullino
Mark McCauslin
Marysarah Quinn
Lauren Shakely
Patricia Shaw
Jane Treuhaft
Kate Tyler

Para todos aquellos pasteleros que reconocen el atractivo de los preciosos, deliciosos y realmente apetitosos pasteles pequeños

contenido

con remolinos Y gránulos

bañados y glaseados

sencillos y dulces ^{PÁGINA} 88

rellenos Y de capas

cubiertos Y decorados

con manga pastelera

cumpleaños PÁGINA 160

festivos

celebraciones

introducción

Al final de una cena en mi casa, cuando todos devorábamos un cupcake de chocolate sabrosísimo y precioso con glaseado de chocolate vertido sobre un grueso baño de ganache y servido con una cucharada de nata montada y una bola de helado de caramelo con forma de *quenelle*, pedí a mis invitados que describieran qué significaban para ellos los cupcakes. Sus comentarios fueron encantadores y, dado el gran éxito de los cupcakes como postre o tentempié, nada sorprendentes. Mencionaron adjetivos como *delicioso, sabroso, jugoso, denso e intenso. Decadentes, con mucha cobertura, rellenos, monos, cubiertos con gránulos, bonitos y evocadores de la infancia* fueron otras palabras y frases descriptivas y amables relacionadas con el asunto en cuestión, el ya omnipresente cupcake.

Pero ¿qué hay en estos pequeños pasteles que los convierte en bocados tan apetecibles como para que la gente haga cola en ciertas pastelerías y espere a que su cupcake favorito salga del horno y se enfríe antes de pasar por el proceso decorativo que lo culmine? La paciencia que demuestran estos aficionados mientras la siguiente tanda de cupcakes recién horneados —en preciosos y prácticos envoltorios de papel acanalado o plisado que a veces diseñan especialmente para esa pastelería— salga del horno, ya sea diminuto o inmenso, no es habitual, sobre todo en Nueva York, donde normalmente todo el mundo lleva prisa. Pero, de algún modo, para un cupcake se desentierra una reserva de paciencia especial seguida de sonrisas y conversaciones banales con otros clientes, mientras se aproxima la realidad de hincarle el diente al cupcake elegido, el favorito de cada uno.

En realidad, un cupcake es una pequeña y perfecta satisfacción para aquellos a los que nos encanta algo dulce, bonito y único. Magnolia Bakery, Billy's Bakery, Cupcake Café, BabyCakes Bakery, Kara's Cupcakes, SusieCakes, Happy Cakes, Violet's Cakes, ChikaLicious, Crumbs Bake Shop y Sprinkles Cupcakes son solo unas cuantas pastelerías que han presentado sus pequeños pasteles en mi programa de televisión y han demostrado cómo crean sus características y especiales decoraciones. Y ahora, en Martha Stewart Living hemos reunido todas nuestras técnicas y recetas preferidas (175 de ellas) en un volumen para animarte a hornear y decorar tus propios cupcakes en casa.

Martha Stewart

CUPCAKES PARA
cualquier día

Aunque seas de los que piensan que una hornada compartida en un día normal sabe más dulce, no tienes por qué esperar una ocasión especial para disfrutar de un cupcake. Los cupcakes de la primera mitad de este libro son apropiados para cualquier reunión, pero son tan sencillos de preparar que podrás disfrutarlos como tentempié a media mañana, acompañando una taza de café o té por la tarde o como un sabroso punto y final a una cena cualquier día de la semana. Sin olvidar su potencial como regalos conmovedores. Tanto si buscas una manera amable de dar la bienvenida a un nuevo vecino o un dulce sorprendente para la fiambrera del almuerzo, puedes estar seguro de que lo encontrarás en los próximos cinco capítulos: «Con remolinos y gránulos», «Bañados y glaseados», «Sencillos y dulces», «Rellenos y a capas» y «Cubiertos y decorados con manga pastelera». Consulta las diversas opciones de este capítulo, «Cualquier día», cuando busques algo reconfortante y una apuesta segura para complacer a alguien.

con remolinos y gránulos

Existen pocas cosas más deliciosamente nostálgicas que un cupcake tradicional. El diminuto postre abovedado y con una cobertura generosa y cremosa nos transporta directamente a la cocina de la abuela o a los tenderetes de pasteles de nuestra infancia. Pero que no te engañe su modesto aspecto: un cupcake puede ser actual y moderno tanto si combina componentes clásicos (cupcakes de suero de leche amarillos con cobertura esponjosa de vainilla) como otros más inspirados (minicupcakes de dátiles y frutos secos con penetrante *crème fraîche*). La decoración de los cupcakes de este capítulo no requiere ninguna preparación especial, la mayoría de las coberturas se elaboran rápidamente y pueden cubrir un pastel de una sola vez. A menudo, la parte superior se espolvorea con algún elemento, como *nonpareils* o copos de coco tostado. Aunque es opcional, estos toques finales proporcionan una textura y un sabor adicionales, un bocado memorable y encantador.

Cupcakes con pepitas de chocolate

Los niños de cualquier edad sin duda adoran los cupcakes blancos con trozos de chocolate incrustados. Las claras de huevo montadas mezcladas con la masa producen una miga ligera y etérea. Si sacudes las pepitas de chocolate con un poco de harina te asegurarás de que se repartan por toda la masa y no se posen en la base de los cupcakes al hornearlos. La cobertura de chocolate es tan intensa y satinada que querrás usarla con otros cupcakes de este libro, sobre todo con los de suero de leche amarillos (página 26) y los del diablo (página 34).

PARA 30 CUPCAKES

300 g (3 ¼ tazas y 1 cucharada) de harina pastelera (no leudante) tamizada

4 ½ cucharaditas de polvo de hornear

¼ de cucharadita de sal

1 cucharada de extracto puro de vainilla

270 ml (1 taza y 2 cucharadas) de leche

200 g (½ taza y 6 cucharadas) de mantequilla sin sal a temperatura ambiente

335 g (1 ¾ tazas) de azúcar

5 claras de huevos grandes a temperatura ambiente

360 g (2 tazas) de pepitas de chocolate semiamargo

Cobertura de chocolate negro (pág. 302)

Gránulos de azúcar redondos (*nonpareils*) para decorar (opcional)

1. Precalienta el horno a 180 °C. Coloca cápsulas de papel en moldes para muffins de tamaño estándar. Mezcla las 3 ¼ tazas de harina pastelera, el polvo de hornear y la sal. Remueve la vainilla con la leche para integrarla.

2. Con una batidora eléctrica a velocidad media-alta, trabaja la mantequilla hasta que esté suave. Mientras añades el azúcar con un flujo constante, bátelo hasta que la mezcla sea blanquecina y esponjosa. Reduce a la velocidad baja. Añade la mezcla de la harina en tres tandas alternándolas con dos tandas de la mezcla de la leche, batiendo solo hasta unirlas tras cada incorporación.

3. En otro cuenco con la batidora eléctrica a velocidad media, monta las claras hasta que se formen picos firmes (no las montes en exceso). Mezcla con movimientos envolventes un tercio de las claras con la masa para aligerarla. Suavemente, unta con movimientos envolventes las claras restantes solo hasta unirlas. Remueve las pepitas de chocolate con la cucharada de harina pastelera que sobra y, luego, mézclalo todo con la masa realizando movimientos envolventes.

4. Reparte la masa por igual en los moldes hasta rellenar tres cuartos de la capacidad. Hornéalos y gira los moldes a la mitad de la cocción. Espera a que el probador de pasteles que insertes en el centro de los cupcakes salga limpio y las partes superiores sean elásticas al tacto, en unos 22 minutos. Traslada los moldes a rejillas de alambre para que se enfríen completamente antes de extraer los cupcakes. Puedes conservar los cupcakes toda una noche a temperatura ambiente o bien congelarlos durante 2 meses, siempre dentro de recipientes herméticos.

5. Por último, usa una espátula acodada pequeña para extender la cobertura sobre los cupcakes. Guárdalos en recipientes herméticos en el frigorífico 3 días como máximo; espera a que alcancen la temperatura ambiente y, si quieres, decóralos con gránulos antes de servirlos.

Cupcakes de zanahoria

Este cupcake es la versión en tamaño reducido de un pastel de capas muy apreciado en América. Las pasas sultanas aportan más textura a estos pasteles, pero puedes obviarlas. También puedes añadir una taza de nueces o nueces pecán; tuéstalas como se indica en la página 323, deja que se enfríen y, luego, córtalas en trozos pequeños antes de incorporarlas a la masa después de la mezcla de harina. Los cupcakes de zanahoria sin cobertura son un delicioso tentempié. **PARA 24 CUPCAKES**

450 g (2 ½ tazas) de zanahoria pelada y rallada fina

3 huevos grandes a temperatura ambiente

80 ml (⅓ de taza) de suero de leche

380 g (2 tazas) de azúcar

355 ml (1 ½ tazas) de aceite vegetal

1 rama de vainilla, cortada por la mitad longitudinalmente y con las semillas raspadas y reservadas (o 1 ½ cucharaditas de extracto puro de vainilla)

75 g (½ taza) de pasas sultanas

360 g (3 tazas) de harina normal

1 cucharadita de bicarbonato sódico

2 cucharaditas de polvo de hornear

1 cucharadita de sal

1 cucharadita de canela en polvo

1 cucharadita de jengibre molido

⅛ de cucharadita de clavos de olor

Cobertura de queso crema (página 303)

Coco rallado dulce y tostado (página 323) para decorar (opcional)

1. Precalienta el horno a 170 °C. Coloca cápsulas de papel en moldes para muffins de tamaño estándar. Mezcla la zanahoria, los huevos, el suero de leche, el azúcar, el aceite, las semillas de la rama de vainilla y las pasas. En otro cuenco, mezcla la harina, el bicarbonato sódico, el polvo de hornear, la sal, la canela, el jengibre y los clavos. Remueve la mezcla de la harina con la de la zanahoria hasta que integres bien todos los ingredientes.

2. Reparte la masa por igual en los moldes hasta rellenar tres cuartos de la capacidad. Hornéalos y gira los moldes a la mitad de la cocción. Espera a que el probador de pasteles que insertes en el centro de los cupcakes salga limpio, en unos 23-28 minutos. Traslada los moldes a rejillas de alambre y deja que se enfríen durante 10 minutos. Extrae los cupcakes y colócalos sobre la rejilla para que se enfríen completamente. Puedes conservar los cupcakes toda una noche a temperatura ambiente o bien congelarlos durante 2 meses, siempre dentro de recipientes herméticos.

3. Por último, usa una espátula acodada pequeña para esparcir un montoncito de cobertura sobre los cupcakes. Guárdalos en recipientes herméticos en el frigorífico 3 días como máximo; espera a que alcancen la temperatura ambiente y, si quieres, decóralos con coco tostado (presiónalo suavemente para adherirlo) antes de servirlos.

Cupcakes de suero de leche amarillos

Probablemente querrás repetir estos cupcakes una y otra vez, variando la cobertura (de chocolate negro, por ejemplo, página 302) y los gránulos (brillantes, multicolor o de otro tipo) para prepararlos a tu antojo. Dos tipos de harina contribuyen a la textura singular de estos cupcakes: la harina pastelera forma una miga delicada, mientras que la harina normal evita que sean demasiado tiernos.

PARA 36 CUPCAKES

270 g (3 tazas) de harina pastelera (no leudante)

180 g (1 ½ tazas) de harina normal

¾ de cucharadita de bicarbonato sódico

2 ¼ cucharaditas de polvo de hornear

1 ½ cucharaditas de sal gruesa

260 g (1 taza y 2 cucharadas) de mantequilla sin sal a temperatura ambiente

430 g (2 ¼ tazas) de azúcar

5 huevos grandes y 3 yemas a temperatura ambiente

480 ml (2 tazas) de suero de leche a temperatura ambiente

2 cucharaditas de extracto puro de vainilla

Cobertura de vainilla esponjosa (página 302)

Gránulos de azúcar redondos (*nonpareils*) para decorar (opcional)

1. Precalienta el horno a 180 °C. Forra moldes para muffins de tamaño estándar con cápsulas de papel. Tamiza las dos harinas, el bicarbonato sódico, el polvo de hornear y la sal, todo junto.

2. Con una batidora eléctrica a velocidad media-alta, trabaja la mantequilla y el azúcar hasta que la mezcla sea blanquecina y esponjosa. Reduce a la velocidad media. Añade los huevos enteros de uno en uno, bate cada uno que agregues para incorporarlo raspando el cuenco cuando convenga. Incorpora las yemas y bátelo todo para mezclarlas perfectamente. Reduce a la velocidad baja. Añade la mezcla de la harina en tres tandas alternándolas con dos tandas de suero de leche y bátelo bien cada vez que agregues ingredientes para integrarlos. Agrega también la vainilla y mézclala.

3. Reparte la masa por igual en los moldes hasta rellenar tres cuartos de la capacidad. Hornéalos y gira los moldes a la mitad de la cocción. Espera a que los cupcakes sean elásticos al tocarlos ligeramente y a que el probador de pasteles que insertes en el centro de los cupcakes salga limpio, en unos 20 minutos. Traslada los moldes a rejillas de alambre y deja que se enfríen durante 10 minutos. Extrae los cupcakes y colócalos sobre la rejilla para que se enfríen completamente. Puedes conservar los cupcakes toda una noche a temperatura ambiente o bien congelarlos durante 2 meses, siempre dentro de recipientes herméticos.

4. Por último, usa una espátula acodada pequeña para esparcir la cobertura sobre los cupcakes. Guárdalos en recipientes herméticos en el frigorífico 3 días como máximo; espera a que alcancen la temperatura ambiente y, si quieres, decóralos con gránulos antes de servirlos.

Cupcakes de coco

Aviso a los amantes del coco: estos cupcakes se impregnan del intenso sabor del coco dulce molido y la leche de coco, la ondeante cobertura de siete minutos en forma de pico con extracto de coco y una cobertura de copos de coco sin azúcar (disponible en tiendas de productos naturales). Asegúrate de comprar la leche de coco sin azúcar, no las variedades dulces (como Coco Lopez) que se usan para elaborar bebidas. **PARA 20 CUPCAKES APROXIMADAMENTE**

210 g (1 ¾ tazas) de harina normal

2 cucharaditas de polvo de hornear

½ cucharadita de sal

40 g (½ taza) de coco rallado, sin azúcar y compacto

170 g (¾ de taza) de mantequilla sin sal a temperatura ambiente

255 g (1 ⅓ tazas) de azúcar

2 huevos grandes y 2 claras a temperatura ambiente

1 ½ cucharaditas de extracto puro de vainilla

170 ml (¾ de taza) de leche de coco sin azúcar

Cobertura de siete minutos (variante de coco, página 303)

100 g (1 ⅓ tazas) de copos de coco sin azúcar para decorar (opcional)

1. Precalienta el horno a 180 °C. Forra moldes para muffins de tamaño estándar con cápsulas de papel. Mezcla la harina, el polvo de hornear y la sal. Introduce el coco rallado en un robot de cocina y pícalo fino, luego incorpóralo a la mezcla de la harina.

2. Con una batidora eléctrica a velocidad media-alta, trabaja la mantequilla y el azúcar hasta que la mezcla sea blanquecina y esponjosa. Bate los huevos enteros, las claras y la vainilla gradualmente raspando el cuenco cuando convenga. Reduce a la velocidad baja. Añade la mezcla de la harina en tres tandas alternándolas con dos tandas de leche de coco y bátelo bien cada vez que agregues ingredientes para integrarlos.

3. Reparte la masa por igual en los moldes hasta rellenar tres cuartos de la capacidad. Hornéalos y gira los moldes a la mitad de la cocción. Espera a que el probador de pasteles que insertes en el centro de los cupcakes salga limpio, en unos 20 minutos. Retíralos del horno; extrae los cupcakes y colócalos sobre una rejilla de alambre para que se enfríen completamente. Puedes conservar los cupcakes toda una noche a temperatura ambiente o bien congelarlos durante 2 meses, siempre dentro de recipientes herméticos.

4. Por último, usa una espátula acodada pequeña para esparcir una bola generosa de cobertura sobre los cupcakes y si quieres decóralos con copos de coco (presiónalos ligeramente para que se peguen). Es mejor comer los cupcakes el día que apliques la cobertura; guárdalos a temperatura ambiente hasta que estén listos para servir.

Cupcakes Red Velvet

Es posible que los historiadores gastronómicos discrepen acerca del origen del pastel de terciopelo rojo, pero hay algo cierto: en los últimos años, los cupcakes han ganado una enorme popularidad. Muchos creen que el nombre procede del tono rojizo natural del cacao en polvo, que la reacción química entre el vinagre y el bicarbonato sódico se encarga de subrayar. Hoy en día, la mayoría de las versiones se elaboran con colorante alimentario (aunque algunos pasteleros usan zumo de remolacha) para conseguir un color intenso. El colorante alimentario en gel o pasta es mucho más concentrado que la variedad líquida que encontrarás en el supermercado; si usas el colorante líquido quizás tengas que añadir una botella entera (445 ml) para lograr el tono que buscas. La cobertura de queso crema es la opción más clásica para decorarlos. **PARA 24 CUPCAKES**

225 g (2 ½ tazas) de harina pastelera (no leudante) tamizada

2 cucharadas de cacao en polvo alcalinizado sin azúcar

1 cucharadita de sal

285 g (1 ½ tazas) de azúcar

355 ml (1 ½ tazas) de aceite vegetal

2 huevos grandes a temperatura ambiente

½ cucharadita de colorante alimentario rojo en gel o pasta

1 cucharadita de extracto puro de vainilla

240 ml (1 taza) de suero de leche

1 ½ cucharaditas de bicarbonato sódico

2 cucharaditas de vinagre blanco destilado

Cobertura de queso crema (página 303)

1. Precalienta el horno a 180 °C. Forra moldes para muffins de tamaño estándar con cápsulas de papel. Mezcla la harina pastelera, el cacao y la sal.

2. Con una batidora eléctrica a velocidad media-alta, monta el azúcar y el aceite para mezclarlos. Añade los huevos de uno en uno, bate cada uno que agregues para incorporarlo raspando el cuenco cuando convenga. Agrega y mezcla el colorante alimentario y la vainilla.

3. Reduce a la velocidad baja. Añade la mezcla de la harina en tres tandas alternadas con dos tandas de suero de leche, móntalo bien cada vez que viertas ingredientes. Remueve el bicarbonato sódico y el vinagre en un cuenco pequeño (burbujeará); añade la mezcla a la masa y bátelo a la velocidad media durante 10 segundos.

4. Reparte la masa por igual en los moldes hasta rellenar tres cuartos de la capacidad. Hornéalos y gira los moldes a la mitad de la cocción. Espera a que el probador de pasteles que insertes en el centro de los cupcakes salga limpio, en unos 20 minutos. Traslada los moldes a rejillas de alambre para que se enfríen completamente antes de extraer los cupcakes. Puedes conservar los cupcakes toda una noche a temperatura ambiente o bien congelarlos durante 2 meses, siempre dentro de recipientes herméticos.

5. Por último, usa una espátula acodada pequeña para esparcir la cobertura sobre los cupcakes. Guárdalos en recipientes herméticos en el frigorífico 3 días como máximo; espera a que alcancen la temperatura ambiente antes de servirlos.

Cupcakes de ruibarbo con nata montada

El ruibarbo, anuncio de la primavera, confiere un espectacular sabor a estos deliciosos cupcakes agridulces. Los tallos rojo rubí se cortan a dados, luego se mezclan con la masa de los cupcakes y también con un sirope salpicado con semillas de vainilla sobre un montoncito de nata montada. Guarda el ruibarbo que te sobre para servirlo con helado. **PARA 16 CUPCAKES**

180 g (1 ½ tazas) de harina normal

¼ de cucharadita de bicarbonato sódico

¼ de cucharadita de polvo de hornear

½ cucharadita de sal gruesa

115 g (½ taza) de mantequilla sin sal a temperatura ambiente

380 g (2 tazas) de azúcar

2 huevos grandes a temperatura ambiente

1 cucharadita de extracto puro de vainilla

120 ml (½ taza) de crema agria a temperatura ambiente

300 g (3 tazas) de ruibarbo, los tallos limpios y cortados en dados de 2,5 cm

1 rama de vainilla cortada por la mitad longitudinalmente

240 ml (1 taza) de agua

Nata montada (sin azúcar, página 316)

1. Precalienta el horno a 180 °C. Forra moldes para muffins de tamaño estándar con cápsulas de papel. Mezcla la harina, el bicarbonato sódico, el polvo de hornear y la sal.

2. Con una batidora eléctrica a velocidad media-alta, trabaja la mantequilla y 1 taza de azúcar hasta que la mezcla sea blanquecina y esponjosa. Añade los huevos de uno en uno, bate cada uno que agregues para incorporarlo raspando el cuenco cuando convenga. Incorpora el extracto de vainilla. Reduce a la velocidad baja. Añade la mezcla de la harina en dos tandas alternándolas con la crema agria y bátelo bien cada vez que agregues ingredientes para integrarlos. Agrega y remueve 2 tazas de ruibarbo a dados.

3. Reparte la masa por igual en los moldes hasta rellenar tres cuartos de la capacidad. Hornéalos y gira los moldes a la mitad de la cocción. Espera a que el probador de pasteles que insertes en el centro de los cupcakes salga limpio, en unos 25 minutos. Traslada los moldes a rejillas de alambre y deja que se enfríen completamente antes de extraer los cupcakes. Puedes conservar los cupcakes hasta 3 días a temperatura ambiente dentro de recipientes herméticos; retira las cápsulas antes de aplicar la cubierta.

4. Para preparar la cubierta de ruibarbo, usa la punta de un cuchillo de cocina para raspar las semillas de vainilla de la rama y echarlas en una olla (reserva la vaina para otro uso, como elaborar azúcar avainillado, por ejemplo, consulta la página 292). Añade agua y la taza de azúcar restante y ponlo a hervir a fuego lento mientras remueves para disolver el azúcar. Retíralo del fuego y remueve la última taza de ruibarbo. Déjalo enfriar completamente. Retira el ruibarbo con una espumadera y resérvalo. Vuelve a calentar el líquido a fuego lento y hiérvelo hasta que se reduzca a la mitad, de 5 a 8 minutos. Deja que este sirope se enfríe un poco, luego vuelve a introducir el ruibarbo. Una vez frío, puedes guardar el ruibarbo con el sirope hasta una semana en un recipiente hermético dentro del frigorífico; antes de usarlo espera a que alcance la temperatura ambiente.

5. Para terminar los cupcakes, pon una cucharada generosa de nata montada sobre cada cupcake y aderézala con ruibarbo y un poco de sirope. Sírvelos enseguida.

Cupcakes del diablo

Algunos creen que el pastel del diablo recibe este nombre por lo tentador que resulta, otros piensan que su color intenso y oscuro es «diabólico». Sea como fuere, el pastel se suele preparar con mantequilla derretida (en lugar de aceite) y una espléndida cantidad de cacao en polvo. En esta versión se mezcla la crema agria con la masa para humedecerla y añadir un sutil sabor. La suave y sedosa ganache es una cubierta deliciosa; otras opciones serían la cobertura de siete minutos (página 303) y la cobertura de queso crema (página 303). Las virutas de chocolate son fáciles de hacer, con unos cuantos toques con un pelador de verduras, pero puedes obviarlos si lo prefieres. **PARA 32 CUPCAKES**

85 g (¾ de taza) de cacao en polvo alcalinizado sin azúcar

180 ml (¾ de taza) de agua caliente

360 g (3 tazas) de harina normal

1 cucharadita de bicarbonato sódico

1 cucharadita de polvo de hornear

1 ¼ cucharaditas de sal gruesa

345 g (1 ½ tazas) de mantequilla sin sal

430 g (2 ¼ tazas) de azúcar

4 huevos grandes a temperatura ambiente

1 cucharada y 1 cucharadita de extracto puro de vainilla

240 ml (1 taza) de crema agria a temperatura ambiente

Cobertura de ganache de chocolate (página 313)

Virutas de chocolate para decorar (opcional, página 323)

1. Precalienta el horno a 180 °C. Forra moldes para muffins de tamaño estándar con cápsulas de papel. Bate el cacao y el agua caliente hasta que estén suaves. En otro cuenco, mezcla la harina, el bicarbonato sódico, el polvo de hornear y la sal.

2. Derrite la mantequilla con el azúcar en una olla a fuego medio-bajo removiendo para mezclarlo. Retíralo del fuego y viértelo en un cuenco. Con una batidora eléctrica a velocidad media-baja, bate la mezcla hasta que se enfríe, de 4 a 5 minutos. Añade los huevos de uno en uno, bate cada uno que agregues para incorporarlo raspando el cuenco cuando convenga. Vierte la vainilla, luego la mezcla del cacao y bátelo bien. Reduce a la velocidad baja. Agrega la mezcla de la harina en dos tandas alternándolas con la crema agria, batiendo solo hasta unirlas tras cada incorporación.

3. Reparte la masa por igual en los moldes hasta rellenar tres cuartos de la capacidad. Hornéalos y gira los moldes a la mitad de la cocción. Espera a que el probador de pasteles que insertes en el centro de los cupcakes salga limpio, en unos 20 minutos. Traslada los moldes a rejillas de alambre y deja que se enfríen durante 15 minutos. Extrae los cupcakes y colócalos sobre la rejilla para que se enfríen completamente. Puedes conservar los cupcakes toda una noche a temperatura ambiente o bien congelarlos durante 2 meses, siempre dentro de recipientes herméticos.

4. Por último, usa una espátula acodada pequeña para esparcir la cobertura sobre los cupcakes. Guárdalos en recipientes herméticos en el frigorífico 3 días como máximo; espera a que alcancen la temperatura ambiente y decóralos con virutas de chocolate justo antes de servirlos.

Cupcakes malteados de chocolate

La leche malteada en polvo proporciona a estos cupcakes de chocolate un sabor nostálgico que nos recuerda el producto estrella de las antiguas heladerías americanas. Para que no domine el sabor de la leche malteada, usa cacao en polvo no alcalinizado suave, como el de la marca Droste. **PARA 28 CUPCAKES APROXIMADAMENTE**

270 g (2 ¼ tazas) de harina normal

75 g (¾ de taza) de cacao en polvo alcalinizado sin azúcar

95 g (½ taza) de azúcar granulado

135 g (¾ de taza) de azúcar moreno claro compacto

1 ½ cucharaditas de bicarbonato sódico

½ cucharadita de sal

240 ml (1 taza) de leche

145 g (1 ¼ tazas) de leche malteada en polvo

240 ml (1 taza) de aceite vegetal

3 huevos grandes a temperatura ambiente

240 m (1 taza) de crema agria a temperatura ambiente

1 cucharadita de extracto puro de vainilla

Cobertura de vainilla esponjosa (página 302)

Gránulos de azúcar para decorar (opcional)

1. Precalienta el horno a 180 °C. Forra moldes para muffins de tamaño estándar con cápsulas de papel. Mezcla la harina, el cacao, los dos tipos de azúcar, el bicarbonato sódico y la sal. En otro cuenco, bate la leche y la leche en polvo malteada hasta que la leche en polvo se disuelva.

2. Con una batidora eléctrica a velocidad media-alta, bate la mezcla de la harina, la de la leche y el aceite hasta incorporar todos los ingredientes. Añade los huevos de uno en uno, bate cada uno que agregues para incorporarlo, raspando el cuenco cuando convenga. Agrega la crema agria y la vainilla y bátelas solo hasta unirlas.

3. Reparte la masa por igual en los moldes hasta la mitad. Hornéalos y gira los moldes a la mitad de la cocción. Espera a que el probador de pasteles que insertes en el centro de los cupcakes salga limpio, en unos 20 minutos. Puedes conservar los cupcakes hasta 3 días a temperatura ambiente o bien congelarlos durante 2 meses, siempre dentro de recipientes herméticos.

4. Por último, usa una espátula acodada pequeña para esparcir la cobertura sobre los cupcakes. Guárdalos en recipientes herméticos en el frigorífico 3 días como máximo; espera a que alcancen la temperatura ambiente y, si quieres, decóralos con gránulos antes de servirlos.

Cupcakes de tiramisú

La cobertura de mascarpone cubre esta adaptación del famoso postre italiano. Las yemas que se añaden a la masa hacen que sea lo suficientemente consistente como para sostener una dosis generosa de sirope de licor de café sin empaparse demasiado. Un café recién hecho sería el acompañamiento natural, así como unos vasitos de Marsala. **PARA 18 CUPCAKES**

110 g (1 ¼ tazas) de harina pastelera (no leudante) tamizada

¾ de cucharadita de polvo de hornear

½ cucharadita de sal gruesa

60 ml (¼ de taza) de leche

1 rama de vainilla cortada por la mitad longitudinalmente con las semillas raspadas y reservadas

4 cucharadas de mantequilla sin sal a temperatura ambiente y cortada en trozos

3 huevos grandes y 3 yemas a temperatura ambiente

190 g (1 taza) de azúcar

Sirope de café y Marsala (consulta la receta a continuación)

Cobertura de mascarpone (página 310)

Cacao en polvo sin azúcar para espolvorear

1. Precalienta el horno a 170 °C. Forra moldes para muffins de tamaño estándar con cápsulas de papel. Tamiza la harina, el polvo de hornear y la sal. Calienta la leche, la vaina y las semillas de vainilla en un cazo pequeño a fuego medio hasta que se formen burbujas. Retíralo del fuego. Añade la mantequilla y móntala hasta que se derrita. Deja reposar 15 minutos. Pasa la mezcla por un colador fino hacia un cuenco y retira la vaina.

2. Con una batidora a velocidad media, monta los huevos, las yemas y el azúcar. Coloca el cuenco sobre una olla con agua hirviendo y bate a mano hasta que el azúcar se disuelva y la mezcla esté caliente, unos 6 minutos. Retira de la olla. Con la batidora a velocidad alta, monta la mezcla hasta que sea esponjosa, amarillo claro y lo bastante espesa como para mantener durante varios segundos una tira en la superficie al levantar la batidora.

3. Con cuidado pero con firmeza, remueve la mezcla de la harina con la de los huevos en tres tandas. Remueve ½ taza de masa con la mezcla de la leche colada para espesarla y mézclalo con el resto de la masa.

4. Reparte la masa por igual en los moldes hasta ¾ de la capacidad. Hornéalos y gira los moldes a la mitad de la cocción. Espera a que la parte central esté totalmente firme y los bordes ligeramente dorados, en unos 20 minutos. Traslada los moldes a rejillas de alambre y deja enfriar antes de sacarlos.

5. Por último, pinta con el sirope de café y Marsala las capas necesarias hasta terminarlo. Deja que los cupcakes absorban el líquido 30 minutos. Pon una cucharada de cobertura sobre cada cupcake. Guárdalos durante una noche en recipientes herméticos en el frigorífico. Espolvoréalos generosamente con cacao en polvo justo antes de servirlos.

. . . .

SIROPE DE CAFÉ Y MARSALA
PARA 18 CUPCAKES

95 ml (⅓ de taza y una cucharada) de café fuerte recién hecho (o expreso)

30 ml de Marsala

45 g (1 taza) de azúcar

Remueve el café recién hecho, el Marsala y el azúcar hasta que el azúcar se disuelva. Deja que se enfríe.

Cupcakes de plátano y nueces pecán

Hornear una tanda de estos cupcakes ultrajugosos es una forma estupenda de aprovechar los plátanos demasiado maduros; guarda unos cuantos en el congelador (sin pelar) y descongélalos cuando quieras usarlos. Puedes sustituir las nueces pecán por nueces o frutos secos enteros. La crema de mantequilla de caramelo es una cubierta dulce que sacia; la cobertura de queso crema (página 303) y la de chocolate y crema agria (página 311) también son estupendas opciones. Deja unos cuantos cupcakes sin cobertura, podrás disfrutarlos a cualquier hora del día. **PARA 28 CUPCAKES**

270 g (3 tazas) de harina pastelera (no leudante) tamizada

1 ½ cucharaditas de bicarbonato sódico

¾ de cucharadita de polvo de hornear

¾ de cucharadita de sal

1 cucharadita de canela en polvo

4 plátanos grandes muy maduros chafados (unas 2 tazas)

180 ml (¾ de taza) de suero de leche

½ cucharadita de extracto puro de vainilla

170 g (¾ de taza) de mantequilla sin sal a temperatura ambiente

270 g (1 ½ tazas) de azúcar moreno claro compacto

3 huevos grandes a temperatura ambiente

120 g (1 taza) de nueces pecán tostadas (consulta la página 323) y cortadas en trozos grandes

Crema de mantequilla de caramelo (página 307)

1. Precalienta el horno a 180 °C. Forra moldes para muffins de tamaño estándar con cápsulas de papel. Mezcla la harina pastelera, el bicarbonato sódico, el polvo de hornear, la sal y la canela. En otro cuenco, bate los plátanos, el suero de leche y la vainilla.

2. Con una batidora eléctrica a velocidad media-alta, trabaja la mantequilla y el azúcar moreno hasta que la mezcla sea blanquecina y esponjosa. Añade los huevos de uno en uno, bate cada uno que agregues para incorporarlo raspando el cuenco cuando convenga. Reduce a la velocidad baja. Añade la mezcla de la harina en dos tandas alternándolas con la mezcla de los plátanos batiendo solo hasta unirlo tras cada incorporación. Agrega las nueces pecán y remuévelas manualmente.

3. Reparte la masa por igual en los moldes hasta rellenar tres cuartos de la capacidad. Hornéalos y gira los moldes a la mitad de la cocción. Espera a que el probador de pasteles que insertes en el centro de los cupcakes salga limpio, en unos 20 minutos. Traslada los moldes a rejillas de alambre y deja que se enfríen totalmente antes de extraer los cupcakes. Puedes conservar los cupcakes toda una noche a temperatura ambiente o bien congelarlos durante 2 meses, siempre dentro de recipientes herméticos.

4. Por último, usa una espátula acodada pequeña para esparcir la crema de mantequilla sobre los cupcakes. Guárdalos en recipientes herméticos en el frigorífico 3 días como máximo; espera a que alcancen la temperatura ambiente antes de servirlos.

Cupcakes de arándanos negros y nata

Combinación veraniega de arándanos negros y nata montada sobre cupcakes rellenos de bayas. Los pasteles similares a los muffins, que también se pueden servir para desayunar o a media mañana, son tan deliciosos como los cupcakes de tamaño estándar o miniatura. **PARA 30 CUPCAKES ESTÁNDAR O 60 MINI**

180 g (1 ½ tazas) de harina normal

135 g (1 ½ tazas) de harina pastelera (no leudante) tamizada

1 cucharada de polvo de hornear

½ cucharadita de sal

230 g (1 taza) de mantequilla sin sal a temperatura ambiente

195 g (1 ¾ tazas) de azúcar

4 huevos grandes a temperatura ambiente

2 cucharaditas de extracto puro de vainilla

300 ml (1 ¼ tazas) de leche a temperatura ambiente

300 g (2 tazas) de arándanos negros frescos más unos pocos para decorar

Nata montada (página 316)

1. Precalienta el horno a 180 °C. Forra moldes para muffins de tamaño estándar con cápsulas de papel. Mezcla las dos harinas, el polvo de hornear y la sal.

2. Con una batidora eléctrica a velocidad media-alta, trabaja la mantequilla y el azúcar hasta que la mezcla sea blanquecina y esponjosa. Añade los huevos de uno en uno, bate cada uno que agregues para incorporarlo raspando el cuenco cuando convenga. Agrega también la vainilla y mézclala.

3. Reduce a la velocidad baja. Añade la mezcla de la harina en tres tandas y altérnalas con dos tandas de leche; bátelo todo cada vez que añadas ingredientes para integrarlos. Echa y remueve los arándanos negros manualmente.

4. Reparte la masa por igual en los moldes hasta rellenar tres cuartos de la capacidad. Hornéalos y gira los moldes a la mitad de la cocción. Espera a que los cupcakes estén ligeramente dorados, unos 25 minutos en el caso de los estándar y 15 minutos, los mini. Traslada los moldes a rejillas de alambre y deja que se enfríen durante 10 minutos. Extrae los cupcakes y colócalos sobre una rejilla para que se enfríen completamente antes de extraer los cupcakes. Puedes conservarlos hasta 3 días a temperatura ambiente dentro de recipientes herméticos.

5. Por último, pon una cucharada de nata montada sobre cada cupcake y decórala con bayas. Sírvelos enseguida.

Cupcakes de calabacín y especias

Elabora una hornada de dulces alternativos e inesperados con mucho calabacín de temporada de la verdulería o del mercado local. Como sus homólogos de zanahoria, estos cupcakes se terminan con cobertura de queso crema. Si prefieres un tentempié más saludable, olvida la cobertura y espolvoréalos ligeramente con azúcar glas. **PARA 24 CUPCAKES**

360 g (3 tazas) de harina normal

1 cucharadita de bicarbonato sódico

½ cucharadita de polvo de hornear

1 cucharadita de sal

2 cucharaditas de canela en polvo

½ cucharadita de nuez moscada recién rallada

¼ de cucharadita de clavos de olor molidos

240 ml (1 taza) de aceite vegetal

2 huevos grandes a temperatura ambiente

1 cucharada de extracto puro de vainilla

¾ de cucharadita de ralladura de limón

360 g (2 tazas) de azúcar moreno claro compacto

1 ½ calabacín rallado compacto (3 tazas)

115 g (1 taza) de nueces tostadas (consulta la página 323) y cortadas en trozos grandes

Cobertura de queso crema (página 303)

1. Precalienta el horno a 180 °C. Coloca cápsulas de papel en moldes para muffins de tamaño estándar. Mezcla la harina, el bicarbonato sódico, el polvo de hornear, la sal, la canela, la nuez moscada y los clavos. En otro cuenco, bate el aceite, los huevos, la vainilla y la ralladura de limón para mezclarlos bien; vierte y bate el azúcar moreno hasta que la mezcla sea suave. Echa el calabacín, luego añade la mezcla de la harina y remuévelo solo hasta unirlo. Agrega las nueces y mézclalas.

2. Reparte la masa por igual en los moldes hasta rellenar tres cuartos de la capacidad. Hornéalos y gira los moldes a la mitad de la cocción. Espera a que el probador de pasteles que insertes en el centro de los cupcakes salga limpio, en unos 20 minutos. Traslada los moldes a rejillas de alambre para que se enfríen completamente antes de extraer los cupcakes. Puedes conservar los cupcakes toda una noche a temperatura ambiente o bien congelarlos durante 2 meses, siempre dentro de recipientes herméticos.

3. Por último, usa una espátula acodada pequeña para extender la cobertura sobre los cupcakes. Guárdalos en recipientes herméticos en el frigorífico 3 días como máximo; espera a que alcancen la temperatura ambiente para servirlos.

Cupcakes de moca

Los exagerados picos de la cobertura de siete minutos con sabor a café y un único grano de café coronan los cupcakes de moca. La variante de café de la crema de mantequilla de merengue suizo (página 305) y los granos de expreso bañados con chocolate serían alternativas deliciosas. **PARA 24 CUPCAKES**

200 g (2 ¼ tazas) de harina pastelera (no leudante) tamizada

2 cucharadas de cacao en polvo alcalinizado sin azúcar

115 g (½ taza) de mantequilla sin sal a temperatura ambiente

270 g (1 ½ tazas) de azúcar moreno claro compacto

2 huevos grandes a temperatura ambiente

1 cucharadita de extracto puro de vainilla

1 ½ cucharaditas de bicarbonato sódico

¼ de cucharadita de sal

120 ml (½ taza) de crema agria a temperatura ambiente

180 ml (¾ de taza) de expreso recién hecho

1 cucharada de polvo para expreso instantáneo (no café instantáneo)

Cobertura de siete minutos (variante de café, página 303)

Granos de café para decorar

1. Precalienta el horno a 170 °C. Coloca cápsulas de papel en moldes para muffins de tamaño estándar. Mezcla la harina pastelera y el cacao. Con una batidora eléctrica a velocidad media-alta, trabaja la mantequilla hasta que esté suave y ligera. Añade el azúcar moreno y los huevos; bátelo hasta que la mezcla sea esponjosa raspando el cuenco cuando convenga. Agrega la vainilla, el bicarbonato sódico y la sal; bátelo para integrar estos ingredientes a conciencia.

FORMA PICOS DE COBERTURA

2. Reduce a la velocidad baja. Añade la mezcla de la harina en tres tandas alternándolas con dos tandas de crema agria batiendo solo hasta unirlo todo tras cada incorporación. Mezcla el expreso recién hecho y el polvo para expreso, añádelos a la masa y bátelo hasta que esté suave.

3. Reparte la masa por igual en los moldes hasta rellenar tres cuartos de la capacidad. Hornéalos y gira los moldes a la mitad de la cocción. Espera a que el probador de pasteles que insertes en el centro de los cupcakes salga casi limpio, con solo unas migas húmedas adheridas, en unos 22 minutos. Traslada los moldes a rejillas de alambre para que se enfríen completamente antes de extraer los cupcakes. Puedes conservar los cupcakes toda una noche a temperatura ambiente o bien congelarlos durante 2 meses, siempre dentro de recipientes herméticos.

4. Por último, usa una cuchara pequeña para cubrir los cupcakes con la cobertura y formar picos decorativos. Coloca un grano de café encima de la cobertura antes de servirlos.

Cupcakes de tres leches

Como el clásico pastel latinoamericano en el que se basan, estos cupcakes se empapan con una mezcla de tres leches. No te preocupes, los cupcakes absorberán el líquido pero no se saturarán, aunque necesitarás cápsulas de papel de aluminio forradas con papel (las de papel solas no aguantarán la forma una vez que hayas empapado la masa). La ligera crema montada espolvoreada con canela en polvo será el toque final. **PARA 20 CUPCAKES APROXIMADAMENTE**

6	huevos grandes, claras y yemas por separado, a temperatura ambiente
¼	de cucharadita de bicarbonato sódico
¼	de cucharadita de sal gruesa
190 g	(1 taza) de azúcar
115 g	(½ taza) de mantequilla sin sal derretida y enfriada
120 g	(1 taza) de harina normal tamizada
1 lata	(370 ml) de leche evaporada
375 ml	(1 ¼ tazas) de leche condensada con azúcar
180 ml	(¾ de taza) de nata para montar
	Nata montada (página 316)
	Canela en polvo para espolvorear

1. Precalienta el horno a 170 °C. Coloca cápsulas de alumino y de papel en moldes para muffins de tamaño estándar. Con una batidora eléctrica a velocidad media, monta las claras, el bicarbonato sódico y la sal hasta que se formen picos blandos. Reduce a la velocidad baja. Añade las yemas y el azúcar; móntalo hasta incorporarlos completamente. Agrega la mantequilla derretida y remuévela con una espátula flexible realizando movimientos envolventes. Incorpora la harina en cuatro tandas y mézclala con movimientos envolventes solo hasta unirla tras cada incorporación.

2. Reparte la masa por igual en los moldes hasta rellenar la mitad de la capacidad. Hornéalos y gira los moldes a la mitad de la cocción. Espera a que estén ligeramente dorados, en unos 25 minutos, y retíralos del horno. Acto seguido, abre agujeros en la parte superior de los cupcakes con la ayuda de una brocheta.

3. Bate la leche evaporada, la condensada y la nata para montar. Con los cupcakes aún en los moldes, píntales la parte superior con la mezcla de las tres leches repetidas veces hasta que el líquido se acabe. Deja que los cupcakes absorban la mezcla, por lo menos 30 minutos (o hasta un día en el frigorífico, en cuyo caso deben estar totalmente fríos y bien envueltos en plástico); espera a que alcancen la temperatura ambiente antes de servirlos.

4. Por último, corona los cupcakes con cucharadas generosas de nata montada y espolvoréalos con canela en polvo. Sírvelos enseguida.

PINTA LA PARTE SUPERIOR CON LA MEZCLA DE LAS TRES LECHES

Minicupcakes de dátiles y frutos secos

Si has crecido comiendo sándwiches diminutos de pan de dátiles y frutos secos con queso crema, o incluso si no es tu caso, apreciarás el maravilloso sabor de la combinación de estos pequeños cupcakes. Incorporamos la *crème fraîche*, una novedad sabrosa y aterciopelada lo suficientemente suave para colocarla sobre pastelitos especiados. Un poco de masa da mucho de sí horneada en moldes para muffins minis, pero dan buen resultado congelados, y se descongelan rápidamente, así que puedes servir unos cuantos ahora y guardar el resto para más adelante. O, si lo prefieres, hornea la masa en moldes para muffins estándar durante treinta minutos aproximadamente; saldrán unas tres docenas. **PARA 75 MINICUPCAKES**

180 g (1 ½ tazas) de harina normal

1 cucharadita de bicarbonato sódico

½ cucharadita de polvo de hornear

½ cucharadita de sal

¼ de cucharadita de cardamomo en polvo

285 g de dátiles grandes y jugosos, preferiblemente Medjool, deshuesados y cortados en trozos grandes

360 ml (1 ½ tazas) de agua hirviendo

4 cucharadas de mantequilla sin sal cortada en trozos pequeños

180 g (1 taza) de azúcar moreno claro compacto

1 huevo grande ligeramente batido

1 cucharadita de extracto puro de vainilla

150 g (1 ⅓ tazas) de nueces tostadas (consulta la página 323) y cortadas en trozos grandes

240 ml (1 taza) de *crème fraîche*

1. Precalienta el horno a 170 °C. Forra moldes para muffins de tamaño mini con cápsulas de papel. Mezcla la harina, el bicarbonato sódico, el polvo de hornear, la sal y el cardamomo.

2. En un cuenco grande, mezcla los dátiles con el agua hirviendo y la mantequilla. Remuévelo hasta que se derrita la mantequilla y los dátiles se ablanden, en unos 2 minutos. Echa y remueve el azúcar moreno, el huevo batido y la vainilla. Añade la mezcla de la harina y remuévelo para combinar los ingredientes. Agrega las nueces.

3. Reparte la masa por igual en los moldes hasta rellenar tres cuartos de la capacidad. Hornéalos y gira los moldes a la mitad de la cocción. Espera a que el probador de pasteles que insertes en el centro de los cupcakes salga limpio, en unos 15 minutos. Traslada los moldes a rejillas de alambre para que se enfríen completamente antes de extraer los cupcakes. Puedes conservar los cupcakes toda una noche a temperatura ambiente o bien congelarlos durante 1 mes, siempre dentro de recipientes herméticos.

4. Por último, pon una cucharada de *crème fraîche* encima de cada cupcake. Sírvelos enseguida.

Cupcakes de jengibre y melaza

Los cupcakes especiados con una cantidad generosa de jengibre fresco son perfectos para los días fríos. Elige jengibre fresco, húmedo y de piel suave. Para pelarlo, pasa el borde de una cucharilla de arriba abajo penetrando en las grietas y, con un toque firme pero ligero, retira solo la capa con textura similar al papel, no la sabrosa carne que hay debajo. Con una picadora pequeña o un robot de cocina triturarás el jengibre enseguida. **PARA 26 CUPCAKES**

360 g (3 tazas) de harina normal

2 cucharaditas de bicarbonato sódico

1 cucharadita de sal

285 g (1 ½ tazas) de azúcar

160 ml (⅔ de taza) de melaza sin clarificar

2 huevos grandes

230 g (1 taza) de mantequilla sin sal derretida

80 ml (⅓ de taza) de agua caliente

255 g (1 taza) de jengibre fresco pelado y picado

Nata montada (sin azúcar, página 316)

Jengibre molido para espolvorear

1. Precalienta el horno a 180 °C. Forra moldes para muffins de tamaño mini con cápsulas de papel. Mezcla la harina, el bicarbonato sódico y la sal. En otro cuenco, bate los huevos, la melaza y los huevos hasta que la mezcla sea suave; incorpora la mantequilla derretida y el agua caliente. Vierte la mezcla de la harina y remuévela solo hasta incorporarla, luego agrega el jengibre.

2. Reparte la masa por igual en los moldes hasta rellenar tres cuartos de la capacidad. Hornéalos y gira los moldes a la mitad de la cocción. Espera a que el probador de pasteles que insertes en el centro de los cupcakes salga limpio, en unos 20 minutos (estos cupcakes no se hincharán). Traslada los moldes a rejillas de alambre para que se enfríen completamente antes de extraer los cupcakes. Puedes conservar los cupcakes toda una noche a temperatura ambiente o bien congelarlos durante 2 meses, siempre dentro de recipientes herméticos.

3. Por último, pon una cucharada de nata montada encima de cada cupcake y espolvoréalo con un poco de jengibre molido. Sírvelos enseguida.

Cupcakes de compota de manzana y especias

La compota de manzana que se incorpora a la masa proporciona a estos cupcakes una miga húmeda incomparable. Las nueces pecán añaden un poco de textura, pero puedes obviarlas. La cobertura de queso crema con azúcar moreno es el toque definitivo. **PARA 18 CUPCAKES**

240 g (2 tazas) de harina normal

1 cucharadita de bicarbonato sódico

¾ de cucharadita de sal

2 cucharaditas de canela en polvo

½ cucharadita de nuez moscada recién rallada

⅛ de cucharadita de clavos de olor molidos

115 g (½ taza) de mantequilla sin sal a temperatura ambiente

190 g (1 taza) de azúcar granulado

90 g (½ taza) de azúcar moreno claro compacto

4 huevos grandes a temperatura ambiente

250 g (1 ½ tazas) de compota de manzana sin azúcar

120 g (1 taza) de nueces pecán tostadas (consulta la página 323) y troceadas

Cobertura de queso crema con azúcar moreno (página 310)

1. Precalienta el horno a 180 °C. Coloca cápsulas de papel en moldes para muffins de tamaño estándar. Mezcla la harina, el bicarbonato sódico, la sal, la canela, la nuez moscada y los clavos molidos.

2. Con una batidora eléctrica a velocidad media-alta, trabaja la mantequilla y los dos tipos de azúcar hasta que la mezcla sea blanquecina y esponjosa. Añade los huevos de uno en uno, bate cada uno que agregues para incorporarlo raspando el cuenco cuando convenga. Reduce a la velocidad baja. Agrega la compota de manzana y después la mezcla de la harina batiendo solo hasta unirlo todo tras cada incorporación. Echa las nueces pecán y remuévelas manualmente.

3. Reparte la masa por igual en los moldes hasta rellenar tres cuartos de la capacidad. Hornéalos y gira los moldes a la mitad de la cocción. Espera a que el probador de pasteles que insertes en el centro de los cupcakes salga limpio, en unos 20 minutos. Traslada los moldes a rejillas de alambre para que se enfríen completamente antes de extraer los cupcakes. Puedes conservar los cupcakes toda una noche a temperatura ambiente o bien congelarlos durante 2 meses, siempre dentro de recipientes herméticos.

4. Por último, usa una espátula acodada pequeña para extender la cobertura sobre los cupcakes. Los cupcakes con cobertura se pueden conservar en recipientes herméticos en el frigorífico hasta 3 días; espera a que alcancen la temperatura ambiente para servirlos.

Cupcakes de mantequilla de cacahuete y gelatina

La inspiración para elaborar cupcakes nuevos se capta de todas partes, incluso del sándwich que comías a menudo durante la infancia. La cobertura de mantequilla de cacahuete cremosa se puede decorar con cualquier tipo de gelatina o mermelada; la de la fotografía es de fresa, pero la de uva o la de frambuesa también quedan deliciosas. Para conseguir el mejor sabor, agrega mantequilla de cacahuete natural a la masa de los cupcakes. **PARA 32 CUPCAKES**

210 g (1 ¾ tazas) de harina normal

¼ de cucharadita de bicarbonato sódico

¾ de cucharadita de polvo de hornear

½ cucharadita de sal

170 g (¾ de taza) de mantequilla sin sal a temperatura ambiente

255 g (1 ⅓ tazas) de azúcar

120 g (⅔ de taza) de mantequilla de cacahuete cremosa, preferiblemente natural

3 huevos grandes a temperatura ambiente

½ cucharadita de extracto puro de vainilla

120 ml (½ de taza) de crema agria a temperatura ambiente

120 g (¾ de taza) de cacahuetes tostados, salados y cortados en trozos grandes

Cobertura de mantequilla de cacahuete cremosa (página 310)

165 g (½ taza) de gelatina o mermelada de fresa

1. Precalienta el horno a 190 °C. Coloca cápsulas de papel en moldes para muffins de tamaño estándar. Mezcla la harina, el bicarbonato sódico, el polvo de hornear y la sal.

2. Con una batidora eléctrica a velocidad media-alta, trabaja la mantequilla y el azúcar hasta que la mezcla sea blanquecina y esponjosa. Reduce a velocidad baja. Incorpora la manteca de cacahuete. Añade los huevos de uno en uno batiendo solo hasta que integres cada uno raspando el cuenco cuando convenga. Agrega y mezcla la vainilla. Poco a poco, añade la mezcla de la harina y bátelo todo para integrarlo. Vierte la crema agria y los cacahuetes y mézclalo todo.

3. Reparte la masa por igual en los moldes hasta rellenar tres cuartos de la capacidad. Hornéalos y gira los moldes a la mitad de la cocción. Espera a que los cupcakes estén dorados y el probador de pasteles que insertes en el centro de los cupcakes salga limpio, en unos 22 minutos. Traslada los moldes a rejillas de alambre para que se enfríen completamente antes de extraer los cupcakes. Puedes conservar los cupcakes en recipientes herméticos hasta 3 días a temperatura ambiente.

4. Por último, usa una espátula acodada pequeña para extender la cobertura sobre los cupcakes y deja un pequeño hueco en el centro, donde pondrás una cucharadita de gelatina. Los cupcakes con cobertura se conservan en recipientes herméticos en el frigorífico un día como máximo; espera a que alcancen la temperatura ambiente para servirlos.

bañados y glaseados

Mientras que una cobertura contundente puede hacer sombra al cupcake, un suave y sutil glaseado lo complementa sin dominarlo. Aunque estas creaciones elegantes y modernas parezcan delicadas, los métodos que se emplean para elaborarlas son sumamente sencillos. Los cupcakes se bañan en un cuenco con el glaseado preparado o bien se dejan reposar en una rejilla y se aplica el glaseado con una cuchara, un cucharón, o se vierte directamente. El resultado es un pastel en miniatura con un brillo suave y sedoso que a veces se decora con otro elemento y otras no. Muchos de los glaseados y los baños no son más que una mezcla montada de azúcar glas y un líquido, como leche o zumo recién exprimido de algún cítrico. Algunos se maceran en una dosis embriagadora de ron u otro licor para combinar con los sabores intensos de los cupcakes. En definitiva, los cupcakes sencillos de este capítulo son una muestra de un viejo dicho: «menos es más».

Cupcakes de una libra con azúcar moreno

La masa del bizcocho de una libra (o *pound cake*) permite hornear cupcakes particularmente intensos y densos. La receta tradicional se puede adaptar de varios modos para variar el sabor y la textura. En esta versión, el azúcar moreno sustituye al granulado para lograr un toque de sabor acaramelado, mientras que el suero de leche produce una miga más tierna que cuando se emplea la leche normal. El baño de mantequilla marrón con frutos secos combina especialmente bien con estos cupcakes, pero existen muchas otras posibilidades, como la cobertura de azúcar moreno y queso crema (página 310) o la nata montada (página 316). **PARA 28 CUPCAKES**

360 g	(3 tazas) de harina normal
2	cucharaditas de polvo de hornear
½	cucharadita de sal
230 g	(1 taza) de mantequilla sin sal a temperatura ambiente
400 g	(2 ¼ tazas) de azúcar moreno claro compacto
4	huevos grandes a temperatura ambiente
180 ml	(¾ taza) de suero de leche
	Baño de mantequilla marrón (página 314)

1. Precalienta el horno a 170 °C. Coloca cápsulas de papel en moldes para muffins de tamaño estándar. Mezcla la harina, el polvo de hornear y la sal.

2. Con una batidora eléctrica a velocidad media-alta, trabaja la mantequilla y el azúcar moreno hasta que la mezcla sea blanquecina y esponjosa. Añade los huevos de uno en uno, bate cada uno que agregues para incorporarlo raspando el cuenco cuando convenga. Agrega la mezcla de la harina en tres tandas alternándolas con dos tandas de suero de leche y bátelo todo para integrar los ingredientes cada vez.

3. Reparte la masa por igual en los moldes hasta rellenar tres cuartos de la capacidad. Hornéalos y gira los moldes a la mitad de la cocción. Espera a que estén dorados y el probador de pasteles que insertes en el centro de los cupcakes salga limpio, en unos 25 minutos. Traslada los moldes a rejillas de alambre para que se enfríen durante 10 minutos; extrae los cupcakes y colócalos en rejillas para que se enfríen completamente. Puedes conservar los cupcakes hasta 3 días a temperatura ambiente o bien congelarlos durante 2 meses, siempre dentro de recipientes herméticos.

4. Por último, coloca los cupcakes en una rejilla de alambre que descanse sobre una bandeja de horno. Con una cuchara, vierte el baño sobre los cupcakes y deja que se seque. Es mejor comer los cupcakes el día que se aplica el baño; mantenlos a la temperatura ambiente hasta que vayas a servirlos.

Cupcakes de *streusel*

Todas las características de un pastel tradicional para acompañar el café —base tierna, *streusel* que se desmigaja y un sencillo glaseado de leche y azúcar— en raciones individuales para llevarlas a cualquier parte. Prueba a servirlos para desayunar a media mañana o para merendar después del colegio. **PARA 24 CUPCAKES**

300 g (2 ½ tazas) de harina normal

½ cucharadita de bicarbonato sódico

1 ¼ cucharaditas de polvo de hornear

½ cucharadita de sal gruesa

145 g (½ taza y 2 cucharadas) de mantequilla sin sal a temperatura ambiente

190 g (1 taza) de azúcar

3 huevos grandes

1 ½ cucharaditas de extracto puro de vainilla

300 ml (1 ¼ tazas) de crema agria

Cubierta de *streusel* (receta a continuación)

Glaseado de leche (receta a continuación)

1. Precalienta el horno a 180 °C. Coloca cápsulas en moldes para muffins. Mezcla la harina, el bicarbonato, el polvo de hornear y la sal.

2. Con una batidora a velocidad media-alta, trabaja la mantequilla y el azúcar hasta que la mezcla sea blanquecina y esponjosa. Añade los huevos de uno en uno, batiendo para incorporarlo y raspando el cuenco cuando convenga. Agrega la vainilla y remuévela manualmente. Vierte la mezcla de la harina y la crema agria; remuévelo solo hasta integrarlo todo.

3. Reparte la masa por igual en los moldes. Rocía la mitad de la cubierta encima de los cupcakes presionando suavemente la masa. Rocía el resto a partes iguales. Hornéalos y gira los moldes a la mitad de la cocción. Espera a que estén dorados y el probador de pasteles salga limpio, en unos 20 minutos. Traslada los moldes a rejillas de alambre para que se enfríen completamente antes de extraer los cupcakes.

4. Coloca los cupcakes en una rejilla sobre una bandeja; rocía con el glaseado de leche. Los cupcakes glaseados se pueden guardar hasta 3 días en recipientes herméticos a temperatura ambiente.

. . . .

CUBIERTA DE STREUSEL
PARA 24 CUPCAKES

270 g (2 ¼ tazas) de harina normal

135 g (¾ de taza) de azúcar moreno oscuro compacto

2 ¼ cucharaditas de canela en polvo

¾ de cucharadita de sal gruesa

145 g (½ taza y 2 cucharadas) de mantequilla sin sal a temperatura ambiente

Mezcla la harina, el azúcar moreno, la canela y la sal. Añade y corta la mantequilla con un mezclador de repostería, con los dedos o con dos cuchillos de mesa hasta que la integres sin que llegue a desmigajarse. Introdúcelo 30 minutos en el frigorífico antes de usarlo.

. . . .

GLASEADO DE LECHE
PARA 24 CUPCAKES

195 g (1 ½ tazas) de azúcar glas tamizado

3 cucharadas de leche

Mezcla los ingredientes hasta que estén suaves. Utilízalo enseguida.

Cupcakes de tres cítricos

La piel rallada de un trío de cítricos ilumina cupcakes sencillos. Los que aparecen en la imagen presentan un acabado con glaseado sabor a lima y ralladura fina de lima, pero podrías sustituir la lima por limón o naranja. Si buscas una presentación más bonita, divide el glaseado en tercios y dale el sabor de un cítrico diferente a cada parte, luego elige decoraciones que combinen. **PARA 36 CUPCAKES**

400 g (3 ⅓ tazas) de harina normal

2 cucharaditas de sal gruesa

455 g de mantequilla sin sal a temperatura ambiente

380 g (2 tazas) de azúcar

3 cucharadas de ralladura fina de limón (3 limones)

3 cucharadas de ralladura fina de naranja (2 naranjas)

3 cucharadas de ralladura fina de lima y un poco más para decorar (unas 3 limas)

1 cucharadita de extracto puro de vainilla

9 huevos grandes a temperatura ambiente

Glaseado cítrico (hecho con zumo y ralladura de lima; página 315)

1. Precalienta el horno a 170 °C. Coloca cápsulas de papel en moldes para muffins de tamaño estándar. Mezcla la harina y la sal.

2. Con una batidora eléctrica a velocidad media-alta, trabaja la mantequilla y el azúcar hasta que la mezcla sea blanquecina y esponjosa raspando el cuenco cada pocos minutos. Agrega la ralladura de los cítricos. Reduce a la velocidad media y vierte la vainilla. Añade los huevos de tres en tres, bate cada tanda que agregues para incorporarla raspando el cuenco cuando convenga. Reduce a la velocidad baja. Incorpora la mezcla de la harina en cuatro tandas y bate bien la masa cada vez.

3. Reparte la masa por igual en los moldes hasta rellenar tres cuartos de la capacidad; da un golpe seco a los moldes en la encimera para distribuir la masa. Hornea los cupcakes y gira los moldes a la mitad de la cocción. Espera a que el probador de pasteles que insertes en el centro de los cupcakes salga limpio, en unos 20 minutos. Traslada los moldes a rejillas de alambre para que se enfríen durante 10 minutos. Extrae los cupcakes de los moldes, colócalos sobre rejillas y deja que se enfríen completamente. Puedes conservar los cupcakes durante 2 días a temperatura ambiente o bien congelarlos durante 2 meses, siempre dentro de recipientes herméticos.

4. Por último, baña la parte superior de los cupcakes en el glaseado, luego gíralos rápidamente y decóralos con ralladura. Es mejor comer los cupcakes el día que se aplica el glaseado; mantenlos a la temperatura ambiente hasta que vayas a servirlos.

Cupcakes de coco y nueces pecán con ganache de chocolate

La masa de estos cupcakes similares a una barrita de caramelo va cargada de coco rallado dulce y nueces pecán. Para resaltar aún más su atractivo, se bañan en un glaseado de chocolate amargo, luego se espolvorean con copos de coco tostado. La mantequilla de coco, que normalmente se comercializa en frascos en las tiendas de alimentación natural o por Internet, es distinta a la crema de coco, que contiene azúcar añadido y se suele usar para preparar cócteles. Si no encuentras la mantequilla de coco, sustitúyela por 57 gramos más de mantequilla.

PARA 36 CUPCAKES

75 g	(1 taza) de coco rallado con azúcar y muy compacto
90 g	(¾ de taza) de nueces pecán tostadas (consulta la página 323) ya enfriadas
380 g	(2 tazas) de azúcar
270 g	(2 ¼ tazas) de harina normal
1	cucharada de polvo de hornear
¾	de cucharadita de sal
170 g	(¾ de taza) de mantequilla sin sal a temperatura ambiente
60 g	(¼ de taza) de mantequilla de coco (o 4 cucharadas de mantequilla sin sal a temperatura ambiente)
1	cucharada de extracto puro de coco
4	huevos grandes a temperatura ambiente
270 ml	(1 taza y 2 cucharadas) de leche de coco sin azúcar
	Glaseado de ganache de chocolate (página 312)
150 g	(2 tazas) de copos de coco sin azúcar tostados (página 323) para decorar

1. Precalienta el horno a 180 °C. Coloca cápsulas de papel en moldes para muffins de tamaño estándar. En un robot de cocina, pica el coco rallado bien fino, luego introdúcelo en un cuenco. Muele las nueces pecán con 2 cucharadas de azúcar hasta que estén muy finas. Tamiza la harina, el polvo de hornear y la sal, todo junto, y remuévelo con el coco y las nueces que has picado.

2. Con una batidora eléctrica a velocidad media-alta, trabaja la mantequilla, la mantequilla de coco y el azúcar restante hasta que la mezcla sea blanquecina y esponjosa. Añade el extracto y después los huevos de uno en uno, bate cada uno que agregues para incorporarlo raspando el cuenco cuando convenga. Reduce a la velocidad baja. Agrega la mezcla de la harina en tres tandas alternándolas con dos tandas de leche de coco batiendo solo hasta unirlo todo tras cada incorporación.

3. Reparte la masa por igual en los moldes hasta rellenar tres cuartos de la capacidad. Hornea los cupcakes y gira los moldes a la mitad de la cocción. Espera a que los cupcakes estén dorados y el probador de pasteles que insertes en el centro de los cupcakes salga limpio, en unos 20-22 minutos (no se hincharán). Extrae los cupcakes de los moldes y colócalos sobre rejillas de alambre para que se enfríen completamente. Puedes conservar los cupcakes toda una noche a temperatura ambiente o bien congelarlos durante 2 meses, siempre dentro de recipientes herméticos.

4. Finalmente, baña la parte superior de los cupcakes en el glaseado de chocolate, luego gíralos rápidamente y decóralos con coco tostado. Es mejor comer los cupcakes el día que se aplica el glaseado; mantenlos a la temperatura ambiente hasta que vayas a servirlos.

Cupcakes de pistacho glaseado

Estos cupcakes se elaboran con una dosis triple de pistachos. Algunos frutos secos se trituran bien finos, como una pasta, y se mezclan con la masa; otros se pican y se remueven con la masa al final para añadirle textura. Y todavía se usan más frutos secos, se espolvorean en la parte superior para decorarlos a todo color. Los pistachos laminados se encuentran en mercados especializados y en tiendas de pastelería; si no los consigues sustitúyelos por pistachos picados.

PARA 34 CUPCAKES

150 g	(1 taza) de pistachos sin sal ni cáscara
290 g	(1 ¼ tazas) de mantequilla sin sal a temperatura ambiente
170 g	de queso crema a temperatura ambiente
575	(3 tazas) de azúcar
6	huevos grandes a temperatura ambiente
2	cucharaditas de extracto puro de vainilla
360 g	(3 tazas) de harina normal
1	cucharada de sal gruesa
115 g	(¾ de taza) de pistachos salados troceados
	Glaseado chorreante (receta a continuación)
225 g	(1 ½ tazas) de pistachos sin sal laminados (consulta Proveedores, en la página 342) para decorar

1. Precalienta el horno a 170 °C. Coloca cápsulas de papel en moldes para muffins de tamaño estándar. En un robot de cocina, tritura los pistachos sin cáscara hasta formar una pasta.

2. Con una batidora eléctrica a velocidad media-alta, bate la mantequilla, el queso crema y la pasta de pistacho hasta que la mezcla esté esponjosa, en unos 3 minutos. Reduce a la velocidad media-baja. Poco a poco, añade el azúcar; bátelo hasta suavizar la mezcla raspando el cuenco cuando convenga. Agrega los huevos de uno en uno, bate cada uno que agregues para incorporarlo. Vierte la vainilla y bátelo todo. Reduce a la velocidad baja. Añade la harina y la sal mientras bates solo hasta integrarlas. Incorpora los pistachos picados manualmente.

3. Reparte la masa por igual en los moldes hasta rellenar tres cuartos de la capacidad. Hornéalos y gira los moldes a la mitad de la cocción. Espera a que el probador de pasteles que insertes en el centro de los cupcakes salga limpio, en unos 20 minutos. Traslada los moldes a rejillas de alambre para que se enfríen completamente antes de extraer los cupcakes. Puedes conservar los cupcakes un día a temperatura ambiente o bien congelarlos durante 2 meses, siempre dentro de recipientes herméticos.

4. Por último, coloca los cupcakes en una rejilla de alambre que descanse sobre una bandeja de horno; con una cuchara aplica el glaseado encima de los cupcakes y decóralo con láminas de pistacho. Es mejor comer los cupcakes el día que se aplica el glaseado; mantenlos a temperatura ambiente hasta que vayas a servirlos.

. . . .

GLASEADO CHORREANTE
PARA 34 CUPCAKES

150 g	(1 taza y 3 cucharadas de azúcar glas tamizado
180 g	(¾ de taza) de nata para montar
1	cucharadita de zumo de limón recién exprimido

Bate todos los ingredientes en un cuenco pequeño hasta que la mezcla sea suave. Úsalo enseguida.

Cupcakes de calabaza y mantequilla marrón

Estos cupcakes se elaboran con una combinación de ingredientes que podrías encontrar fácilmente en una apreciada tarta otoñal: calabaza, canela, nuez moscada y clavos de olor, sabores que realzan la mantequilla marrón y la salvia fresca. Para cortar la salvia en *chiffonade* o en tiras muy finas, apila las hojas, luego enróllalas bien prietas y córtalas transversalmente con un cuchillo afilado.

PARA 15 CUPCAKES

170 g (¾ de taza) de mantequilla sin sal a temperatura ambiente y un poco más para los moldes

200 g (1 ⅔ tazas) de harina normal y un poco más para los moldes

10 g (¼ de taza) de hojas de salvia fresca cortadas en chiffonade (opcional)

2 cucharaditas de polvo de hornear

1 cucharadita de sal

½ cucharadita de canela en polvo

¼ de cucharadita de nuez moscada recién rallada

⅛ de cucharadita de clavos de olor

220 g (1 taza) de puré de calabaza de lata (no relleno de tarta)

180 g (1 taza) de azúcar moreno claro compacto

95 g (½ taza) de azúcar granulado

2 huevos grandes

Glaseado de mantequilla marrón (página 314)

1. Precalienta el horno a 170 °C. Pinta moldes para muffins de tamaño estándar con mantequilla; espolvoréalos con harina y dales un golpecito para que se desprenda la que sobre. En una olla, derrite la mantequilla a fuego medio-bajo. Añade la salvia, si quieres, y sigue cociéndolo removiendo de vez en cuando hasta que la mantequilla se dore. Retira la capa de espuma que se forme en la superficie y retira la olla del fuego. Vierte el contenido excepto el sedimento quemado en un cuenco para detener la cocción y deja que se enfríe.

BAÑA LA PARTE SUPERIOR EN EL GLASEADO

2. Mezcla la harina, el polvo de hornear, la sal, la canela, la nuez moscada y los clavos. En otro cuenco, bate el puré de calabaza, los dos tipos de azúcar, los huevos y la mezcla de la mantequilla marrón. Agrega la mezcla de la harina batiéndola solo hasta unirla.

3. Reparte la masa por igual en los moldes hasta rellenar tres cuartos de la capacidad. Hornéalos y gira los moldes a la mitad de la cocción. Espera a que el probador de pasteles que insertes en el centro de los cupcakes salga limpio, en unos 20 minutos. Traslada los moldes a rejillas de alambre para que se enfríen completamente antes de extraer los cupcakes. Puedes conservar los cupcakes toda una noche a temperatura ambiente o bien congelarlos durante 2 meses, siempre dentro de recipientes herméticos.

4. Finalmente, baña la parte superior de los cupcakes en el glaseado, luego gíralos rápidamente y deja que se sequen. Es mejor comer los cupcakes el día que se aplica el glaseado; mantenlos a la temperatura ambiente hasta que vayas a servirlos.

Tartaletas de queso en blanco y negro con glaseado de albaricoque

Con la base de galleta, el relleno cremoso y el glaseado afrutado, las tartaletas de queso individuales son una versión deliciosa de este postre en tamaño más grande. La mermelada de albaricoque aporta a este dulce un brillo dorado, mientras que la galleta de chocolate que venden preparadas forma una base crujiente y fácil de montar. **PARA 18 CUPCAKES**

PARA LA BASE

- 120 g (¾ de taza) de galletas de chocolate de barquillo, como las Nabisco Famous Wafers (unas 18 galletas)
- 1 cucharada y 1 cucharadita de azúcar
- 3 cucharadas de mantequilla sin sal derretida

PARA EL RELLENO

- 455 g de queso crema
- 95 g (½ taza) de azúcar
- ½ cucharadita de extracto puro de vainilla
- 2 huevos grandes ligeramente batidos
- 120 ml (½ taza) de crema agria
- 1 pizca de sal
- 245 g (¾ de taza) de mermelada de albaricoque

1. Prepara la base: precalienta el horno a 180 °C. Coloca cápsulas de papel en moldes para muffins de tamaño estándar. Mezcla las galletas de chocolate y el azúcar (1 cucharada y 1 cucharadita), luego añade y remueve la mantequilla. Pon una cucharada de esta mezcla de galleta en la base de los moldes forrados y apriétala. Introdúcelos en el horno, gira los moldes a media cocción, cuécelos hasta que tomen consistencia, 7 minutos aproximadamente. Traslada los moldes a rejillas de alambre para que se enfríen. Reduce la temperatura del horno a 135°.

2. Elabora el relleno: con una batidora eléctrica a velocidad media-alta, bate el queso crema hasta que esté suave. Añade ½ taza de azúcar gradualmente y, luego, la vainilla. Bátelo para integrarlos bien, unos 3 minutos. Vierte los huevos poco a poco y detente a menudo para raspar las paredes del cuenco. Agrega y bate la crema agria y la sal para incorporarlas.

3. Vierte la masa en los moldes con la base de galleta, hasta rellenarlos casi hasta arriba. Hornea las tartaletas, gira los moldes a media cocción y espera a que el relleno cuaje por los lados pero el centro parezca blando, de 20 a 22 minutos. Traslada los moldes a rejillas de alambre para que se enfríen totalmente. Introdúcelos en el frigorífico por lo menos 4 horas (o toda una noche).

4. Para terminar las tartaletas, espera a que alcancen la temperatura ambiente y extráelas de los moldes. Calienta mermelada en una olla hasta que esté líquida. Pásala por un colador fino y así separarás los grumos. Añade una cucharadita de mermelada caliente encima de cada tartaleta de queso y sírvelas enseguida.

Cupcakes especiados de la señora Kostyra

Estos cupcakes glaseados son una adaptación de una receta de la difunta madre de Martha, Martha Kostyra, una apasionada pastelera. Disfrutaba especialmente preparando pasteles con especias. El glaseado de naranja también pertenece a su repertorio, pero los cupcakes quedarían igual de deliciosos con cobertura de queso crema (página 303) o con glaseado de mantequilla marrón (página 314). No olvides el paso crucial de tamizar los ingredientes secos tres veces, porque ayuda a distribuir las especias totalmente y, de este modo, sabrán mejor.

PARA 24 CUPCAKES

115 g (½ taza) de mantequilla sin sal a temperatura ambiente y un poco más para los moldes

360 g (4 tazas) de harina pastelera (no leudante) tamizada y un poco más para los moldes

1 cucharada y 1 cucharadita de polvo de hornear

½ cucharadita de sal

2 cucharaditas de canela en polvo

1 cucharadita de pimienta de Jamaica molida

½ cucharadita de nuez moscada recién rallada

½ cucharadita de macis molida

1 pellizco de clavos de olor molidos

270 g (1 ½ tazas) de azúcar moreno oscuro compacto

4 huevos grandes a temperatura ambiente

360 ml (1 ½ tazas) de leche a temperatura ambiente

Glaseado cítrico (con zumo y ralladura de naranja; página 315)

1. Precalienta el horno a 180 °C. Pinta moldes para muffins de tamaño estándar con mantequilla; espolvoréalos con harina y dales un golpecito para que se desprenda la que sobre. Tamiza la harina pastelera, el polvo de hornear, la sal y las especias tres veces.

2. Con una batidora eléctrica a velocidad media-alta, trabaja la mantequilla y el azúcar moreno hasta que la mezcla sea blanquecina y esponjosa. Añade los huevos de uno en uno, bate cada uno que agregues para incorporarlo y raspa las paredes del cuenco cuando convenga. Reduce a la velocidad baja. Agrega la mezcla de la harina en dos tandas alternándolas con dos tandas de leche y bátelo bien cada vez para integrar los ingredientes.

3. Reparte la masa por igual en moldes preparados hasta rellenar tres cuartos de la capacidad. Hornea los cupcakes hasta que estén dorados y el probador de pasteles que insertes en el centro salga limpio, unos 20 minutos, gira los moldes a la mitad de la cocción. Traslada los moldes a rejillas de alambre para que se enfríen completamente antes de extraer los cupcakes.

4. Por último, coloca los cupcakes en una rejilla de alambre que descanse sobre una bandeja de horno; con una cuchara aplica el glaseado encima de los cupcakes y espera a que se seque. Es mejor comer los cupcakes el día que se aplica el glaseado; mantenlos a temperatura ambiente hasta que vayas a servirlos.

Cupcakes de pudín de dátiles y toffee

Esta versión del pudding inglés a escala reducida incluye puré de dátiles y un chorrito de brandy. Una vez horneados, se cubren con un exquisito glaseado de toffee. **PARA 14 CUPCAKES**

115 g (½ taza) de mantequilla sin sal a temperatura ambiente y un poco más para los moldes

240 g (2 tazas) de harina normal y un poco más para los moldes

120 ml (½ taza) de agua

120 ml (½ taza) de brandy

230 g de dátiles grandes y jugosos (preferiblemente Medjool) cortados por la mitad y deshuesados

¼ de cucharadita de bicarbonato sódico

1 ½ cucharaditas de polvo de hornear

½ cucharadita de sal gruesa

½ cucharadita de canela molida

180 g (1 taza) de azúcar moreno oscuro compacto

2 huevos grandes a temperatura ambiente

Glaseado de toffee (receta a continuación)

1. Precalienta el horno a 180 °C. Pinta moldes para muffins con mantequilla; espolvoréalos con harina y elimina la que sobre. Pon el agua, el brandy y los dátiles en una cazuela a fuego medio-alto. Cuando hierva, baja el fuego a medio-bajo; tapa la cazuela y deja hasta que los dátiles estén muy blandos, unos 5 minutos. Vierte en un robot de cocina y tritúralo hasta conseguir un puré muy suave. Deja que se enfríe 15 minutos.

2. Mezcla la harina, el bicarbonato, el polvo de hornear, la sal y la canela. Con una batidora a velocidad media-alta, trabaja la mantequilla y el azúcar hasta que la mezcla sea esponjosa. Añade los huevos de uno en uno, batiendo para incorporarlo, y raspa el cuenco cuando convenga. Reduce a la velocidad baja. Añade la mezcla de la harina en tres tandas alternándolas con dos tandas de puré de dátiles batiendo solo hasta unirlo todo tras cada incorporación.

3. Reparte la masa por igual en los moldes preparados. Hornéalos y gíralos a la mitad de la cocción. Espera a que el probador de pasteles salga limpio, en unos 23-25 minutos. (Cuando estén a la mitad de la cocción, prepara el glaseado.)

4. En cuanto los retires del horno, usa un palillo para inclinar ligeramente los cupcakes por un lado. Levanta los cupcakes un poco más con los dedos, vierte dos cucharadas de glaseado en los hoyos y, entonces, vuelve a colocar los cupcakes en su sitio. Deja que se enfríen 10 minutos.

5. Da la vuelta a los cupcakes sobre una rejilla colocada sobre una bandeja; echa dos cucharadas de glaseado encima de cada cupcake y deja secar. Sírvelos enseguida.

. . . .

GLASEADO DE TOFFEE
PARA 14 CUPCAKES

240 ml (1 taza) de nata para montar

180 g (1 taza) de azúcar moreno oscuro compacto

4 cucharadas de mantequilla sin sal a temperatura ambiente

60 ml (¼ de taza) de brandy

¼ de cucharadita de sal gruesa

Pon la nata, el azúcar moreno y la mantequilla a hervir a fuego medio-alto en una olla y remuévela de vez en cuando. Cuécelo durante 3 minutos. Vierte el brandy y la sal y remuévelo, cuécelo 1 minuto más. Utilízalo enseguida.

Cupcakes de *stout*

La cerveza negra *stout*, que debe su color oscuro y sabor fuerte a la malta tostada, se usa a veces en las cocinas inglesa e irlandesa para elaborar pasteles especiados y pan rápido. Sus versiones en cupcakes son el regalo perfecto para cualquier anfitrión o excelentes dulces para después de la cena; sírvelos con café o vasos de *stout*. **PARA 28 CUPCAKES**

450 g (3 ¾ tazas) de harina normal

½ cucharadita y ⅛ de cucharadita de bicarbonato sódico

1 ¾ cucharaditas de polvo de hornear

1 ¼ cucharaditas de sal

1 cucharada de canela en polvo

1 ¼ cucharaditas de nuez moscada recién rallada

300 ml (1 ¼ tazas) de aceite vegetal

300 ml (1 ¼ tazas) de melaza sin clarificar

110 g (½ taza y 1 cucharada) de azúcar moreno claro compacto

2 huevos grandes y 1 yema

1 cucharada y 1 cucharadita de ralladura fina de naranja

300 ml (1 ¼ tazas) de cerveza *stout*, por ejemplo Guinness, servida y reposada

Glaseado de *stout* (receta a continuación)

1. Precalienta el horno a 180 °C. Coloca cápsulas de papel en moldes para muffins de tamaño estándar. Mezcla la harina, el bicarbonato sódico, el polvo de hornear, la sal, la canela y la nuez moscada.

2. Con una batidora eléctrica a velocidad media-baja, bate el aceite, la melaza, el azúcar moreno, los huevos enteros, la yema, la ralladura y la cerveza *stout* hasta que lo hayas mezclado bien. Reduce a la velocidad baja. Añade la mezcla de la harina poco a poco batiéndola solo hasta unirla.

3. Reparte la masa por igual en los hoyos forrados de los moldes hasta rellenar tres cuartos de la capacidad. Hornéalos y gira los moldes a la mitad de la cocción. Espera a que el probador de pasteles que insertes en el centro de los cupcakes salga limpio, en unos 20 minutos. Extrae los cupcakes y colócalos sobre rejillas de alambre para que se enfríen completamente. Puedes conservar los cupcakes toda una noche a temperatura ambiente o bien congelarlos durante 2 meses, siempre dentro de recipientes herméticos.

4. Por último, coloca los cupcakes en una rejilla de alambre que descanse sobre una bandeja de horno; con una cuchara vierte el glaseado encima de los cupcakes y deja que se sequen. Es mejor comer los cupcakes el día que se aplica el glaseado; mantenlos a temperatura ambiente hasta que vayas a servirlos.

. . . .

GLASEADO DE STOUT
PARA 28 CUPCAKES

260 g (2 tazas) de azúcar glas tamizado

60 ml (¼ taza) de cerveza *stout*, por ejemplo Guinness, servida y reposada

Bate los dos ingredientes hasta integrarlos. Utiliza este glaseado enseguida.

Minicupcakes de té *chai*

Estos cupcakes deben su sabor al tradicional té especiado de la India llamado *masala chai*. Se suele suavizar este té con leche condensada, que aquí nos sirve para hacer el glaseado. **PARA 46 MINICUPCAKES**

180 ml (¾ de taza) de leche

2 bolsas de té negro (de Ceylán, por ejemplo)

120 g (1 taza) de harina normal

90 g (1 taza) de harina pastelera (no leudante) tamizada

1 ½ cucharaditas de polvo de hornear

½ cucharadita de sal gruesa

¼ de cucharadita de pimienta recién molida

¼ de cucharadita de canela en polvo

¼ de cucharadita de jengibre molido

¼ de cucharadita de cardamomo molido

1 pellizco de clavos de olor molidos

1 pellizco de nuez moscada recién rallada

4 cucharadas de mantequilla sin sal a temperatura ambiente

135 g (¾ de taza) de azúcar moreno oscuro compacto

2 huevos grandes a temperatura ambiente

Glaseado de leche condensada (receta a continuación)

1. Precalienta el horno a 180 °C. Coloca cápsulas de papel en moldes para muffins de tamaño mini. Pon la leche a hervir a fuego medio. Retírala del fuego; añade las bolsas de té, tapa la olla y déjalas infusionar durante 15 minutos. Extrae las bolsas de té, escurre las bolsas dentro de la olla y luego tíralas. Espera a que la leche esté completamente fría. Mezcla las dos clases de harina, el polvo de hornear, la sal, la pimienta y las especias.

2. Con una batidora eléctrica a velocidad media-alta, trabaja la mantequilla y el azúcar moreno hasta que la mezcla sea blanquecina y esponjosa. Añade los huevos de uno en uno, bate cada uno que agregues para incorporarlo raspando el cuenco cuando convenga. Reduce a la velocidad baja. Agrega la mezcla de la harina en tres tandas alternándolas con dos tandas de la leche infusionada batiendo solo hasta unirlo todo tras cada incorporación.

3. Reparte la masa por igual en los moldes forrados hasta rellenar tres cuartos de la capacidad. Hornéalos y gira los moldes a la mitad de la cocción. Espera a que la parte superior sea elástica cuando la toques y esté un poco dorada, en unos 10-12 minutos. Extrae los cupcakes de los moldes y colócalos en rejillas de alambre para que se enfríen completamente. Estos cupcakes se pueden congelar hasta 1 mes dentro de recipientes herméticos.

4. Finalmente, baña la parte superior de los cupcakes en el glaseado, luego gíralos rápidamente y espera a que se sequen. Es mejor comer los cupcakes el día que se aplica el glaseado; mantenlos a la temperatura ambiente hasta que vayas a servirlos.

. . . .

GLASEADO DE LECHE CONDENSADA
PARA 46 MINICUPCAKES

4 cucharadas de mantequilla sin sal a temperatura ambiente

200 g (½ taza y 2 cucharadas) de leche condensada con azúcar

1 pizca de sal gruesa

95 g (¾ de taza) de azúcar glas tamizado

Con una batidora eléctrica a velocidad media-alta, monta la mantequilla, la leche condensada y la sal hasta que la mezcla sea suave. Agrega y monta el azúcar glas en tres tandas de ¼ de taza y mézclalas bien, después móntalo a velocidad alta hasta que el baño sea denso y suave. Úsalo enseguida.

Cupcakes especiados de chocolate

A lo largo de los años, algunas de las recetas más apreciadas de Martha Stewart Living se han completado con una combinación de chocolate, jengibre y otras especias, como por ejemplo galletas, brownies y pasteles de especias. Estos elegantes cupcakes «invertidos» son la última variante de esta combinación.

PARA 12 CUPCAKES

5 cucharadas de mantequilla sin sal a temperatura ambiente y un poco más para el molde

25 g (¼ de taza) de cacao en polvo alcalinizado sin azúcar y un poco más para el molde

1 cucharadita de bicarbonato sódico

160 ml (⅔ de taza) de agua hirviendo

150 g (1 ¼ tazas) de harina normal

¼ de cucharadita de sal

1 cucharadita de jengibre molido

¾ de cucharadita de canela en polvo

¼ de cucharadita de nuez moscada recién rallada

90 g (½ taza) de azúcar moreno oscuro compacto

1 huevo grande a temperatura ambiente

160 ml (⅔ de taza) de melaza sin clarificar

Glaseado de ganache de chocolate (página 312)

Jengibre confitado en dados pequeños para decorar

1. Precalienta el horno a 180 °C. Pinta un molde para muffins de tamaño estándar con mantequilla; espolvoréalo con harina y dale un golpecito para que se desprenda la que sobre. Remueve el bicarbonato con el agua hirviendo. En otro cuenco, mezcla la harina, el cacao, la sal, el jengibre, la canela y la nuez moscada.

2. Con una batidora eléctrica a velocidad media-alta, trabaja la mantequilla y el azúcar moreno hasta que la mezcla sea blanquecina y esponjosa. Agrega y bate el huevo. Añade la melaza y la mezcla del bicarbonato, bátelo bien para incorporarlo todo raspando el cuenco cuando convenga. Reduce a la velocidad baja. Agrega la mezcla de la harina y bátelo para integrar los ingredientes (la masa tendrá un aspecto grumoso).

3. Reparte la masa por igual en los moldes preparados hasta rellenar la mitad de la capacidad. Hornéalos y gira el molde a la mitad de la cocción. Espera a que el probador de pasteles que insertes en el centro de los cupcakes salga limpio, en unos 20 minutos. Traslada el molde a una rejilla de alambre para que se enfríe durante 15 minutos; gira los cupcakes sobre una rejilla y deja que se enfríen completamente. Puedes conservar los cupcakes hasta 3 días a temperatura ambiente en recipientes herméticos.

4. Por último, coloca los cupcakes invertidos sobre una rejilla de alambre que descanse sobre una bandeja de horno; con una cuchara aplica el glaseado sobre los cupcakes. Puedes conservar los cupcakes glaseados hasta 3 días en el frigorífico dentro de recipientes herméticos y dispuestos en una sola capa; espera a que alcancen la temperatura ambiente y decóralos con jengibre confitado antes de servirlos.

Cupcakes de ron con pasas y coco

Cupcakes bañados con un glaseado de caramelo con un toque de licor y rellenos con pasas maceradas en ron. **PARA 36 CUPCAKES**

290 g (1 ¼ tazas) de mantequilla sin sal a temperatura ambiente y un poco más para los moldes

360 g (3 tazas) de harina normal y un poco más para los moldes

120 ml (½ taza) de ron tostado

150 g (1 taza) de pasas

½ cucharadita de polvo de hornear

1 cucharadita de sal

495 g (2 ¾ tazas) y 2 cucharadas de azúcar moreno claro compacto

6 huevos grandes a temperatura ambiente

2 cucharaditas de extracto puro de vainilla

180 ml (¾ de taza) de nata para montar

75 g (1 taza) de copos de coco con azúcar

Glaseado de caramelo con ron (receta a continuación)

1. Precalienta el horno a 170 °C. Engrasa un molde para muffins; espolvoréalo con harina vaciando la que sobre. En un cuenco, deja macerar las pasas con el ron. En otro, mezcla la harina, el polvo de hornear y la sal.

2. Con una batidora a velocidad media-alta, trabaja la mantequilla y el azúcar hasta que la mezcla sea blanquecina y esponjosa. Añade los huevos de uno en uno, batiendo para incorporarlo y raspa el cuenco cuando convenga. Vierte y bate la vainilla. Reduce a velocidad baja. Agrega la mezcla de la harina en tres tandas alternándolas con dos tandas de nata para montar y bátelo todo para integrar los ingredientes cada vez. Añade la mezcla de las pasas y el coco.

3. Reparte la masa por igual en los moldes forrados hasta rellenar tres cuartos de la capacidad. Hornéalos y gira los moldes a la mitad de la cocción. Cuando el probador de pasteles salga limpio, en unos 30 minutos, traslada los moldes a rejillas enfriadoras 20 minutos. Pasa una pequeña espátula o un cuchillo por los bordes; extrae los cupcakes y colócalos sobre rejillas, deja que se enfríen completamente. Puedes conservar los cupcakes hasta 3 días a temperatura ambiente en recipientes herméticos.

4. Sírvelos en platos de postre y vierte una cucharada de glaseado encima de cada uno. O bien coloca los cupcakes en una rejilla sobre una bandeja, vierte el glaseado sobre los cupcakes y deja que se sequen. Es mejor comer los cupcakes el día que se aplica el glaseado; mantenlos a la temperatura ambiente hasta que vayas a servirlos.

GLASEADO DE CARAMELO CON RON

190 g (1 taza) de azúcar

60 ml (¼ de taza) de agua

60 ml (¼ de taza) de ron tostado

60 ml (¼ de taza) de nata para montar

Calienta el azúcar y el agua en una olla de fondo grueso a fuego medio, remueve de vez en cuando y espera a que el azúcar se haya disuelto y el sirope sea transparente. Deja de remover y cuécelo hasta que el sirope hierva, ve limpiando los lados de la olla con un pincel de repostería mojado, así evitarás que se formen cristales. Sigue hirviéndolo, remueve con cuidado alguna que otra vez para que el color sea uniforme y cuando la mezcla adquiera un tono ámbar retírala del fuego. Con cuidado, añade el ron y la nata (salpicará) y remuévelo con una cuchara de madera hasta que el glaseado sea suave. Deja que se enfríe y remuévelo de vez en cuando hasta que se espese, de 5 a 10 minutos.

Cupcakes de brownie con glaseado de lavanda

Las apariencias engañan: estos cupcakes decorados con flores azucaradas parecen delicados *petit-fours*, pero el glaseado con sabor y color de lavanda esconde un cupcake de intenso brownie. Busca lavanda deshidratada en mercados especializados o en Internet; las flores comestibles sin pesticidas podrás encontrarlas en comercios de artículos de pastelería. También puedes preparar el glaseado sin lavanda. **PARA 24 CUPCAKES**

90 g (¾ de taza y 2 cucharadas) de harina normal

½ cucharadita de polvo de hornear

½ cucharadita de sal

150 g (½ taza y 2 ½ cucharadas) de mantequilla sin sal cortada en trozos y a temperatura ambiente

100 g de chocolate sin azúcar picado fino

255 g (1 ⅓ tazas) de azúcar

2 huevos grandes a temperatura ambiente

1 cucharadita de extracto puro de vainilla

Glaseado de lavanda (receta a continuación)

Flores cristalizadas (página 322)

1. Precalienta el horno a 180 °C. Coloca cápsulas de papel en moldes para muffins de tamaño estándar. Mezcla la harina, el polvo de hornear y la sal. Derrite la mantequilla y el chocolate en un cuenco resistente al calor sobre (no dentro) una olla con agua hirviendo a fuego lento; remuévelo hasta que la mezcla sea suave. Retira el cuenco de la olla y deja que se enfríe un poco.

2. Con una batidora eléctrica a velocidad media, bate la mezcla del chocolate y el azúcar hasta incorporarlos. Añade los huevos de uno en uno, bate cada uno que agregues para incorporarlo y raspa el cuenco cuando convenga. Vierte y bate la vainilla. Reduce a la velocidad baja. Agrega la mezcla de la harina y bátela solo hasta unirla.

3. Reparte la masa por igual en los moldes hasta rellenar dos tercios de la capacidad. Hornéalos y gira los moldes a la mitad de la cocción. Espera a que el probador de pasteles que insertes en el centro de los cupcakes salga limpio, en unos 17 minutos (los cupcakes no se hincharán). Traslada los moldes a rejillas enfriadoras.

4. Por último, con una cuchara pequeña cubre totalmente la parte superior de los cupcakes con el glaseado. Deja que se sequen aproximadamente 1 hora. Encima, coloca flores cristalizadas. Los cupcakes con glaseado se pueden guardar hasta 2 días a temperatura ambiente en recipientes herméticos.

. . . .

GLASEADO DE LAVANDA
PARA 24 CUPCAKES

80 m (⅓ de taza) de leche

½ cucharadita de lavanda deshidratada (consulta Proveedores, en la página 342)

390 g de azúcar glas tamizado

Colorante alimentario violeta en gel o pasta

Lleva la leche y la lavanda a punto de hervor en una olla. Retírala del fuego y tápala; deja que infusione durante 10 minutos. Pasa la mezcla por un colador fino a un cuenco y aparta la lavanda. Móntala con el azúcar glas hasta que sea suave. Vuelve a colar la mezcla. Añade el colorante alimentario poco a poco y remueve bien hasta lograr el tono apropiado. Utilízalo enseguida.

sencillos y dulces

A menudo, no es el glaseado lo que hace que un pastel sea memorable, sino el pastel en sí. Las sensaciones singulares de este capítulo son sabrosas por sí mismas, sin coberturas, rellenos, glaseados ni otros adornos. La mayoría se cubre con tan solo azúcar glas o cacao en polvo espolvoreado o, salvo en una excepción comprensible, con una cucharada generosa de helado justo antes de servirlos. Admitimos que unos cuantos ejemplos de este apartado, especialmente los que se cargan con bayas frescas u otra fruta, se encuentran a medio camino entre los llamados muffins y lo que reconocemos como cupcakes. Aunque no importa cómo decidas clasificarlos, los modestos cupcakes de las páginas siguientes saben divinamente. Algunos aguantan unos días, así que puedes preparar una hornada el fin de semana y disfrutarlos durante la semana. Además, como no hay glaseado que manche, muchos son perfectos para empaquetarlos y llevarlos donde quieras.

Cupcakes marmolados

Hace mucho tiempo que los pasteleros forman remolinos en dos masas, una oscura y otra clara, para elaborar pasteles marmolados. Esta versión, que se prepara en moldes de cupcakes, consiste en dos partes iguales de leche y nata para que quede más sabrosa. Crear el aspecto bicolor resulta tan sencillo como dar unos cuantos toques con un cuchillo o un palillo. No es necesario ser preciso, el patrón único de cada cupcake forma parte de su encanto. Son lo bastante bonitos como para servirlos sin decorar, pero si lo prefieres puedes salpicarlos con glaseado de leche (página 63) o bien una cobertura de chocolate negro (página 302). **PARA 16 CUPCAKES**

160 g (1 ¾ tazas) de harina pastelera (no leudante) tamizada

2 cucharaditas de polvo de hornear

½ cucharadita de sal

80 ml (⅓ de taza) de leche a temperatura ambiente

80 ml (⅓ de taza) de nata para montar a temperatura ambiente

115 g (½ taza) de mantequilla sin sal a temperatura ambiente

190 g (1 taza) de azúcar granulado

3 huevos grandes a temperatura ambiente

1 cucharadita de extracto puro de vainilla

35 g (⅓ de taza) de cacao en polvo alcalinizado sin azúcar

60 ml (¼ de taza) de agua hirviendo

Azúcar glas para espolvorear

1. Precalienta el horno a 180 °C. Coloca cápsulas de papel en moldes para muffins de tamaño estándar. Tamiza la harina pastelera, el polvo de hornear y la sal, todo junto. Mezcla la leche y la nata.

2. Con una batidora eléctrica a velocidad media-alta, trabaja la mantequilla y el azúcar granulado hasta que la mezcla sea blanquecina y esponjosa. Añade los huevos de uno en uno, bate cada uno que agregues para incorporarlo y raspa el cuenco cuando convenga. Vierte y bate la vainilla. Agrega la mezcla de la harina en tres tandas alternándolas con dos tandas de la mezcla de la leche y bátelo todo para integrar los ingredientes cada vez.

3. Para hacer la masa de chocolate, mide 1 taza de masa y trasládala a otro cuenco. Mezcla el cacao y el agua hirviendo en un cuenco. Luego, remuévelo con la taza de masa.

4. Rellena los hoyos de los moldes a cucharadas alternas de masa de vainilla y de chocolate, debes rellenar tres cuartos de la capacidad. Inserta la punta de un cuchillo de cocina o un palillo de madera en la masa y muévelo en forma de ocho para formar remolinos. Hornea los cupcakes y gira los moldes a la mitad de la cocción. Espera a que la parte superior esté dorada y el probador de pasteles que insertes en el centro de los cupcakes salga limpio, en unos 20 minutos. Traslada los moldes a rejillas de alambre para que se enfríen completamente antes de extraer los cupcakes. Puedes conservar los cupcakes toda una noche a temperatura ambiente o bien congelarlos durante 2 meses, siempre dentro de recipientes herméticos.

5. Finalmente, espolvoréalos con azúcar glas justo antes de servirlos.

Pastas de té con cerezas y almendras

Aprovecha al máximo la temporada de las cerezas horneando estos pequeños frutos con hueso para convertirlos en encantadoras pastas para acompañar el té. El bizcocho, elaborado con almendra molida, mantequilla marrón y claras de huevo, es similar a los *financiers*, pequeños pasteles esponjosos y con forma rectangular que deben el nombre a su similitud con un lingote de oro. Estos pasteles se preparan sin sacarle el hueso a las cerezas (advierte a tus invitados antes de servirles). Pero si lo prefieres, extrae los huesos antes de hornearlos y deja los tallos intactos. **PARA 30 MINICUPCAKES**

145 g	(½ taza y 2 cucharadas) de mantequilla sin sal a temperatura ambiente y un poco más para los moldes
120 g	(1 taza) de harina normal y un poco más para los moldes
170 g	(1 taza) de almendras sin blanquear
190 g	(1 taza) de azúcar
1	cucharadita de sal gruesa
5	claras de huevos grandes
1	cucharada y 1 cucharadita de kirsch (licor de cereza)
30	cerezas dulces (Bing) con los tallos

1. Precalienta el horno a 200 °C. Pinta moldes para muffins de tamaño mini con mantequilla; espolvoréalos con harina y dales un golpecito para que se desprenda la que sobre. En una olla pequeña, derrite la mantequilla a fuego medio. Cuécela y dale vueltas a la olla de vez en cuando hasta que la mantequilla esté un poco marrón y fragante. Retira la capa de espuma que se forme en la superficie y retira la olla del fuego.

2. En un robot de cocina, pica las almendras muy finas (debería quedar 1 taza) y trasládalas a un cuenco; añade y mezcla la harina, el azúcar y la sal. Agrega las claras y móntalo hasta que la mezcla sea suave. Incorpora el kirsch. Vierte la mantequilla marrón, pero descarta el sedimento quemado, y móntalo para mezclarlo. Deja reposar la masa durante 20 minutos.

3. Rellena los hoyos de los moldes preparados con 1 cucharada de masa. Hunde la cereza en la masa de cada hoyo y deja que el tallo sobresalga. Con una cuchara pequeña, alisa la masa de forma que cubra las cerezas.

4. Hornea los minicupcakes y gira los moldes a la mitad de la cocción. Espera a que estén bien dorados y el probador de pasteles que insertes en el centro de los cupcakes salga limpio, en 12-15 minutos. Traslada los moldes a rejillas de alambre para que se enfríen durante 10 minutos. Pasa una pequeña espátula acodada o un cuchillo alrededor de los bordes para desprender los cupcakes de los hoyos y colócalos en rejillas para que se enfríen completamente. Puedes conservar los cupcakes toda una noche a temperatura ambiente en recipientes herméticos.

CUPCAKES DE AVENA
Y PASAS

CUPCAKES DE MANTEQUILLA
DE CACAHUETE

CUPCAKES CON TROZOS
DE CHOCOLATE

Cupcakes de galletas

Inspirados en las galletas favoritas de todo el mundo, estos cupcakes para llevar se crearon con la intención de venderlos. Las galletas con trozos de chocolate se transformaron en cupcakes dorados; los pasteles de mantequilla de cacahuete llevan una capa de mantequilla de cacahuete y cobertura de queso crema con un entramado marcado encima, y los cupcakes de avena (elaborados con salvado de avena) se decoran con copos de avena y coco. Elige una receta o bien hornea una tanda de cada.

Cupcakes con trozos de chocolate

PARA 24 CUPCAKES APROXIMADAMENTE

180 g	(1 ½ tazas) de harina normal
¾	de cucharadita de polvo de hornear
½	cucharadita de sal
230 g	(1 taza) de mantequilla sin sal a temperatura ambiente
145 g	(¾ de taza) de azúcar granulado
135 g	(¾ de taza) de azúcar moreno claro compacto
3	huevos grandes
1	cucharadita de extracto puro de vainilla
240 ml	(1 taza) de leche
230 g	de chocolate semiamargo cortado en trozos de un poco más de 1 cm (o la misma cantidad de pepitas de chocolate)

1. Precalienta el horno a 190 °C. Coloca cápsulas de papel en moldes para muffins de tamaño estándar. Mezcla la harina, el polvo de hornear y la sal.

2. Con una batidora eléctrica a velocidad media-alta, trabaja la mantequilla y los dos tipos de azúcar hasta que la mezcla sea blanquecina y esponjosa. Añade los huevos de uno en uno, bate cada uno que agregues para incorporarlo raspando el cuenco cuando convenga. Vierte y bate la vainilla. Reduce a la velocidad baja. Agrega la mezcla de la harina en dos tandas alternándolas con la leche y bátelo todo para integrar los ingredientes cada vez. Echa los pedazos de chocolate y remuévelos manualmente.

3. Rellena los moldes forrados con ¼ de taza de masa. Hornea los cupcakes y gira los moldes a la mitad de la cocción. Espera a que los cupcakes estén un poco dorados y el probador de pasteles que insertes en el centro salga limpio, en unos 20 minutos. Traslada los moldes a rejillas de alambre para que se enfríen completamente antes de extraer los cupcakes. Puedes conservarlos hasta 3 días a temperatura ambiente en recipientes herméticos.

CONTINUACIÓN>>

Cupcakes de galletas

Cupcakes de mantequilla de cacahuete

PARA 30 CUPCAKES APROXIMADAMENTE

PARA LOS CUPCAKES

210 g (1 ¾ tazas) de harina normal

¼ de cucharadita de bicarbonato sódico

¾ de cucharadita de polvo de hornear

½ cucharadita de sal

170 g (¾ de taza) de mantequilla sin sal a temperatura ambiente

255 g (1 ⅓ tazas) de azúcar granulado

120 g (⅔ de taza) de mantequilla de cacahuete cremosa, preferiblemente natural

3 huevos grandes

½ cucharadita de extracto puro de vainilla

120 ml (½ taza) de crema agria

PARA LA COBERTURA

340 g de queso crema a temperatura ambiente

195 g (1 ½ tazas) de azúcar glas tamizado y un poco más para marcar el diseño

3 cucharadas de mantequilla sin sal a temperatura ambiente

270 g (1 ½ tazas) de mantequilla de cacahuete cremosa

1. Prepara los cupcakes: precalienta el horno a 190 °C. Coloca cápsulas de papel en moldes para muffins de tamaño estándar. Mezcla la harina, el bicarbonato sódico, el polvo de hornear y la sal.

2. Con una batidora eléctrica a velocidad media-alta, trabaja la mantequilla y el azúcar granulado hasta que la mezcla sea blanquecina y esponjosa. Reduce a la velocidad baja. Agrega y bate la mantequilla de cacahuete para mezclarla. Añade los huevos de uno en uno, bate cada uno que agregues para incorporarlo y raspa el cuenco cuando convenga. Vierte y bate la vainilla. Agrega la mezcla de la harina y bátela hasta solo unirla. Incorpora la crema agria y bátela.

3. Rellena los moldes forrados con 3 cucharadas escasas de masa. Hornea los cupcakes y gira los moldes a la mitad de la cocción. Espera a que se doren un poco y el probador de pasteles que insertes en el centro de los cupcakes salga limpio, en unos 13 minutos. Traslada los moldes a rejillas de alambre para que se enfríen completamente antes de extraer los cupcakes.

4. Prepara la cobertura: con una batidora eléctrica a velocidad media-alta, bate el queso crema, el azúcar glas y la mantequilla hasta que la mezcla sea blanquecina y esponjosa. Añade la mantequilla de cacahuete y remuévela manualmente.

5. Por último, usa una espátula acodada para extender 1 o 2 cucharadas de cobertura sobre los cupcakes. Guárdalos en el frigorífico hasta que la cobertura se haya endurecido, en unos 10 minutos. Marca la parte superior de los cupcakes con un diseño de entramado con los dientes de un tenedor, baña las puntas en azúcar glas cada vez para evitar que se peguen. Puedes conservar los cupcakes hasta 2 días en recipientes herméticos en el frigorífico; espera a que alcancen la temperatura ambiente antes de servirlos.

Cupcakes de avena y pasas

PARA 30 CUPCAKES APROXIMADAMENTE

300 g (3 ¾ tazas) de los clásicos rollos de avena (no instantánea)

300 g (2 ½ tazas) de harina normal

40 g (⅔ de taza) de salvado de avena

½ cucharadita de bicarbonato sódico

1 ½ cucharaditas de polvo de hornear

1 cucharadita de sal

2 cucharaditas de canela en polvo

345 g (1 ½ tazas) de mantequilla sin sal a temperatura ambiente

190 g (1 taza) de azúcar granulado

180 g (1 taza) de azúcar moreno claro compacto

4 huevos grandes

2 cucharaditas de extracto puro de vainilla

240 ml (1 taza) de crema agria

230 g (1 ½ tazas) de pasas

75 g (1 taza) de copos de coco con azúcar

1. Precalienta el horno a 190 °C. Coloca cápsulas de papel en moldes para muffins de tamaño estándar. Mezcla 2 tazas de avena con la harina, el salvado de avena, el bicarbonato sódico, el polvo de hornear y la canela.

2. Con una batidora eléctrica a velocidad media-alta, trabaja la mantequilla y los dos tipos de azúcar hasta que la mezcla sea blanquecina y esponjosa. Añade los huevos de uno en uno, bate cada uno que agregues para incorporarlo y rebaña los lados del cuenco cuando convenga. Vierte y bate la vainilla. Reduce a la velocidad baja. Agrega la mezcla de la harina y bátela solo hasta unirla. Bate también la crema agria. Echa las pasas y remuévelas manualmente. Traslada 2 ¾ tazas de masa a otro cuenco, añádele y remueve las 1 ¾ tazas restantes de avena y el coco; resérvalo para la cubierta.

3. Rellena los moldes forrados con 2 o 3 cucharadas de masa normal; encima añade 1 o 2 cucharadas de la masa con avena y coco que habías reservado. Hornea los cupcakes y gira los moldes a la mitad de la cocción. Espera a que se doren y el probador de pasteles que insertes en el centro de los cupcakes salga limpio, en unos 18-20 minutos. Traslada los moldes a rejillas de alambre para que se enfríen completamente antes de extraer los cupcakes. Puedes conservarlos hasta 3 días a temperatura ambiente dentro de recipientes herméticos.

Tartaletas de queso marmoladas con frambuesa

Las adaptaciones en miniatura de los postres de mayor éxito, como el pastel de queso con remolinos de frambuesa, siempre apetecen. Todo el mundo lo prepara a su manera, con una generosa base de mantecosas galletas Graham en cada bocado. Se introducen gotas de puré de frambuesas frescas en la masa de queso crema para conseguir el aspecto marmolado. Al hornear los cupcakes al baño María se consiguen resultados más cremosos y se evita que la masa se hunda en el horno. PARA 32 CUPCAKES

135 g (1 ½ tazas) de galletas Graham trituradas finas (usa una picadora o un robot de cocina)

3 cucharadas de mantequilla sin sal derretida

345 g (1 ½ tazas y 5 cucharadas) de azúcar

1 caja (165 g) de frambuesas frescas

910 g de queso crema a temperatura ambiente

1 pizca de sal

1 cucharadita de extracto puro de vainilla

4 huevos grandes a temperatura ambiente

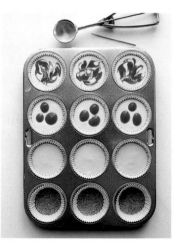

RELLENAR Y ARREMOLINAR
TARTALETAS DE QUESO

1. Precalienta el horno a 170 °C. Coloca cápsulas de papel en moldes para muffins. Remueve las galletas trituradas, la mantequilla y 3 cucharadas de azúcar. Con una cuchara, presiona esta mezcla en el fondo de los moldes forrados, será la base. Introdúcelo en el horno hasta que haya tomado consistencia, unos 5 minutos. Traslada los moldes a una rejilla de alambre para que se enfríen.

2. Tritura las frambuesas en un robot de cocina hasta que la textura sea suave, unos 30 segundos. Pasa este puré por un colador fino a un cuenco pequeño y presiona el puré con una espátula flexible para aprovechar todo el líquido que sea posible; desecha la parte sólida. Añade y bate 2 cucharadas de azúcar.

3. Con una batidora eléctrica a velocidad media-alta, trabaja el queso crema hasta que esté esponjoso, rebaña los lados del cuenco cuando sea necesario. Con la batidora a velocidad baja, añade el azúcar restante, 1 ½ tazas, en un flujo constante. Agrega la sal y la vainilla y mézclalos bien. Añade los huevos de uno en uno batiendo solo hasta unir cada uno.

4. Introduce 3 cucharadas de relleno sobre la base de galleta en cada hoyo. Agrega ½ cucharadita de puré de frambuesa repartida en varios puntos. Con una brocheta de madera o un palillo, arremolina el puré dentro el relleno. Coloca cada molde en una fuente de horno (trabaja por tandas si es necesario); vierte en la fuente el agua caliente necesaria para cubrirlos hasta la mitad.

5. Hornea las tartaletas y gira las fuentes a la mitad de la cocción hasta que el relleno haya tomado consistencia, 27-30 minutos. Con cuidado, extrae los moldes del baño María y disponlos sobre rejillas de alambre para que se enfríen completamente. Introduce los moldes en el frigorífico sin cubrirlos y durante 4 horas como mínimo (o hasta 5 días si extraes las tartaletas de los moldes y las introduces en recipientes herméticos). Extrae las tartaletas de los moldes justo antes de servirlas.

Cupcakes rubios

Para aquellos a los que os gustan los dulces horneados contundentes y con frutos secos, estos cupcakes inspirados en las conocidas barras de galleta están repletos de anacardos, pepitas de caramelo y trozos de toffee. Si no encuentras los trozos de toffee, trocea una barrita de toffee bañada con chocolate, como las de la casa Skor o Heath. **PARA 12 CUPCAKES**

200 g (1 ⅔ tazas) de harina normal

1 cucharadita de polvo de hornear

¾ de cucharadita de sal

130 g (½ taza y 1 cucharada) de mantequilla sin sal a temperatura ambiente

180 g (1 taza) de azúcar moreno claro compacto

2 huevos grandes a temperatura ambiente

1 cucharadita de extracto puro de vainilla

60 g (⅓ de taza) de pepitas de caramelo

60 g (½ taza de anacardos sin sal cortados en trozos grandes

40 g (¼ de taza) de trozos de toffee

1. Precalienta el horno a 180 °C. Coloca cápsulas de papel en un molde para muffins de tamaño estándar. Mezcla la harina, el polvo de hornear y la sal.

2. Con una batidora eléctrica a velocidad media-alta, trabaja la mantequilla y el azúcar moreno hasta que la mezcla sea blanquecina y esponjosa. Añade los huevos y la vainilla y bátelos hasta integrarlos, raspando el cuenco cuando convenga. Reduce a la velocidad baja. Agrega la mezcla de la harina y bátela para incorporarla. Remueve las pepitas de caramelo, los anacardos y los trozos de toffee realizando movimientos envolventes manualmente.

3. Reparte la masa por igual en los moldes forrados hasta rellenar tres cuartos de la capacidad. Hornea los cupcakes y gira el molde a la mitad de la cocción. Espera a que los cupcakes estén bien dorados y el probador de pasteles que insertes en el centro salga con solo unas migas húmedas pegadas (pero no esté mojado), en unos 30 minutos. Traslada el molde a una rejilla de alambre para que se enfríe completamente antes de extraer los cupcakes. Puedes conservar los cupcakes hasta 5 días a temperatura ambiente dentro de recipientes herméticos.

Cupcakes de moras y harina de maíz

Las suculentas moras, recogidas frescas del campo o compradas en un mercado local, se hornean dentro de dorados cupcakes de harina de maíz, un dulce delicioso en verano. Sirve los cupcakes calientes recién salidos del horno o a temperatura ambiente y combínalos con helado, si quieres. La temperatura del horno resulta crucial en esta receta: si no alcanza los 190 °C las moras se precipitarán al fondo de los cupcakes. **PARA 16 CUPCAKES**

150 g (1 ¼ tazas) de harina normal

85 g (½ taza) de harina de maíz amarilla muy fina

2 cucharaditas de polvo de hornear

1 cucharadita de sal

240 g (1 ¼ tazas) de azúcar

120 ml (½ taza) de suero de leche a temperatura ambiente

2 huevos grandes a temperatura ambiente

7 cucharadas de mantequilla sin sal derretida y enfriada

1-2 cajas (165 g) de moras frescas

1. Precalienta el horno a 190 °C. Coloca cápsulas de papel en moldes para muffins de tamaño estándar. Mezcla la harina, la harina de maíz, el polvo de hornear, la sal y una taza más dos cucharadas de azúcar. En otro cuenco, monta el suero de leche, los huevos y la mantequilla derretida; viértelo sobre la mezcla de la harina y móntalo para integrarlo.

2. Rellena cada cavidad con ¼ de taza escasa de masa. Encima de la masa coloca moras (3 o 4 por taza), luego espolvoréalas uniformemente con las 2 cucharadas de azúcar que quedan.

3. Hornea los cupcakes y gira los moldes a la mitad de la cocción. Espera a que todos estén dorados por igual, 20-25 minutos. Traslada los moldes a una rejilla de alambre para que se enfríen completamente antes de extraer los cupcakes. Es mejor comer los cupcakes el día que se hornean, pero puedes conservarlos hasta 2 días a temperatura ambiente dentro de recipientes herméticos.

Tartaletas de queso con galletas y nata

Estas delicias en porciones individuales son uno de los dulces favoritos del personal de Martha Stewart Living, no solo porque saben exquisitos, también porque son muy fáciles de preparar. En lugar de una base de galleta triturada, se usa una galleta rellena entera para cada tartaleta. Además, se mezclan galletas troceadas con el relleno. **PARA 30 CUPCAKES**

42 galletas de chocolate rellenas de nata, como las Oreo, 30 enteras y 12 cortadas en trozos grandes

910 g de queso crema a temperatura ambiente

190 g (1 taza) de azúcar

1 cucharadita de extracto puro de vainilla

4 huevos grandes a temperatura ambiente ligeramente batidos

240 ml (1 taza) de crema agria

1 pizca de sal

1. Precalienta el horno a 135 °C. Coloca cápsulas de papel en moldes para muffins de tamaño estándar. Coloca una galleta rellena en la base de los hoyos forrados.

2. Con una batidora eléctrica a velocidad media-alta, trabaja el queso crema hasta que esté suave, raspa el cuenco cuando sea necesario. Añade el azúcar gradualmente y bátelo hasta integrarlo. Agrega y bate también la vainilla.

DISPOSICIÓN DE LAS TARTALETAS DE QUESO

3. Vierte los huevos ligeramente batidos poco a poco, bátelos para incorporarlos y raspa el cuenco cuando convenga. Introduce la crema agria y la sal y vuelve a batir. Echa los trozos de galleta y remuévelos manualmente.

4. Reparte la masa por igual en los hoyos con las galletas, debes rellenarlos casi hasta arriba. Hornea las tartaletas y gira los moldes a la mitad de la cocción. Espera a que el relleno haya tomado consistencia, en unos 22 minutos. Traslada los moldes a rejillas de alambre para que se enfríen completamente. Introduce los moldes en el frigorífico al menos 4 horas (o toda la noche). Extrae las tartaletas de los moldes justo antes de servirlas.

Tartaletas de té con pistachos y frambuesas

Estos cupcakes de colores vivos son muy sencillos de preparar, un robot de cocina se encarga de toda la mezcla. Encontrarás pistachos laminados en tiendas especializadas o en Internet, aunque puedes sustituirlos por pistachos troceados. **PARA 15 CUPCAKES ESTÁNDAR O 36 MINI**

Espray de cocina antiadherente

150 g (1 taza) de pistachos sin sal ni cáscara

285 g (1 ½ tazas) de azúcar

1 cucharadita de sal

115 g (½ taza) de mantequilla sin sal a temperatura ambiente cortada en trozos

2 cucharaditas de extracto puro de vainilla

4 huevos grandes

120 g (1 taza) de harina normal

1-2 cajas (165 g) de frambuesas frescas

40 g (¼ de taza) de pistachos laminados o troceados para espolvorear

1. Precalienta el horno a 190 °C. Coloca cápsulas de papel en moldes para muffins de tamaño estándar o mini; pulveriza los envoltorios con el espray de cocina. En un robot de cocina, pica los pistachos sin cáscara muy finos junto con el azúcar y la sal. Añade la mantequilla, la vainilla y los huevos; bátelo hasta que la mezcla sea suave. Agrega la harina; bátela brevemente, lo justo para humedecerla e incorporarla (no la batas en exceso).

2. Reparte la masa por igual en los hoyos forrados de los moldes hasta rellenar tres cuartos de la capacidad. Echa las frambuesas en la masa (4-6 para las tartaletas estándar, 2 para las mini) y espolvorea los pistachos laminados. Hornea las tartaletas y gira los moldes a la mitad de la cocción. Espera a que estén doradas, en unos 28 minutos para los cupcakes estándar, 14 en el caso de los mini. Traslada los moldes a rejillas de alambre para que se enfríen. Puedes conservar los cupcakes hasta 2 días a temperatura ambiente dentro de recipientes herméticos.

Cupcakes de chocolate sin harina

Con la parte superior crujiente y hundida, estos cupcakes de chocolate parecen hechos expresamente para alojar una cucharada de helado. En vez de la harina y los agentes leudantes, las claras de huevo montadas producen bizcochos con una textura ligera como el aire. **PARA 22 CUPCAKES**

6 cucharadas de mantequilla sin sal

270 g de chocolate semiamargo en trozos grandes (o 1 ½ tazas de pepitas de chocolate semiamargo)

6 huevos grandes con las claras y las yemas por separado y a temperatura ambiente

95 g (½ taza) de azúcar

Helado para servir (opcional)

1. Precalienta el horno a 135 °C. Coloca cápsulas de papel en moldes para muffins de tamaño estándar. Derrite la mantequilla y el chocolate en un cuenco grande resistente al calor colocado sobre una olla (no dentro) con agua hirviendo a fuego lento. remuévelo para mezclar los ingredientes, luego retira el cuenco del fuego y deja que se enfríe un poco. Añade y monta las yemas.

2. Con una batidora eléctrica a velocidad media, monta las claras hasta que se formen picos blandos. Añade el azúcar gradualmente mientras bates hasta que se formen picos firmes y brillantes pero no secos (no batas en exceso). Monta un cuarto de las claras con la mezcla del chocolate para suavizarlo; con cuidado, remueve la mezcla con las claras restantes realizando movimientos envolventes.

3. Reparte la masa por igual en los moldes hasta rellenar tres cuartos de la capacidad. Hornea los cupcakes y gira los moldes a la mitad de la cocción. Espera a que el centro de los cupcakes haya tomado consistencia, en unos 25 minutos. Traslada los moldes a rejillas de alambre para que se enfríen completamente antes de extraer los cupcakes (el centro se hundirá). Es mejor comer los cupcakes el mismo día que se hornean; mantenlos a temperatura ambiente hasta que estén listos para servir con bolas de helado encima, si quieres.

Cupcakes de chocolate veganos

El hecho de que sigas una dieta sin lácteos no significa que tengas que perderte la diversión. Tanto si algún miembro de tu familia no puede comer ciertos alimentos como si preparas dulces para toda una clase de niños, estos cupcakes de chocolate se adaptan a casi todos (tampoco llevan frutos secos). La pastelería Divvies Bakery, especializada en dulces sin productos alergénicos, compartió amablemente esta receta en el programa *Martha Stewart Show.*

PARA 12 CUPCAKES

135 g (1 ½ tazas) de harina pastelera (no leudante) tamizada

145 g (¾ de taza) de azúcar granulado

25 g (¼ de taza) de cacao en polvo sin azúcar y un poco más para espolvorear

1 cucharadita de bicarbonato sódico

½ cucharadita de sal

75 ml (¼ de taza y 1 cucharada) de aceite vegetal

1 cucharada de vinagre blanco destilado

1 cucharadita de extracto puro de vainilla

300 ml (1 ¼ tazas) de agua

Azúcar glas para espolvorear

1. Precalienta el horno de 180 °C. Coloca cápsulas de papel en moldes para muffins de tamaño estándar. Tamiza la harina pastelera, el azúcar granulado, el cacao, el bicarbonato sódico y la sal, todo junto.

2. Con una batidora eléctrica a velocidad media-alta, mezcla el aceite, el vinagre, la vainilla y el agua hasta integrarlos bien. Agrega la mezcla de la harina y mézclala hasta que la masa sea suave, rebaña los lados del cuenco cuando sea necesario (la masa quedará muy fina).

3. Reparte la masa por igual en los moldes hasta rellenar tres cuartos de la capacidad. Hornea los cupcakes y gira los moldes a la mitad de la cocción. Espera a que el probador de pasteles que insertes en el centro de los cupcakes salga limpio, en unos 20-25 minutos. Extrae los cupcakes y disponlos sobre una rejilla de alambre para que se enfríen completamente.

4. Puedes conservar los cupcakes hasta 3 días a temperatura ambiente o bien congelarlos durante 1 mes, siempre dentro de recipientes herméticos. Espolvoréalos con cacao y azúcar glas justo antes de servirlos.

rellenos y de capas

Un solo bocado basta para descubrir la auténtica naturaleza de los cupcakes rellenos y de capas. Cada uno posee algo delicioso en su interior: lemon curd vigorizante, intensa crema pastelera, un fantástico relleno de menta u otros ingredientes inesperados. Aunque son algo más complicados de preparar que los cupcakes más clásicos, estos pequeños dulces merecen un esfuerzo extra. Muchos parecen versiones en miniatura de postres más grandes, como la tarta Boston cream pie y el pastel de chocolate alemán; este cambio de tamaño los hace encantadores al instante. Puedes adaptar las técnicas sencillas que se emplean en este capítulo a otras recetas de cupcakes o cambiar los exquisitos rellenos por los que sugerimos. Aplicado con manga pastelera encima de los cupcakes, esparcido entre capas u horneado dentro de los cupcakes, el relleno introduce otro elemento tentador y añade la emoción de la sorpresa.

Cupcakes Boston cream pie

El pastel de crema Boston cream pie (que a pesar de su nombre en inglés no es una tarta) se originó en el hotel Parker House de Boston en la década de 1850. Cuando la gente imitó el postre en sus cocinas, hornearon el pastel de bizcocho suave y amarillo en moldes de tarta (de ahí su nombre), que se encontraban más fácilmente que los moldes de pastel. Esta pequeña variante es tan familiar como original. **PARA 20 CUPCAKES**

6 cucharadas de mantequilla sin sal cortada en trozos y un poco más a temperatura ambiente para los moldes

180 g (1 ½ tazas) de harina normal y un poco más para los moldes

1 ½ cucharaditas de polvo de hornear

½ cucharadita de sal

120 ml (½ taza) de leche

3 huevos grandes a temperatura ambiente

190 g (1 taza) de azúcar

1 cucharadita de extracto puro de vainilla

Crema pastelera (página 316)

Glaseado de ganache de chocolate (página 312)

1. Precalienta el horno a 180 °C. Pinta moldes para muffins de tamaño estándar con mantequilla; espolvoréalos con harina y dales un golpecito para que se desprenda la que sobre. Mezcla la harina, el polvo de hornear y la sal. Combina la leche y la mantequilla en una olla y caliéntala a fuego muy bajo.

2. Con una batidora eléctrica a velocidad alta, monta los huevos y el azúcar hasta que la mezcla sea esponjosa, de un tono amarillo pastel y lo bastante espesa como para mantener una tira en la superficie durante varios segundos al levantar la batidora; se tarda unos 5 minutos. Reduce a la velocidad media. Agrega la mezcla de la harina gradualmente mientras la montas solo hasta incorporarla.

3. Lleva la leche y la mantequilla a punto de hervor. Con una batidora a velocidad baja, añade la mezcla de la leche caliente en un flujo lento y constante; mézclalo hasta que esté suave (no en exceso). Incorpora la vainilla.

4. Reparte la masa por igual en los hoyos forrados de los moldes, debes rellenar la mitad de la capacidad. Hornéalos y gira los moldes a la mitad de la cocción. Espera a que los cupcakes estén dorados y el probador de pasteles que insertes en el centro de los cupcakes salga limpio, en unos 15 minutos. Traslada los moldes a rejillas de alambre para que se enfríen durante 10 minutos. Pasa una pequeña espátula acodada o un cuchillo por los bordes para desprender los cupcakes de los hoyos. Extráelos y disponlos sobre rejillas de alambre para que se enfríen completamente. Puedes conservar los cupcakes toda una noche a temperatura ambiente o bien congelarlos durante 2 meses, siempre dentro de recipientes herméticos.

5. Para terminarlos, usa un cuchillo de sierra (con un movimiento de aserrado suave) para abrir los cupcakes por la mitad en horizontal. Extiende más o menos 1 cucharada de crema pastelera en la mitad inferior de los cupcakes. Coloca encima la mitad superior. Vierte aproximadamente una cucharada de glaseado sobre los cupcakes. Introdúcelos en el frigorífico durante 30 minutos antes de servirlos.

Tartaletas de té con mermelada de fresa

Puedes usar cualquier tipo de mermelada para rellenar estos versátiles pastelitos y variar la clase de cítrico para la masa y el glaseado. También podrías sustituir el glaseado de leche (página 63) por el de cítricos que usamos aquí. **PARA 16 CUPCAKES**

230 g (1 taza) de mantequilla sin sal a temperatura ambiente y un poco más para los moldes

360 g (3 tazas) de harina normal y un poco más para los moldes

1 cucharadita de polvo de hornear

½ cucharadita de sal

285 g (1 ½ tazas) de azúcar

2 cucharaditas de ralladura fina de naranja

4 huevos grandes con las claras y las yemas por separado a temperatura ambiente

120 ml (½ taza) de leche

325 g (1 taza) de mermelada o confitura de fresa

Glaseado cítrico (el zumo y la ralladura de naranja, página 315)

1. Precalienta el horno a 180 °C. Pinta moldes para muffins de tamaño estándar con mantequilla; espolvoréalos con harina y dales un golpecito para que se desprenda la que sobre. Mezcla la harina, el polvo de hornear y la sal.

2. Con una batidora eléctrica a velocidad media-alta, trabaja la mantequilla, el azúcar y la ralladura de naranja hasta que la mezcla sea blanquecina y esponjosa. Añade las yemas de una en una, bate cada una que agregues para incorporarla y rebaña los lados del cuenco cuando convenga. Reduce a la velocidad baja. Agrega la mezcla de la harina en tres tandas alternándolas con dos tandas de leche y bátelo solo hasta unirlo tras cada incorporación.

3. En otro cuenco, monta las claras hasta que se formen picos blandos; mézclalas suavemente con la masa. Introduce dos cucharadas de masa en cada cavidad preparada. Abre un hueco en el centro y rellénalo con una cucharada de mermelada. Encima, añade dos cucharadas más de masa que cubran completamente la mermelada.

4. Hornea los cupcakes y gira los moldes a la mitad de la cocción. Espera a que el probador de pasteles que insertes en el centro de los cupcakes salga limpio, en unos 30 minutos, y retíralos del horno. Pasa una pequeña espátula acodada por los bordes y dispón los bizcochos sobre rejillas de alambre para que se enfríen completamente.

5. En último lugar, vierte el glaseado de manera uniforme sobre los bizcochos y deja que se seque, en unos 30 minutos. Los cupcakes glaseados se pueden guardar hasta 2 días dispuestos en una sola capa dentro de recipientes herméticos a temperatura ambiente.

Cupcakes de chocolate rellenos de mantequilla de cacahuete

Un abundante y cremoso relleno de crema de cacahuete convierte a estos cupcakes en dulces más que sabrosos e irresistibles. La masa y el relleno, que se montan juntos manualmente, se aplican por capas y luego se arremolinan para formar un diseño marmolado en la parte superior. **PARA 12 CUPCAKES**

80 g (⅔ de taza) de harina normal

½ cucharadita de polvo de hornear

¼ de cucharadita de sal

115 g (½ taza) de mantequilla sin sal en trozos pequeños

115 g (4 oz) de chocolate semiamargo en trozos grandes

57 g (2 oz) de chocolate sin azúcar en trozos grandes

145 g (¾ de taza) de azúcar granulado

3 huevos grandes

2 cucharaditas de extracto puro de vainilla

Relleno de mantequilla de cacahuete (receta a continuación)

1. Precalienta el horno a 170 °C. Coloca cápsulas de papel en moldes para muffins de tamaño estándar. Mezcla la harina, el polvo de hornear y la sal. Introduce la mantequilla y los dos tipos de chocolate en un cuenco resistente al calor sobre una olla (no dentro) con agua hirviendo a fuego lento; remuévelo hasta que se derritan los ingredientes. Retíralo de fuego y deja que se enfríe un poco.

2. Monta el azúcar granulado con la mezcla del chocolate enfriada. Añade los huevos y móntalo hasta que la mezcla sea suave. Vierte la vainilla y remuévela. Agrega la mezcla de la harina y remuévela hasta incorporarla bien.

3. Introduce dos cucharadas de masa de chocolate en cada molde forrado seguida de una cucharada del relleno de mantequilla de cacahuete. Y de nuevo el mismo proceso: otra cucharada de masa y encima una cucharadita de relleno. Forma un remolino en la parte superior de la masa del cupcake y el relleno con una brocheta de madera o un palillo.

4. Hornéalos y gira los moldes a la mitad de la cocción. Espera a que el probador de pasteles que insertes en el centro de los cupcakes salga con solo unas migas húmedas adheridas, en unos 40 minutos. Traslada los moldes a rejillas de alambre para que se enfríen completamente antes de extraer los cupcakes. Puedes conservar los cupcakes hasta 3 días a temperatura ambiente dentro de recipientes herméticos.

· ·

RELLENO DE MANTEQUILLA DE CACAHUETE
PARA 12 CUPCAKES

4 cucharadas de mantequilla sin sal derretida

65 g (½ taza) de azúcar glas tamizado

135 g (¾ de taza) de mantequilla de cacahuete suave

¼ de cucharadita de sal

½ cucharadita de extracto puro de vainilla

Remueve todos los ingredientes hasta que el relleno sea suave. Úsalo enseguida.

Cupcakes de limón Meyer de Martha

El sabor suave y dulce de los limones Meyer es uno de los preferidos de Martha. Estos cupcakes con trazas de ralladura se rellenan con un lemon curd preparado con limones Meyer que asoma por la parte superior. Esta fruta, que de hecho es un híbrido de limón y mandarina, suele encontrarse en tiendas especializadas en invierno y a principios de primavera. Si no los encuentras, usa limones normales. Con esta receta se prepara una gran cantidad de cupcakes, así que tal vez debas considerar hornearlos para venderlos o para mucha gente, como una fiesta de bienvenida a un bebé o un cumpleaños especial. **PARA 42 CUPCAKES**

420 g (3 ½ tazas) de harina normal tamizada

2 cucharadas de ralladura fina de limón Meyer y 2 cucharadas de zumo de limón Meyer (1-2 limones Meyer)

½ cucharadita de polvo de hornear

1 ½ cucharaditas de sal gruesa

400 g (1 ¾ tazas) de mantequilla sin sal a temperatura ambiente

575 g (3 tazas) de azúcar granulado

230 g de queso crema a temperatura ambiente

7 huevos grandes a temperatura ambiente

1 cucharadita de extracto puro de vainilla

Azúcar glas para espolvorear

Lemon curd (con limones Meyer, página 317)

1. Precalienta el horno a 170 °C. Coloca cápsulas de papel en moldes para muffins de tamaño estándar. Mezcla la harina, la ralladura, el polvo de hornear y la sal.

2. Con una batidora eléctrica a velocidad media-alta, trabaja la mantequilla y el azúcar granulado hasta que la mezcla sea blanquecina y esponjosa. Añade y bate el queso crema. Reduce a la velocidad baja. Introduce los huevos de uno en uno, bate cada uno que agregues para incorporarlo y raspa el cuenco cuando convenga. Bate también el lemon curd y la vainilla. Agrega la mezcla de la harina en tres tandas batiendo solo hasta unirla tras cada incorporación.

3. Reparte la masa por igual en los moldes forrados hasta rellenar tres cuartos de la capacidad. Hornea los cupcakes y gira los moldes a la mitad de la cocción. Espera a que el probador de pasteles que insertes en el centro de los cupcakes salga limpio, en unos 28 minutos. Traslada los moldes a rejillas de alambre para que se enfríen completamente antes de extraer los cupcakes. Puedes conservar los cupcakes toda una noche a temperatura ambiente o bien congelarlos durante 2 meses, siempre dentro de recipientes herméticos.

4. Por último, espolvorea los cupcakes con azúcar glas. Introduce lemon curd en una manga pastelera con un acoplador y una boquilla redonda mediana (#8). Inserta la punta en la parte superior de los cupcakes y aprieta la manga para rellenarlos con lemon curd. A continuación, levanta la punta y aplica un poco más de lemon curd encima de los cupcakes. Los cupcakes rellenos se pueden conservar a temperatura ambiente hasta una hora (o en el frigorífico unas cuantas horas más) antes de servirlos.

RELLENAR LOS CUPCAKES CON LEMON CURD

Cupcakes de brownie rellenos de menta

Cada uno de estos cupcakes de brownie de textura dura esconde un secreto en el interior: una galleta de menta recubierta de chocolate. Para asegurarte la textura densa y firme, procura no hornearlos demasiado tiempo (empieza a comprobar la cocción a los treinta minutos). **PARA 12 CUPCAKES**

230 g de chocolate semiamargo o amargo en trozos grandes

115 g (½ taza) de mantequilla sin sal en trozos y a temperatura ambiente

190 g (1 taza) de azúcar

¾ de cucharadita de sal

3 huevos grandes

60 g (½ taza) de harina normal

30 g (¼ de taza) de cacao en polvo alcalinizado sin azúcar tamizado

12 galletas pequeñas de menta recubiertas de chocolate, como las mini York Peppermint Patties

1. Precalienta el horno a 180 °C. Coloca cápsulas de papel en un molde para muffins de tamaño estándar. Introduce el chocolate y la mantequilla en un cuenco resistente al calor sobre una olla (no dentro) con agua hirviendo a fuego lento. Remuévelo de vez en cuando hasta que se derrita, de 4 a 5 minutos.

2. Retira el cuenco de la olla. Añade y monta el azúcar y la sal hasta que la mezcla sea suave; monta también los huevos para incorporarlos. Con cuidado, mezcla la harina y el cacao hasta que esté suave (pero no en exceso).

3. Introduce una cucharada colmada de masa en cada cavidad. Coloca una galleta de menta encima y presiónala suavemente en la masa. Encima, añade dos cucharadas de masa para cubrir la galleta completamente. Hornea los cupcakes y gira los moldes a la mitad de la cocción. Espera a que el probador de pasteles que insertes en el centro de los cupcakes hasta la mitad (por encima del trozo de menta) salga con solo unas migas húmedas adheridas, en unos 35 minutos. Traslada el molde a una rejilla de alambre para que se enfríe completamente antes de extraer los cupcakes. Puedes conservar los cupcakes hasta 3 días a temperatura ambiente en recipientes herméticos.

Cupcakes de yogur de limón con mermelada de frambuesa

La dulce mermelada carmesí otorga un acabado fantástico a estos cupcakes de otro modo bastante corrientes. Los cupcakes son tiernos (gracias al yogur de la masa), pero se cortan fácilmente en capas uniformes. Sirve estos alegres dulces con el té de la tarde o mételos en una caja y regálalos. PARA 24 CUPCAKES

345 g (1 ½ tazas) de mantequilla sin sal a temperatura ambiente y un poco más para los moldes

330 g (2 ¾ tazas) de harina normal y un poco más para los moldes

½ cucharadita de bicarbonato sódico

2 cucharaditas de polvo de hornear

¾ de cucharadita de sal

3 huevos grandes con las claras y las yemas por separado a temperatura ambiente

1 cucharada de ralladura fina de limón y 4 ½ cucharaditas de zumo de limón recién exprimido

1 ½ cucharaditas de extracto puro de vainilla

185 g (¾ de taza) de yogur normal de leche entera

325 g (1 taza) de mermelada o confitura de frambuesa sin semillas

Azúcar glas para espolvorear

1. Precalienta el horno a 180 °C. Pinta moldes para muffins de tamaño estándar con mantequilla; espolvoréalos con harina y dales un golpecito para que se desprenda la que sobre. Mezcla la harina, el bicarbonato sódico, el polvo de hornear y la sal.

2. Con una batidora eléctrica a velocidad media-alta, monta las claras hasta que se formen picos blandos. Añade ½ taza de azúcar granulado y móntalo hasta que se formen picos firmes y brillantes, no secos (no batas demasiado). Traslada la mezcla a un cuenco grande.

3. En otro cuenco, con la batidora eléctrica a velocidad media-alta, trabaja la mantequilla hasta que esté suave. Agrega el azúcar restante (¾ de taza) y la ralladura; bátelo hasta que la mezcla sea blanquecina y esponjosa. Añade las yemas una por una, bate cada una que agregues para incorporarla y raspa el cuenco cuando convenga. Mezcla también el zumo de limón y la vainilla. Reduce a la velocidad baja. Agrega la mezcla de la harina en tres tandas alternándolas con dos tandas de yogur y batiendo solo hasta unirlo todo tras cada incorporación. Monta un tercio de la mezcla de las claras con la masa para suavizarla, luego mezcla el resto de las claras con cuidado y realizando movimientos envolventes.

4. Reparte la masa por igual en los moldes hasta rellenar tres cuartos de la capacidad. Hornea los cupcakes y gira los moldes a la mitad de la cocción. Espera a que el probador de pasteles que insertes en el centro de los cupcakes salga limpio, en unos 20 minutos. Traslada los moldes a rejillas de alambre para que se enfríen completamente antes de extraer los cupcakes.

5. Para terminarlos, usa un cuchillo de sierra (con un movimiento de aserrado suave) para cortar en horizontal los cupcakes dos veces y conseguir tres pisos uniformes. Extiende una capa fina de mermelada (una cucharadita más o menos) en el piso inferior, luego coloca encima el piso central. Extiende otra capa de mermelada sobre el piso central. Dispón el tercer piso del cupcake encima, presiónalo suavemente para que los pisos se adhieran. Los cupcakes rellenos se pueden conservar hasta 3 días a temperatura ambiente en recipientes herméticos. Espolvoréalos con azúcar glas justo antes de servirlos.

Cupcakes de chocolate alemán

Aunque imagines que estos bizcochos tienen pedigrí alemán, en realidad deben su nombre al chocolate alemán, un chocolate dulce para repostería que se elaboró en el siglo XIX para una empresa americana llamada Baker's Chocolate. Las versiones modernas lo sustituyen por chocolate semiamargo, que otorga un sabor equilibrado que complementa a la perfección el relleno y la cobertura tradicionales con coco y nueces pecán dulces. **PARA 24 CUPCAKES**

175 g	(¾ de taza) de mantequilla sin sal a temperatura ambiente y un poco más para los moldes
180 g	(2 tazas) de harina pastelera (no leudante) tamizada y un poco más para los moldes
1	cucharadita de bicarbonato sódico
¾	de cucharadita de sal
255 g	(1 ⅓ tazas) de azúcar
3	huevos grandes a temperatura ambiente
1 ½	cucharaditas de extracto puro de vainilla
240 ml	(1 taza) de suero de leche
140 m	de chocolate semiamargo derretido y enfriado (consulta la página 323)
	Cobertura de coco y nueces pecán (página 311)

1. Precalienta el horno a 180 °C. Pinta moldes para muffins de tamaño estándar con mantequilla; espolvoréalos con harina y dales un golpecito para que se desprenda la que sobre. Mezcla la harina pastelera, el bicarbonato sódico y la sal.

2. Con una batidora eléctrica a velocidad media-alta, trabaja la mantequilla y el azúcar hasta que la mezcla sea blanquecina y esponjosa. Añade los huevos de uno en uno, bate cada uno que agregues para incorporarlo y rebaña los lados del cuenco cuando convenga. Bate también la vainilla. Reduce a la velocidad baja. Agrega la mezcla de la harina en tres tandas alternándolas con dos tandas de suero de leche y bátelo todo para integrar los ingredientes cada vez. Vierte el chocolate y mézclalo.

3. Reparte la masa por igual en los hoyos forrados de los moldes hasta rellenar tres cuartos de la capacidad. Hornea los cupcakes y gira los moldes a la mitad de la cocción. Espera a que el probador de pasteles que insertes en el centro de los cupcakes salga limpio, en unos 20 minutos. Traslada los moldes a rejillas de alambre para que se enfríen durante 10 minutos. Pasa una pequeña espátula acodada o un cuchillo alrededor de los bordes para desprender los cupcakes de los moldes y colócalos en rejillas para que se enfríen completamente. Puedes conservar los cupcakes hasta 3 días a temperatura ambiente dentro de recipientes herméticos.

4. Para terminarlos, usa un cuchillo de sierra (con un movimiento de aserrado suave) para abrir los cupcakes por la mitad en horizontal. Extiende 1 cucharada colmada de cobertura sobre la mitad inferior de los cupcakes. Coloca encima la mitad superior. Extiende más cobertura sobre los cupcakes. Sírvelos enseguida.

Cupcakes de merengue con compota de bayas

En Martha Stewart Living nos encanta el merengue, y estos pastelitos con sus picos y el relleno de bayas y nata ilustran el porqué. Los cupcakes tienen que hornearse unas 3 horas, así que organízate. Y evita preparar merengue los días húmedos: no quedarían crujientes. **PARA 12 CUPCAKES**

Espray de cocina antiadherente

6 claras de huevos grandes a temperatura ambiente

½ cucharadita de sal

1 cucharadita de vinagre blanco destilado

1 cucharadita de extracto puro de vainilla

335 g (1 ¾ tazas) de azúcar

240 ml (1 taza) de *crème fraîche*

120 ml (½ taza) de nata para montar

Compota de fresas y frambuesas (receta a continuación) fría

APLICAR EL MERENGUE PARA ELABORAR CUPCAKES

1. Precalienta el horno a 105 °C. Coloca cápsulas de papel en los hoyos alternos (para que los merengues se cuezan uniformemente) de moldes para muffins y pulveriza las cápsulas con el espray. Con una batidora a velocidad media-alta, monta las claras, el vinagre y la vainilla hasta que la mezcla sea espumosa. Añade el azúcar cucharada a cucharada y bátelo durante 2 minutos raspando el cuenco cada vez. Sigue montando la mezcla hasta que se formen picos firmes y brillantes (pero no secos).

2. Traslada el merengue a una manga pastelera con un acoplador normal (sin punta) y aplica el merengue en los moldes forrados de forma que queden iguales, de unos 5 cm de alto a partir del borde y con la punta arremolinada y en pico. Limpia el merengue que quede en los bordes para que no se manchen los moldes. Hornéalos hasta que empiecen a adquirir color y el exterior esté completamente seco pero el centro esté aún blando (si insertas un palillo por un lado y a media altura del merengue debería salir con migas húmedas pero cocidas). Suelen tardar de 3 a 3 ¼ horas, y debes girar los moldes al cabo de 1 ½ horas de cocción. Retira los moldes del horno y extrae los merengues inmediatamente; con cuidado retira las cápsulas. Deja enfriar completamente sobre una rejilla.

3. Por último, monta la *crème fraîche* y la nata hasta formar picos blandos. Con un cuchillo de sierra (y un movimiento de aserrado suave) abre los merengues por la mitad en horizontal (no te preocupes si se agrietan); reserva las partes de arriba. Con una cuchara, aplica un poco de compota en la base de los cupcakes, luego un poco de la mezcla de la nata montada y tápala con las partes de arriba para servirlos enseguida.

. . . .

COMPOTA DE FRESAS Y FRAMBUESAS

PARA 12 CUPCAKES

1 caja (285 g) de fresas frescas lavadas, sin el rabito y en trozos grandes

95 g (½ taza) de azúcar

1 cucharada de zumo de limón recién exprimido

1 caja (180 g) de frambuesas frescas

Pon las fresas, el azúcar y el zumo de limón a hervir en una olla no reactiva a fuego medio. Cuécelo y remueve de vez en cuando hasta que la mezcla se reduzca a ¾ de taza. Deja enfriar completamente antes de añadir las frambuesas y removerlas. Guarda la compota en el frigorífico dentro de un recipiente hermético durante un día como máximo.

Cupcakes de *amaretto* y piña

Estos cupcakes tropicales son la versión en escala reducida del famoso pastel invertido y gozan de un atractivo retro que les aporta el relleno de frutas flambeadas. **PARA 15 CUPCAKES**

115 g (½ taza) de mantequilla sin sal a temperatura ambiente y un poco más para los moldes

180 g (1 ½ tazas) de harina normal y un poco más para los moldes

30 g (⅓ de taza) de almendras sin tostar picadas finas con un robot de cocina

1 cucharadita de polvo de hornear

1 cucharadita de sal

240 g (1 ¼ tazas) de azúcar

3 huevos grandes a temperatura ambiente

1 cucharadita de extracto puro de vainilla

½ cucharadita de extracto puro de almendras

120 ml (½ taza) de leche

120 ml (½ taza) de *amaretto* (licor con sabor de almendras)

240 ml (1 taza) de nata para montar

Piña flambeada (receta a continuación)

1. Precalienta el horno a 170 °C. Engrasa moldes para muffins; espolvoréalos ligeramente con harina. Mezcla la harina, las almendras picadas, el polvo de hornear y la sal.

2. Con una batidora a velocidad media-alta, trabaja la mantequilla con el azúcar hasta que sea blanquecina y esponjosa. Añade los huevos de uno en uno, batiendo para incorporarlo y raspa el cuenco cuando convenga. Vierte los extractos y bátelos. Agrega la mezcla de la harina en tres tandas alternadas con dos tandas de leche batiendo cada vez hasta integrarlas.

3. Reparte la masa por igual en los moldes hasta los ¾ de la capacidad. Hornea y gira los moldes a la mitad de la cocción. Cuando el probador salga limpio, en unos 30 minutos, traslada los moldes a rejillas; acto seguido, abre orificios en la parte superior de los cupcakes con un palillo. Vierte el *amaretto* encima de manera uniforme; deja que se enfríen antes de extraerlos de los moldes.

4. Monta la nata hasta que se formen picos blandos. Con un cuchillo de sierra abre los cupcakes por la mitad en horizontal y reserva la mitad superior. Aplica una cucharada de piña flambeada en la mitad inferior. Coloca encima la mitad superior. Pon la nata montada sobre los cupcakes y encima añade más piña. Sírvelos enseguida.

PIÑA FLAMBEADA
PARA 15 CUPCAKES

8 rodajas de piña, peladas (de 0,5 cm de grosor)

95 g (½ taza) de azúcar

120 ml (½ taza) de *amaretto*

120 ml (½ taza) de nata para montar

2 cucharadas de zumo de naranja recién exprimido

1 vaina de vainilla cortada a lo largo, las semillas raspadas y reservadas

1 pizca de sal

1. Apila las rodajas de piña y córtalas a cuartos. Recorta el centro de las cuñas y deséchalo. Corta la piña en dados pequeños. Calienta el azúcar en una sartén grande a fuego medio-alto y remuévelo hasta que se disuelva y se dore. Añade la piña y mézclala.

2. Con cuidado, vierte el *amaretto* y ladea un poco la sartén enseguida para que el alcohol se encienda. (Si tu cocina es eléctrica, usa una cerilla larga para prender el alcohol.) Cuando las llamas se apaguen y el caramelo se derrita, agrega y mezcla con cuidado la nata, el zumo de naranja y las semillas de vainilla. Baja el fuego a la mitad; deja hervir durante 5 minutos hasta que se espese y remuévelo de vez en cuando. Espera a que la mezcla esté fría antes de usarla o guardarla. Guárdala en el frigorífico dentro de un recipiente hermético durante un máximo de 3 días y antes de usarla deja templarla.

Cupcakes gigantes de chocolate rellenos de nata

Los cupcakes de chocolate negro se rellenan con esponjosa crema de malvaviscos, que también se usa para decorar. Procura no rellenar demasiado los cupcakes ahuecados o la crema se filtrará. **PARA 12 CUPCAKES GIGANTES**

230 g	(1 taza) de mantequilla sin sal a temperatura ambiente y un poco más para los moldes
75 g	(¾ de taza) de cacao en polvo sin azúcar y un poco más para los moldes
240 g	(2 tazas) de harina normal
½	cucharadita de bicarbonato sódico
2	cucharaditas de polvo de hornear
½	cucharadita de sal
380 g	(2 tazas) de azúcar
3	huevos grandes a temperatura ambiente
240 ml	(1 taza) de crema agria a temperatura ambiente
	Relleno de crema de malvaviscos (receta a continuación)

1. Precalienta el horno a 180 °C. Engrasa moldes para muffins de tamaño gigante con mantequilla; espolvoréalos ligeramente con el cacao en polvo. Mezcla la harina, el cacao, el bicarbonato sódico, el polvo de hornear y la sal.

2. Con una batidora a velocidad media-alta, trabaja la mantequilla y el azúcar hasta que la mezcla sea blanquecina y esponjosa. Añade los huevos de uno en uno, batiendo para incorporarlo y raspa el cuenco cuando convenga. Con la batidora a velocidad baja, agrega la mezcla de la harina en dos tandas alternándolas con la crema agria hasta integrar.

3. Reparte la masa entre los moldes, hasta la mitad más o menos. Hornea y gira los moldes a la mitad de la cocción. Espera a que el probador de pasteles salga limpio, en unos 25 minutos. Traslada los moldes a rejillas para que se enfríen durante 5 minutos. Pasa una pequeña espátula o un cuchillo por los bordes para que los cupcakes se desprendan; extráelos y colócalos sobre rejillas para que se enfríen completamente.

4. Introduce el relleno en una bolsa de plástico con cierre y de gran capacidad, retuércela para extraer el aire antes de cerrarla. Corta una esquina de la bolsa para conseguir un orificio de unos 0,63 cm. (También puedes usar una manga pastelera con la boquilla redonda mediana, como la #8.)

5. Con un vaciador de fruta pequeño, vacía la parte inferior central de los cupcakes y resérvala. Ahueca los cupcakes un poco más y desecha las migas. Inserta la esquina cortada de la bolsa (o la boquilla de la manga pastelera) en la cavidad del cupcake y apriétala hasta que lo hayas rellenado; vuelve a colocar el trozo de cupcake que habías extraído en su sitio. Decora con el relleno que sobre. Los cupcakes rellenos se pueden guardar hasta 2 días a temperatura ambiente dentro de recipientes herméticos.

· ·

RELLENO DE CREMA DE MALVAVISCOS
PARA 12 CUPCAKES GIGANTES

130 g	(1 ½ tazas) de crema de malvaviscos (Marshmallow Fluff)
115 g	(½ taza) de mantequilla sin sal troceada y a temperatura ambiente

Monta la crema de malvaviscos y la mantequilla hasta que la mezcla sea suave. Cúbrela con film transparente y antes de usarla enfríala hasta que se endurezca un poco, de 15 a 30 minutos.

Cupcakes Selva Negra

El chocolate y las guindas forman una pareja celestial o, en este caso, selvática, de la Selva Negra, la región alemana donde se elaboró por primera vez el pastel de capas original (y donde abundan las guindas). Estas versiones en miniatura del clásico postre alemán se empapan con licor de guindas, se aplican capas de dulce crema pastelera y guindas en conserva y se bañan con una intensa ganache de chocolate. **PARA 32 CUPCAKES**

260 g (1 taza y 2 cucharadas) de mantequilla sin sal a temperatura ambiente y un poco más para los moldes

125 g (1 taza y 2 cucharadas) de cacao en polvo alcalinizado y un poco más para los moldes

260 g (2 ½ tazas y 2 cuchadas) de harina normal

2 cucharaditas de bicarbonato sódico

⅛ de cucharadita de sal

190 g (1 taza) de azúcar granulado

180 g (1 taza) de azúcar moreno oscuro compacto

3 huevos grandes a temperatura ambiente

180 ml (¾ de taza) de crema agria

360 ml (1 ½ tazas) de suero de leche

1 tarro (340 g) de guindas en conserva con sirope suave

2 cucharadas de kirsch (licor de cereza)

Crema pastelera (página 316)

Glaseado de ganache de chocolate (página 312)

1. Precalienta el horno a 180 °C. Pinta moldes para muffins de tamaño estándar con mantequilla; espolvoréalos con el cacao en polvo y dales un golpecito para que se desprenda el que sobre. Mezcla la harina, el cacao, el bicarbonato sódico y la sal.

2. Con una batidora eléctrica a velocidad media-alta, trabaja la mantequilla y el azúcar granulado hasta que la mezcla sea blanquecina y esponjosa. Añade el azúcar moreno y bátelo hasta que la textura sea esponjosa. Incorpora los huevos de uno en uno, bate cada uno que agregues y raspa el cuenco cuando convenga. Vierte y mezcla la crema agria. Reduce a la velocidad baja. Agrega la mezcla de la harina en tres tandas alternándolas con dos tandas de suero de leche batiendo solo hasta unirlo tras cada incorporación.

3. Reparte la masa por igual en los moldes hasta rellenar tres cuartos de la capacidad. Hornea los cupcakes y gira los moldes a la mitad de la cocción. Espera a que la parte superior de los cupcakes sea elástica al tacto y que el probador de pasteles que insertes en el centro de los cupcakes salga limpio, en unos 20 minutos. Traslada los moldes a rejillas de alambre para que se enfríen completamente antes de extraer los cupcakes. Puedes conservar los cupcakes a temperatura ambiente durante una noche o bien congelarlos hasta 2 meses, siempre dentro de recipientes herméticos.

4. Por último, escurre las guindas y reserva ¼ de taza y 2 cucharadas del sirope. Corta las guindas por la mitad. Mezcla el sirope y el kirsch en un cuenco pequeño. Usa un cuchillo de sierra (con un movimiento de aserrado suave) para abrir los cupcakes por la mitad en horizontal. Esparce las dos partes con la mezcla del kirsch. Dispón las cerezas cortadas por la mitad sobre el piso inferior de los cupcakes y encima aplica una cucharada colmada de crema pastelera. Coloca el piso superior de los cupcakes sobre la crema pastelera y decora la parte superior con 2 cucharadas de glaseado. Introduce los cupcakes en el frigorífico durante 30 minutos antes de servirlos.

cubiertos y decorados
con manga pastelera

No te dejes intimidar por los fantásticos diseños de los cupcakes de este apartado; hay florituras impresionantes que no requieren mucho tiempo. Con una manga pastelera y una boquilla grande se pueden terminar docenas de cupcakes de una vez y de forma rápida. Basta con apretarla, y en ciertos casos un movimiento de muñeca, para cubrir los cupcakes. La versatilidad de las boquillas da pie a la improvisación: una boquilla de estrella grande crea un pico acanalado en la cobertura, mientras que la boquilla redonda normal (o tan solo el acoplador) produce una cobertura más uniforme y pulcra. Y una vez que lo tengas por la mano, puedes cambiar a otras boquillas para elaborar cupcakes con varios diseños, como puntos o conchas. Cuando los hayas decorado con la manga, dales el toque final que prefieras con elementos sencillos, como rodajas de plátano o fresas frescas, golosinas o cualquier cosa que insinúe el sabor que se encontrará debajo.

Cupcakes Snickerdoodle

Cubiertos con «besos» de cobertura de siete minutos y espolvoreados con azúcar de canela, estos cupcakes son una reproducción de las galletas homónimas, que también se decoran con azúcar de canela. Se cree que estas galletas crujientes son de origen alemán y su enigmático nombre, una mala pronunciación de *Schneckennudeln* (fideos crujientes). **PARA 28 CUPCAKES**

180 g	(1 ½ tazas) de harina normal
135 g	(1 ½ tazas) de harina pastelera (no leudante) tamizada
1	cucharada de polvo de hornear
½	cucharadita de sal
1	cucharada de canela molida y ½ cucharadita para espolvorear
230 g	(1 taza) de mantequilla sin sal a temperatura ambiente
335 g	(1 ¾ tazas) de azúcar y 2 cucharadas para espolvorear
4	huevos grandes a temperatura ambiente
2	cucharaditas de extracto puro de vainilla
300 ml	(1 ¼ tazas) de leche
	Glaseado de siete minutos (página 303)

1. Precalienta el horno a 180 °C. Coloca cápsulas de papel en moldes para muffins de tamaño estándar. Tamiza las dos harinas, el polvo de hornear, la sal y una cucharada de canela todo junto.

2. Con una batidora eléctrica a velocidad media-alta, trabaja la mantequilla y el azúcar hasta que la mezcla sea blanquecina y esponjosa. Añade los huevos de uno en uno, bate cada uno que agregues para incorporarlo y raspa el cuenco cuando convenga. Vierte y bate la vainilla. Reduce a la velocidad baja. Agrega la mezcla de la harina en tres tandas alternándolas con dos tandas de leche y bátelo todo para integrar los ingredientes cada vez.

3. Reparte la masa por igual en los moldes hasta rellenar tres cuartos de la capacidad. Hornea los cupcakes y gira los moldes a la mitad de la cocción. Espera a que el probador de pasteles que insertes en el centro de los cupcakes salga limpio, en unos 20 minutos. Traslada los moldes a rejillas de alambre para que se enfríen completamente antes de extraer los cupcakes. Puedes conservar los cupcakes 2 días a temperatura ambiente o bien congelarlos durante 2 meses, siempre dentro de recipientes herméticos.

4. Para terminarlos, mezcla media cucharadita de canela con 2 cucharadas de azúcar. Con una manga pastelera con una boquilla normal grande insertada (Ateco #809 o Wilton #1A), aplica el glaseado en los cupcakes. Para ello, sujeta la manga sobre un cupcake con la boquilla justo encima de la parte superior y aprieta la manga para abovedar el glaseado, luego deja de presionar y levanta la manga de forma que quede un pico. Con un colador pequeño y fino, espolvorea los picos de los cupcakes con azúcar de canela. Es mejor comer los cupcakes el día que se aplica el glaseado, guárdalos a temperatura ambiente hasta que vayas a servirlos.

Cupcakes de plátano asado

Asar la fruta antes de mezclarla con la masa aporta a estos cupcakes un pronunciado sabor a plátano y una textura muy húmeda. La miel, que a menudo combinamos con plátano, se añade a la cobertura. **PARA 16 CUPCAKES**

3 plátanos maduros y 1 o 2 más para decorar

180 g (2 tazas) de harina pastelera (no leudante) tamizada

½ cucharadita de bicarbonato sódico

½ cucharadita de polvo de hornear

¾ de cucharadita de sal

115 g (½ taza) de mantequilla sin sal a temperatura ambiente

145 g (¾ de taza) de azúcar

3 huevos grandes con las claras y las yemas por separado

120 ml (½ taza) de crema agria

1 cucharadita de extracto puro de vainilla

Glaseado de miel y canela (receta a continuación)

1. Precalienta el horno a 205 °C. Coloca cápsulas de papel en moldes para muffins. Coloca 3 plátanos enteros y sin pelar sobre una bandeja para horno y ásalos durante 15 minutos (la piel se oscurecerá). Mientras tanto, tamiza la harina, el bicarbonato sódico, el polvo de hornear y la sal, todo junto. Retira los plátanos del horno y deja que se enfríen antes de pelarlos. Reduce la temperatura de horno a 180 °C.

2. Con una batidora eléctrica a velocidad media-alta, trabaja la mantequilla y el azúcar hasta que la mezcla sea blanquecina y esponjosa. Añade las yemas de una en una, bate cada una que agregues para incorporarla y raspa el cuenco cuando convenga. Echa los plátanos asados y bátelos. Agrega la mezcla de la harina en tres tandas alternándolas con dos tandas de crema agria batiendo solo hasta unirlo tras cada incorporación. Vierte y bate la vainilla.

3. En otro cuenco, con una batidora a velocidad media, monta las claras hasta formar picos blandos. Remueve con movimientos envolventes un tercio de las claras con la masa para aligerarla. Suavemente, unta con movimientos envolventes las claras restantes en dos tandas hasta que las integres.

4. Reparte la masa por igual en los moldes hasta los ¾ de la capacidad. Hornea y gira los moldes a la mitad de la cocción. Cuando el probador de pasteles salga limpio, en unos 20 minutos, traslada los moldes a rejillas para que se enfríen. Puedes conservar los cupcakes hasta 3 días a temperatura ambiente o bien congelarlos durante 2 meses, siempre dentro de recipientes herméticos.

5. Introduce la cobertura en una manga con una boquilla de estrella francesa mediana (Ateco #863 o Wilton #363). Aplica siete festones alrededor del perímetro del cupcake y una gran estrella en el centro. Al servirlos, corta el resto de los plátanos en rodajas finas y coloca dos trozos sobre cada cupcake.

. . . .

COBERTURA DE MIEL Y CANELA
PARA 16 CUPCAKES

325 g (2 ½ tazas) de azúcar glas tamizado

230 g (1 taza) de mantequilla sin sal a temperatura ambiente

2 cucharadas de miel

¼ de cucharadita de canela en polvo

Con una batidora a velocidad media, bate todos los ingredientes hasta que quede. Usa enseguida o guárdala en un recipiente hermético en el frigorífico un máximo de 5 días. Antes de usarla, espera a que alcance la temperatura ambiente y bátela hasta que recupere la suavidad.

Cupcakes de limón y merengue

El tierno pastel de suero de leche y limón, el lemon curd ácido y un pico ligeramente dorado de cobertura de siete minutos combinan a la perfección en estos cupcakes inspirados en el altísimo pastel de limón y merengue de Martha, uno de sus postres estrella. **PARA 24 CUPCAKES**

360 g (3 tazas) de harina normal

1 cucharada de polvo de hornear

½ cucharadita de sal

230 g (1 taza) de mantequilla sin sal a temperatura ambiente

380 g (2 tazas) de azúcar

4 huevos grandes a temperatura ambiente

Ralladura fina de tres limones (unas 3 cucharadas) y 2 cucharadas de zumo de limón recién exprimido

1 cucharadita de extracto puro de vainilla

240 ml (1 taza) de suero de leche

Lemon curd (página 317)

Cobertura de siete minutos (página 303)

1. Precalienta el horno a 170 °C. Coloca cápsulas de papel en moldes para muffins de tamaño estándar. Mezcla la harina, el polvo de hornear y la sal.

2. Con una batidora eléctrica a velocidad media-alta, trabaja la mantequilla y el azúcar hasta que la mezcla sea blanquecina y esponjosa. Añade los huevos de uno en uno, bate cada uno que agregues para incorporarlo y raspa el cuenco cuando convenga. Vierte y bate la ralladura de limón y la vainilla. Agrega la mezcla de la harina en tres tandas alternándolas con dos tandas de suero de leche y zumo de limón batiendo solo hasta unirlo tras cada incorporación.

3. Reparte la masa por igual en los moldes hasta rellenar tres cuartos de la capacidad. Hornea los cupcakes y gira los moldes a la mitad de la cocción. Espera a que estén dorados y el probador de pasteles que insertes en el centro de los cupcakes salga limpio, en unos 25 minutos. Traslada los moldes a rejillas de alambre para que se enfríen completamente antes de extraer los cupcakes. Puedes conservar los cupcakes toda una noche a temperatura ambiente o bien congelarlos durante 2 meses, siempre dentro de recipientes herméticos.

4. Finalmente, extiende una cucharada de lemon curd en el centro de cada cupcake. Introduce la cobertura en una manga pastelera con una boquilla de estrella abierta grande (Ateco #828 o Wilton #8B). Aplica la cobertura sobre los cupcakes, dibuja un remolino con la boquilla y deja de presionar la manga cuando la levantes, así formarás un pico. Sujeta un pequeño soplete de cocina (consulta Proveedores, en la página 342) a 8-10 cm de la cobertura y muévelo hacia adelante y hacia atrás hasta que dores ligeramente toda la cobertura. Sírvelos enseguida.

Cupcakes de naranja y vainilla

Rodajas de naranja confitada coronan fragantes cupcakes de vainilla y naranja. Decóralos a tu gusto con otros cítricos confitados, como limones o naranjas sanguinas. **PARA 12 CUPCAKES**

240 g (2 tazas) de harina normal

¼ de cucharadita de bicarbonato sódico

¼ de cucharadita de polvo de hornear

¼ de cucharadita de sal

¾ de cucharadita de nata para montar

1 cucharada de ralladura fina de naranja y 60 ml (¼ de taza) de zumo de naranja recién exprimido (de 1 naranja)

1 cucharada de extracto puro de vainilla

115 g (½ taza) de mantequilla sin sal a temperatura ambiente

190 g (1 taza) de azúcar

2 ramas de vainilla cortadas por la mitad longitudinalmente, con las semillas raspadas y reservadas

2 huevos grandes

Crema de mantequilla de merengue suizo (página 304)

Rodajas de naranja confitada para decorar (receta a continuación)

1. Precalienta el horno a 180 °C. Coloca cápsulas de papel en moldes para muffins. Tamiza la harina, el bicarbonato sódico, el polvo de hornear y la sal, todo junto. En otro cuenco, mezcla la nata, el zumo de naranja y el extracto de vainilla.

2. Con una batidora a velocidad media-alta, trabaja la mantequilla, el azúcar, las semillas de vainilla y la ralladura hasta que la mezcla sea blanquecina y esponjosa. Añade los huevos de uno en uno, bate cada uno hasta integrar y raspa el cuenco cuando convenga. Reduce a la velocidad baja. Agrega la mezcla de la harina en tres tandas alternándolas con dos tandas de la mezcla de la nata batiendo solo hasta integrar.

3. Reparte la masa entre los moldes, hasta los ¾. Hornea y gira los moldes a la mitad de la cocción. Cuando el probador de pasteles salga limpio, en unos 25 minutos, traslada los moldes a rejillas para que se enfríen antes de extraer los cupcakes. Puedes conservarlos toda una noche a temperatura ambiente o bien congelarlos durante 2 meses, siempre dentro de recipientes herméticos.

4. Con un cuchillo de sierra recorta la parte superior de los cupcakes para nivelarlos. Con una espátula acodada, extiende una capa lisa y uniforme de crema de mantequilla sobre los cupcakes; coloca una rodaja de naranja confitada encima.

Introduce crema de mantequilla en una manga pastelera con una boquilla normal pequeña (#5) y aplica puntos alrededor de las rodajas de naranja. Puedes guardar los cupcakes un día en el frigorífico y dentro de recipientes herméticos. Sirve a temperatura ambiente.

....

RODAJAS DE NARANJA CONFITADA
PARA 12 CUPCAKES

2 naranjas Navel pequeñas

190 g (1 taza) de azúcar

240 ml (1 taza) de agua

1. Lava las naranjas, descarta la parte superior y la inferior y corta las naranjas en rodajas de 3 mm de grosor (12 en total). Quita las semillas.

2. Lleva el azúcar y el agua a ebullición en una olla grande a medio fuego; hiérvelo mientras remueves hasta que la mezcla sea transparente, unos 5 minutos. Añade las rodajas de naranja que quepan en una sola capa; cuécelas y gíralas de vez en cuando, de 20 a 40 minutos (según lo dura que sea la piel) o hasta que empiecen a ser transparentes pero aún conserven el color naranja. Con una espumadera, traslada las rodajas a un recipiente resistente al calor. Repite con las rodajas restantes. Vierte el sirope en el recipiente de las rodajas y deja que se enfríen. Se pueden guardar en el frigorífico hasta una semana en recipientes herméticos.

Cupcakes de fresa

Las fresas frescas troceadas se mezclan con la masa de los cupcakes, y también se añaden rodajas finas para decorarlos y conseguir un postre de color de rosa. La crema de mantequilla de fresa (hecha con mermelada) realza el sabor afrutado, aunque la nata montada dulce (página 316) sería una alternativa sencilla y deliciosa. **PARA 34 CUPCAKES**

330 g (2 ¾ tazas) de harina normal

45 g (½ taza) de harina pastelera (no leudante)

1 cucharada de polvo de hornear

1 cucharadita de sal

230 g (1 taza) de mantequilla sin sal a temperatura ambiente

430 g (2 ¼ tazas) de azúcar

1 ½ cucharaditas de extracto puro de vainilla

3 huevos grandes y 1 clara

240 ml (1 taza) de leche

300 g (2 tazas) de fresas frescas en trozos pequeños (unas 20) y unas 10 más para decorar

Crema de mantequilla de merengue de fresa (página 306)

1. Precalienta el horno a 180 °C. Coloca cápsulas de papel en moldes para muffins de tamaño estándar. Tamiza las dos harinas, el polvo de hornear y la sal, todo junto.

2. Con una batidora eléctrica a velocidad media-alta, trabaja la mantequilla, el azúcar y la vainilla hasta que la mezcla sea blanquecina y esponjosa. Añade los huevos enteros y la clara de uno en uno, bate cada uno que agregues para incorporarlo y raspa el cuenco cuando convenga. Reduce a la velocidad baja. Agrega la mezcla de la harina en dos tandas alternándolas con la leche y bátelo todo hasta integrar los ingredientes. Echa y remueve manualmente las fresas troceadas realizando movimientos envolventes.

3. Reparte la masa por igual en los moldes hasta rellenar tres cuartos de la capacidad. Hornea los cupcakes y gira los moldes a la mitad de la cocción. Espera a que estén dorados y el probador de pasteles que insertes en el centro de los cupcakes salga limpio, en unos 25-30 minutos. Traslada los moldes a rejillas de alambre para que se enfríen durante 15 minutos; extrae los cupcakes y colócalos en una rejilla donde puedan enfriarse completamente. Puedes conservar los cupcakes un día a temperatura ambiente en recipientes herméticos.

4. Finalmente, introduce crema de mantequilla en una manga pastelera con una boquilla de estrella abierta grande (Atenco #826 o Wilton #8B). Aplica la crema de mantequilla sobre los cupcakes, dibuja un remolino con la boquilla y deja de presionar la manga mientras la levantas para formar un pico. Justo antes de servirlos, corta el resto de las fresas en rodajas finas e inserta unas cuantas en la crema de mantequilla.

Minicupcakes de chocolate y caramelo salado

En los últimos años, los caramelos salados, incluidas las variedades de chocolate, se han puesto muy de moda. Un toque de sal alarga el gusto mantecoso del caramelo y resalta su dulzura. Este cupcake, diseñado pensando en la popularidad de los caramelos, es un incentivo excelente para ver cómo te las arreglas elaborando caramelo en casa. El centro de caramelo blando se oculta bajo un pico de cobertura de chocolate satinada. La flor de sal, un tipo de sal marina muy apreciada por su característico sabor, se encuentra en tiendas especializadas; si no la encuentras sustitúyela por otra sal marina, como la Maldon.

PARA 56 MINICUPCAKES

180 g (1 ½ tazas) de harina normal

85 g (¾ de taza) de cacao en polvo alcalinizado sin azúcar

285 g (1 ½ tazas) de azúcar

1 ½ cucharaditas de bicarbonato sódico

¾ de cucharadita de polvo de hornear

¾ de cucharadita de sal

2 huevos grandes

180 ml (¾ de taza) de suero de leche

3 cucharadas de aceite vegetal

1 cucharadita de extracto puro de vainilla

180 ml (¾ de taza) de agua caliente

Relleno de caramelo salado (página 322; consérvalo caliente)

Sal marina, preferiblemente flor de sal, para decorar

Cobertura de chocolate negro (página 302)

1. Precalienta el horno a 180 °C. Coloca cápsulas de papel en moldes para muffins de tamaño mini. En un recipiente adecuado, mezcla la harina, el cacao, el azúcar, el bicarbonato sódico, el polvo de hornear y la sal. Añade los huevos, el suero de leche, el aceite, la vainilla y el agua. Con una batidora eléctrica a velocidad baja, bátelo todo hasta que la mezcla sea suave y uniforme, raspa el recipiente si es necesario.

2. Reparte la masa por igual en los hoyos forrados de los moldes, debes rellenar dos tercios de la capacidad. Hornea los cupcakes y gira los moldes a la mitad de la cocción. Espera a que el probador de pasteles que insertes en el centro de los cupcakes salga limpio, en unos 15 minutos. Traslada los moldes a rejillas de alambre para que se enfríen durante 10 minutos; extrae los cupcakes y colócalos en rejillas. Espera a que se enfríen completamente. Puedes conservar los cupcakes una noche a temperatura ambiente o congelarlos durante un mes como máximo, siempre dentro de recipientes herméticos.

3. Finalmente, usa un cuchillo de cocina para cortar un trozo en forma de cono (de aproximadamente 12 mm de hondo) en el centro de cada cupcake (desecha los conos). Introduce 1-2 cucharaditas de relleno caliente en los cupcakes agujereados y rellénalos. Espolvorea una pizca de sal marina sobre el relleno.

4. Introduce la cobertura en una manga pastelera con una boquilla de estrella abierta mediana (Atenco #821 o Wilton #18). Aplica la cobertura sobre los cupcakes, dibuja un remolino con la boquilla y deja de presionar la manga mientras la levantas para formar un pico. Decora los cupcakes con una pizca de sal marina. Es mejor comer los cupcakes el día que se rellenan y se cubren; consérvalos a temperatura ambiente en recipientes herméticos (fuera del frigorífico) hasta que decidas servirlos.

Cupcakes *S'mores*

La harina de trigo sin cerner, disponible en tiendas de productos saludables, da sabor a la base del cupcake, que se cubre con glaseado de chocolate y luego se le añade un montoncito de viscosa cobertura de malvaviscos dorada para simular que se ha tostado al fuego. **PARA 24 CUPCAKES**

180 g	(1 ½ tazas) de harina
175 g	(1 ⅓ tazas) de harina de trigo sin cerner
2	cucharaditas de polvo de hornear
1 ½	cucharaditas de sal
1 ½	cucharaditas de canela en polvo
290 g	(1 ¼ tazas) de mantequilla sin sal a temperatura ambiente
360 g	(2 tazas) de azúcar moreno claro compacto
85 g	(¼ de taza) de miel
6	huevos grandes
2	cucharaditas de extracto puro de vainilla
	Glaseado de ganache de chocolate (página 312)
	Cobertura de malvaviscos (receta a continuación)

1. Precalienta el horno a 180 °C. Coloca cápsulas en moldes para muffins. Mezcla las dos harinas, el polvo de hornear, la sal y la canela.

2. Con una batidora a velocidad media-alta, bate la mantequilla con el azúcar y la miel hasta que sea blanquecina y esponjosa. Reduce a la velocidad baja; añade y bate los huevos y la vainilla y raspa el cuenco cuando sea preciso. Agrega la mezcla de la harina y mézclala hasta unirla.

3. Reparte la masa por igual en los moldes, hasta los ¾. Hornea y gira los moldes a la mitad de la cocción. Espera a que estén dorados y el probador salga con pocas migas húmedas, en unos 25 minutos. Traslada los moldes a rejillas para que se enfríen 10 minutos, luego extrae los cupcakes, colócalos sobre rejillas y deja enfriar completamente. Puedes conservar los cupcakes un día a temperatura ambiente o bien congelarlos durante un mes, siempre dentro de recipientes herméticos.

4. Baña los cupcakes con 2 cucharaditas de glaseado de chocolate. Introduce la cobertura en una manga con una boquilla normal grande (Ateco #806 o Wilton #2A) y aplícala sobre los cupcakes, dibuja un remolino con la boquilla y deja de presionar la manga mientras las levantas para formar un pico. Sujeta un pequeño soplete de cocina (consulta Proveedores, en la página 342) a 8-10 cm de la cobertura y muévelo de atrás hacia delante hasta que la hayas dorado ligeramente. Sírvelos enseguida.

. . . .

COBERTURA DE MALVAVISCOS
PARA 24 CUPCAKES

1	sobre de gelatina neutra (1 cucharada rasa)
80 ml y 60 ml	(⅓ de taza y ¼ de taza) de agua fría
190 g	(1 taza) de azúcar

1. En un recipiente de mezclas, espolvorea la gelatina sobre 80 ml de agua fría. Espera a que la gelatina quede suave, en unos 5 minutos.

2. Calienta el agua restante, 60 ml, y el azúcar en una olla a fuego medio-alto mientras lo remueves hasta que el azúcar se haya disuelto. Deja de remover; sujeta un termómetro para caramelo en un lateral de la olla. Hierve el almíbar hasta el punto de bola blanda (114 °C) limpiando los lados de la olla con un pincel de pastelería mojado para evitar que se formen cristales de azúcar. Retira la olla del fuego; añade el sirope a la gelatina suave. Monta la mezcla manualmente hasta que se enfríe, 1 minuto, luego utiliza una batidora a velocidad media-alta hasta que se formen picos blandos y brillantes (no secos), de 8 a 10 minutos. Usa esta cobertura enseguida o se endurecerá.

DORAR LA COBERTURA

Cupcakes de chocolate de un cuenco con gominolas

Como indica el nombre de la receta, se mezclan todos los ingredientes en un cuenco. Con aceite vegetal en lugar de mantequilla se consigue un bizcocho extraordinariamente jugoso; el cacao en polvo de calidad, como el Valrhona, produce un color intenso y oscuro y el mejor sabor. El baño blanco y las golosinas transparentes combinan a la perfección en este elegante motivo monocromático; usa golosinas de colores para lograr un efecto más llamativo. Puedes personalizar el sabor del bizcocho con otro extracto en vez del de vainilla, por ejemplo, el anís complementaría las golosinas transparentes (aumenta la cantidad de extracto en 1 ½ cucharaditas). **PARA 18 CUPCAKES**

180 g (1 ½ tazas) de harina normal

85 g (¾ de taza) de cacao en polvo alcalinizado sin azúcar

285 g (1 ½ tazas) de azúcar

1 ½ cucharaditas de bicarbonato sódico

¾ de cucharadita de polvo de hornear

¾ de cucharadita de sal

2 huevos grandes

180 ml (¾ de taza) de suero de leche

3 cucharadas de aceite vegetal

1 cucharadita de extracto puro de vainilla

180 ml (¾ de taza) de agua caliente

Crema de mantequilla de merengue suizo (página 304)

340 g de golosinas para decorar

1. Precalienta el horno a 180 °C. Coloca cápsulas de papel en moldes para muffins de tamaño estándar. Con una batidora eléctrica a velocidad media, mezcla la harina, el cacao, el azúcar, el bicarbonato sódico, el polvo de hornear y la sal. Reduce a la velocidad baja. Añade los huevos, el suero de leche, el aceite, el extracto y el agua; bátelo todo hasta que la mezcla sea suave y uniforme, raspa el recipiente si es necesario.

APLICAR ESTRELLAS CON LA MANGA PASTELERA Y DECORARLAS CON GOLOSINAS

2. Reparte la masa entre los moldes hasta los ⅔ de la capacidad. Hornea y gira los moldes a la mitad de la cocción. Cuando el probador de pasteles salga limpio, en unos 20 minutos, traslada los moldes a rejillas para que se enfríen durante 10 minutos. Extrae los cupcakes, colócalos en rejillas y deja enfriar. Puedes conservar los cupcakes una noche a temperatura ambiente o congelarlos durante 2 meses como máximo, siempre dentro de recipientes herméticos.

3. Introduce la crema de mantequilla en una manga con una boquilla de estrella francesa mediana (Atenco #863 o Wilton #363). Aplica 5 estrellas alrededor del perímetro de los cupcakes, y luego otra en el centro. Puedes guardar los cupcakes un día a temperatura ambiente o bien 3 días en el frigorífico, dentro de recipientes herméticos. Espera a que alcancen la temperatura ambiente y coloca una golosina en el centro de cada estrella antes de servirlos.

Cupcakes blancos con picos de crema de mantequilla pastel

Estos cupcakes están inspirados en un libro de cocina rusa *vintage*. También puedes usar cobertura de un solo color o no teñirla. Los cupcakes blancos, elaborados solo con claras de huevo (en lugar de los huevos enteros) son muy ligeros y delicados. Para conseguir un sabor a vainilla más intenso, raspa las semillas de una vaina de vainilla a lo largo y mézclalas con la leche en el primer paso, en vez del extracto de vainilla. **PARA 24 CUPCAKES**

290 g	(3 ¼ tazas) de harina pastelera (no leudante)
1 ½	cucharadas de polvo de hornear
¼	de cucharadita de sal
1	cucharada de extracto puro de vainilla
240 ml	(1 taza) y 2 cucharadas de leche
115 g	(½ taza) y 6 cucharadas de mantequilla sin sal a temperatura ambiente
335 g	(1 ¾ tazas) de azúcar
5	claras de huevos grandes a temperatura ambiente
	Crema de mantequilla de merengue suizo (página 304)
	Colorantes alimentarios en gel o pasta (en la imagen, rosa, violeta y amarillo)

1. Precalienta el horno a 180 °C. Coloca cápsulas en moldes para muffins. Tamiza la harina pastelera, el polvo de hornear y la sal. Remueve la vainilla con la leche.

2. Con una batidora a velocidad media-alta, trabaja la mantequilla hasta que esté suave. Añade el azúcar gradualmente mientras lo bates hasta que la mezcla sea blanquecina y esponjosa. Reduce a la velocidad baja. Agrega la mezcla de la harina en tres tandas alternándolas con dos tandas de leche batiendo solo hasta unirlo tras cada incorporación.

3. En otro cuenco con una batidora a velocidad media, monta las claras hasta formar picos firmes (no las montes en exceso). Remueve con movimientos envolventes un tercio de las claras con la masa para aligerarla. Suavemente, integra las claras restantes en dos tandas.

4. Reparte la masa por igual en los moldes hasta los ¾. Da un golpe seco a los moldes para eliminar las burbujas de aire de la masa. Hornea y gira los moldes a la mitad de la cocción. Cuando el probador de pasteles salga limpio, en unos 18-20 minutos, traslada los moldes a rejillas para que se enfríen 10 minutos; luego, extrae los cupcakes, colócalos sobre rejillas y espera a que se enfríen completamente. Puedes conservarlos toda una noche a temperatura ambiente o bien congelarlos durante 2 meses, siempre dentro de recipientes herméticos.

5. Divide la crema de mantequilla en cuatro partes; reserva una sin teñir y tiñe el resto con los tres colores que prefieras. Introduce la crema de los tres colores en tres mangas con un acoplador insertado. Con una boquilla de estrella abierta pequeña (#20), forma picos: aprieta suavemente la manga mientras levantas la boquilla, luego deja de presionarla a la mitad del recorrido y acerca la boquilla hasta que la crema forme un pico. Empieza por la crema de mantequilla sin teñir, aplica un solo pico en el centro de cada cupcake, luego forma más picos seguidos alrededor formando un anillo. Cambia a la crema de mantequilla teñida; forma anillos de picos alrededor de la crema normal hasta que llegues al borde. Introduce los cupcakes en el frigorífico durante 30 minutos para que la cobertura adquiera consistencia. Puedes guardarlos en el frigorífico hasta 3 días dentro de recipientes herméticos; espera a que alcancen la temperatura ambiente antes de servirlos.

Cupcakes de menta y chocolate

La leche infusionada con menta y el extracto de menta añaden sabor (pero no color) a la crema de mantequilla pálida; los cupcakes de chocolate negro también saben a menta. Unas cuantas hojas de menta de chocolate encima sugieren el sabor del componente primario de esta delicia. Si bien es cierto que las hojas no son una tarea que puedas hacer cualquier día, puedes prepararlas un día antes. Por supuesto, puedes servir los cupcakes sin más adorno que el glaseado o bien decorarlos con unas cuantas virutas de chocolate (página 323) con sabor a menta. **PARA 18 CUPCAKES**

180 g (1 ½ tazas) de harina normal

85 g (¾ de taza) de cacao en polvo alcalinizado sin azúcar

285 g (1 ½ tazas) de azúcar

1 ½ cucharaditas de bicarbonato sódico

¾ de cucharadita de polvo de hornear

¾ de cucharadita de sal

2 huevos grandes

¾ de taza de suero de leche

3 cucharadas de aceite vegetal

1 cucharadita de extracto puro de menta

180 ml (¾ de taza) de agua caliente

Crema de mantequilla de menta (página 308)

Hojas de menta de chocolate para decorar (página 321)

1. Precalienta el horno a 180 °C. Coloca cápsulas de papel en moldes para muffins de tamaño estándar. Con una batidora eléctrica a velocidad media, mezcla la harina, el cacao, el azúcar, el bicarbonato sódico, el polvo de hornear y la sal. Añade los huevos, el suero de leche, el aceite, el extracto de menta y el agua; bátelo todo a velocidad baja hasta que la mezcla esté suave e integrada y raspa los lados del cuenco cuando convenga.

2. Reparte la masa por igual entre los moldes, hasta rellenar dos tercios de la capacidad. Hornea los cupcakes y gira los moldes a la mitad de la cocción. Espera a que el probador de pasteles que insertes en el centro de los cupcakes salga limpio, en unos 20 minutos. Traslada los moldes a rejillas de alambre para que se enfríen durante 10 minutos; extrae los cupcakes, colócalos sobre rejillas y espera a que se enfríen completamente. Puedes conservar los cupcakes toda una noche a temperatura ambiente o bien congelarlos durante 2 meses, siempre dentro de recipientes herméticos.

3. Por último, introduce la crema de mantequilla en una manga pastelera con una boquilla normal grande (Ateco #809 o Wilton #1A) y aplica montoncitos en los cupcakes; aplánalos ligeramente con una espátula. Estos cupcakes se conservan bien durante un día a temperatura ambiente o hasta 3 días en el frigorífico. Espera a que alcancen la temperatura ambiente y decóralos con hojas de menta hechas con chocolate antes de servirlos.

CUPCAKES PARA
días
especiales

Cuando las circunstancias requieran algo extraordinario, hojea las recetas y las ideas de decoración de las páginas siguientes. Aunque menos formales que un pastel, estos cupcakes resultan igual de apetecibles (y apropiados) para cumpleaños, fiestas de vacaciones, fiestas de bienvenida para bebés, bodas y otras celebraciones. La mayoría de las opciones se pueden preparar con una receta de cupcakes de la primera mitad de este libro y una receta de glaseado del final. Ahora lo que prima es el acabado de los cupcakes, tanto con elaborados diseños aplicados con manga pastelera como con caramelos colocados en una posición muy precisa o con otros adornos. Hay diseños clásicos y elegantes, pero también fantasiosos y divertidos. Muchos incluyen símbolos familiares que sugieren un día o un sentimiento en particular. Sea cual sea la ocasión, en estas páginas encontrarás un cupcake que encajará con el ambiente del acto y transmitirá el mensaje de que ese no es un día cualquiera.

cumpleaños

Gran parte de la alegría de celebrar un cumpleaños consiste en crear recuerdos inolvidables para el invitado de honor, no importa de qué edad. Es posible que tu sobrinito se vuelva loco con unos cupcakes de béisbol, mientras que tu suegra se derrita por unos adornados con guisantes de olor y pensamientos de crema de mantequilla. Cualquier persona se sentirá afortunada al recibir cupcakes coronados con mariquitas sobre un césped hecho con manga pastelera. Con más de tres docenas de inspirados cupcakes para elegir en este apartado, seguro que encontrarás uno que satisfará cualquier deseo de cumpleaños. Sigue las instrucciones paso a paso o usa las técnicas y tu imaginación para crearlo a tu manera. También existen multitud de opciones para mezclar y adaptar: prepara cupcakes con toda una colección de animales o bien elige solo uno y prodúcelo en masa. Pero lo más importante de todo es que te diviertas con las ideas de estas páginas que siguen.

Cupcakes con letras punteadas

Deletrea un deseo de cumpleaños (o de la celebración en cuestión) con letras formadas por puntos hechas manualmente y colocadas sobre una gran hornada de cupcakes. Las letras (y números) de colores se elaboran con glasa real teñida aplicada con manga pastelera sobre papel de hornear, luego se dejan endurecer antes de ordenarlas sobre los cupcakes. Para ahorrar tiempo el día de la fiesta, haz las decoraciones con la manga pastelera el día antes. **PARA 36 CUPCAKES**

36 cupcakes, como los de suero de leche amarillos (página 26) o los de chocolate de un cuenco (página 152)

+

La cantidad de 2 recetas de cobertura de queso crema (página 303) o de vainilla esponjosa (página 302)

La cantidad de 2 recetas de glasa real (página 315)

+

Colorante alimentario en gel o pasta (en la imagen, naranja, rosa, rojo y azul)

1. Divide la glasa real en cuatro cuencos. Tiñe cada parte de un color (consulta las instrucciones de la página 304; conserva la glasa cubierta mientras trabajas para evitar que se seque). Introduce las cuatro glasas en cuatro mangas pasteleras con boquillas normales pequeñas (#3), apriétalas un poco para eliminar las burbujas de aire y sella las partes superiores con gomas elásticas. Apoya las boquillas de las mangas en vasos con papel de cocina húmedo en la base.

APLICACIÓN DE LETRAS Y NÚMEROS CON MANGA PASTELERA

2. Tendrás que diseñar una plantilla con el mensaje impreso; asegúrate de que los números y las letras estén bien separados (para manejar mejor las mangas). Pega la plantilla en la superficie de trabajo. Ahora, pega un papel de hornear o uno encerado sobre la plantilla. Con la manga, aplica líneas continuas de glasa resiguiendo la forma de una letra o un número. Cíñete a la plantilla. Después, aplica puntos seguidos sobre las líneas continuas iniciales. Haz lo mismo con todas las letras o números usando los distintos colores. Deja que se sequen por lo menos 3 horas o toda la noche.

3. Con una espátula acodada, extiende una generosa capa de suave cobertura sobre los cupcakes. Utiliza una espátula acodada limpia para levantar con cuidado una letra o un número de glasa real del papel y colocarla sobre un cupcake. Decora más cupcakes con uno o muchos puntos con glasa real teñida y boquillas normales de varios tamaños. Una vez decorados, los cupcakes se conservarán bien durante un día en el frigorífico y dentro de recipientes herméticos; espera a que alcancen la temperatura ambiente para servirlos.

Minicupcakes con *gelato*

El helado italiano de color pastel se usa para coronar minicupcakes, pero puedes sustituirlo por sorbete o cualquier helado. Los cupcakes de vainilla de un cuenco se hornean en vasos de papel tuerca, disponibles en tiendas de manualidades (consulta Proveedores, en la página 342), aunque también puedes usar moldes para muffins de tamaño mini forrados con cápsulas de papel. Para darle un auténtico toque italiano, sírvelos con cucharillas de helado de plástico.

PARA 48 MINICUPCAKES

180 g	(1 ½ tazas) y 2 cucharadas de harina normal
240 g	(1 ¼ tazas) de azúcar
¾	de cucharadita de bicarbonato sódico
½	cucharadita de polvo de hornear
¾	de cucharadita de sal
1	huevo grande y 1 yema
120 ml	(½ taza) y 2 cucharadas de agua caliente
120 ml	(½ taza) y 2 cucharadas de suero de leche
60 ml	(¼ de taza) y 1 cucharada de aceite vegetal
1	cucharadita de extracto puro de vainilla
	Gelato de varios sabores para la cobertura

1. Precalienta el horno a 180 °C. Dispón 48 vasos de papel tuerca sobre bandejas de horno grandes con bordes. En un cuenco grande, tamiza la harina, el azúcar, el bicarbonato sódico, el polvo de hornear y la sal, todo junto. Añade el huevo entero y la yema, el agua caliente, el suero de leche, el aceite y la vainilla. Con una batidora eléctrica a velocidad baja, bátelo todo hasta que la mezcla esté bien integrada y suave.

2. Reparte la masa por igual en los vasos, hasta rellenar dos tercios de la capacidad. Hornea los cupcakes y gira los moldes a la mitad de la cocción. Espera a que estén dorados y el probador de pasteles que insertes en el centro de los cupcakes salga limpio, en unos 17 minutos. Traslada las bandejas a rejillas de alambre para que se enfríen completamente. (Si usas moldes para muffins, deja que los cupcakes se enfríen 30 minutos antes de extraerlos y colocarlos en rejillas donde se enfríen completamente.) Puedes conservar los cupcakes hasta 3 días a temperatura ambiente dentro de recipientes herméticos.

3. Envuelve una bandeja de horno con bordes con plástico, de manera que este quede tenso. Con la ayuda de una cuchara para helado de 5 cm (de 4 cm si horneas los cupcakes en moldes para muffins mini), coloca bolas de *gelato* sobre el plástico. Congélalas para que adquieran consistencia, unos 30 minutos. Por último, coloca una bola de *gelato* sobre cada cupcake y sírvelos enseguida.

Cupcakes junto al mar

Si estás pensando en dar una fiesta junto al mar, decora cupcakes con estas criaturas marinas elaboradas con mazapán. Los cupcakes con la aleta de tiburón hecha de papel que encontrarás en último lugar son una alternativa rápida y sencilla. Necesitarás una tanda de crema de mantequilla de merengue suizo (página 304) para cubrir dos docenas de cupcakes. Las figuras de mazapán se pueden preparar el día antes y guardarlas a temperatura ambiente en recipientes herméticos. Utiliza un robot de cocina o una picadora para moler las galletas Graham. **24 CUPCAKES POR RECETA**

Cupcakes de galletas de mar

ELABORA LAS GALLETAS DE MAR: para 24 galletas necesitarás 360 gramos de mazapán. En una superficie de trabajo ligeramente espolvoreada con harina de maíz, extiende el mazapán con un rodillo hasta que tenga un grosor de 6 mm. Utiliza un cortador de galletas para cortar círculos de 6-7 cm. Dispón una lámina de almendras en cada una de las 5 esquinas de una plantilla de estrella y pégalas con un poco de glaseado. Con un palillo, haz marcas entre las almendras y en los bordes.

DECORA LOS CUPCAKES: con la ayuda de una espátula acodada, extiende una capa lisa de crema de mantequilla sobre los cupcakes. Coloca la galleta de mar encima y presiónala con cuidado para que se adhiera al glaseado. Es mejor servir los cupcakes el mismo día que se decoran; mantenlos a temperatura ambiente.

Cupcakes de estrellas de mar

ELABORA LAS ESTRELLAS DE MAR: para 24 estrellas necesitarás 270 gramos de mazapán. Pellizca un pequeño trozo de mazapán; forma una bola de 3 cm, luego aplánala un poco con la palma de la mano y moldéala para darle forma de estrella. Presiona la parte superior de la estrella de mar contra los orificios más pequeños de un rallador, sigue con el resto de la superficie hasta que quede toda texturizada. Repite este proceso para formar tantas estrellas de mar como cupcakes.

DECORA LOS CUPCAKES: con una espátula acodada, extiende crema de mantequilla sobre los cupcakes y alísala con un acabado abovedado. Pon las migas de galleta Graham en un cuenco pequeño. Baña los cupcakes en las migas hasta que queden totalmente cubiertos. Espolvoréalos con más migas. Coloca una estrella de mar encima, presiónala suavemente para que se adhiera y, finalmente, dale forma sobre el cupcake. Es mejor servir los cupcakes el mismo día que se decoran; mantenlos a temperatura ambiente.

MOLDEAR UNA ESTRELLA DE MAR DE MAZAPÁN

CONTINUACIÓN>>

Cupcakes junto al mar

Cupcakes de peces

ELABORA LOS PECES: para 48 peces necesitarás 270 gramos de mazapán. Tiñe el mazapán con colorante alimentario en gel o pasta verde (consulta las instrucciones de la página 299). Pellizca un pequeño trozo de mazapán y forma una bola de 2 cm. Luego dale forma de pez; para ello, haz una cabeza en el extremo más grande, estrecha el otro extremo hacia abajo y haz que termine en una cola bífida. Moldea dos pequeñas aletas de mazapán y coloca una a cada lado del pez; para pegarlas tendrás que apretarlas. Para diseñar los ojos, moja la punta de un palillo en colorante alimentario en gel o pasta azul y píntalos a lado y lado de la cabeza. Repite este proceso hasta que reúnas dos peces para cada cupcake.

DECORA LOS CUPCAKES: tiñe crema de mantequilla de azul claro con colorante alimentario en gel o pasta. Con una espátula acodada, extiende crema de mantequilla generosamente sobre los cupcakes, con movimientos arremolinados y con picos hacia abajo para simular olas. Coloca dos peces encima, curva los cuerpos a tu gusto y húndelos un poco en la cobertura. Es mejor servir los cupcakes el mismo día que se decoran; mantenlos a temperatura ambiente.

ELABORACIÓN DE UN PEZ DE MAZAPÁN

Cupcakes de tiburones y dunas

No hay nada que temer a estos sigilosos tiburones de aletas de papel que asoman entre olas de crema de mantequilla azul. Justo al lado encontramos un cupcake que imita una duna de migas de galletas Graham con una sombrilla de papel.

ELABORA LOS TIBURONES: recorta aletas de cartulina azul (una para cada cupcake). Tiñe la mitad de la crema de mantequilla de merengue suizo (página 304) de color azul con colorante alimentario en gel o pasta. Con una espátula acodada pequeña, cubre una docena de cupcakes con movimientos arremolinados y con pequeños picos hacia abajo para simular olas. Justo antes de servirlos, incrusta las aletas de papel en la cobertura.

ELABORA LAS DUNAS: cubre la docena restante de cupcakes con la crema de mantequilla sin teñir y alísala dándole forma abovedada. Introduce migas de galletas Graham en un cuenco pequeño y baña los cupcakes para que queden totalmente cubiertos de migas. Justo antes de servirlos, inserta una sombrilla de papel en cada cupcake.

Cupcakes de mariquitas

Estos adorables cupcakes presentan alegres mariquitas de mazapán en un prado de crema de mantequilla elaborado con manga pastelera. Cuando tengas práctica aplicando la cobertura en forma de briznas de hierba, el resto será rápido; mientras tanto, puedes conseguir que los niños te ayuden a elaborar las mariquitas. **PARA 24 CUPCAKES**

24 cupcakes de suero de leche amarillos (página 26)

+

Crema de mantequilla de merengue suizo (página 304)

+

Colorantes alimentarios en gel o pasta de color verde, rojo y negro

210 gramos de mazapán

Harina de maíz para la superficie de trabajo

1. Tiñe la crema de mantequilla de verde con el colorante alimentario en gel o pasta. Introdúcelo en una manga pastelera con una boquilla multiperforada pequeña (#233). Comienza a aplicar la hierba desde el centro y hacia fuera; forma filas de hierba sobre los cupcakes. Para ello, coloca la boquilla en la superficie del cupcake, presiona la manga y suéltala mientras la levantas rápidamente para formar briznas de 6 mm de longitud, unas un poco más largas que otras.

2. Elabora las mariquitas: divide el mazapán en dos partes iguales. Trabaja sobre una superficie de trabajo ligeramente espolvoreada con harina de maíz. Tiñe una parte del mazapán de rojo y la otra de negro con colorantes alimentarios. Forma una bola de 12 mm con mazapán rojo para cada mariquita, será el cuerpo. Luego, una bola de 6 mm de mazapán negro para cada cabeza. Aplana un poco la bola roja y dale forma ovalada, después presiona la cabeza sobre el cuerpo. Pellizca el mazapán negro para hacer varias bolitas, que serán los lunares, colócalas sobre el cuerpo y presiónalas. Repite este proceso para hacer más mariquitas con el resto del mazapán. Coloca una o dos sobre cada cupcake y presiónalas ligeramente sobre el prado de crema de mantequilla. Introduce los cupcakes 30 minutos en el frigorífico para que el diseño adquiera consistencia. Es mejor servir los cupcakes el mismo día que se decoran; mantenlos a la temperatura ambiente.

CONFECCIÓN DE LA HIERBA DE CREMA DE MANTEQUILLA

ELABORACIÓN DE MARIQUITAS DE MAZAPÁN

Cupcakes con flores de crema de mantequilla

Con un poco de práctica (sobre papel de hornear) serás capaz de reproducir estos diseños con relativa facilidad. Procura practicar unos cuantos tallos también; si los aplicas con la manga demasiado rápido se romperán y si lo haces con demasiada lentitud no quedarán rectos. (Si se rompen puedes rellenar los huecos con más crema de mantequilla.) Antes de trazar la decoración sobre los cupcakes, marca suavemente el diseño sobre el glaseado con un palillo. Sujeta la manga con la mano con la que escribes cerca de la superficie, y sujeta y dirige la boquilla con la otra mano. **24 CUPCAKES POR RECETA**

Cupcakes con flores de cerezo

24 cupcakes de suero de leche amarillos (página 26)

+

Crema de mantequilla de merengue suizo (página 304)

+

Colorantes alimentarios en gel o pasta de color marrón chocolate, melocotón, amarillo limón, verde hoja y rosa

1. Con un cuchillo de sierra, nivela la parte superior de los cupcakes. Tiñe ¼ de taza de crema de mantequilla con colorante marrón, 2 tazas de color melocotón, ¼ de taza de amarillo y ¼ de taza de verde. Introduce las cremas de mantequilla teñidas en mangas con acopladores insertados. Tiñe el resto de la crema de mantequilla de rosa pálido. Con la ayuda de una espátula acodada, extiende una capa fina de crema de mantequilla rosa sobre los cupcakes.

ELABORACIÓN DE FLORES DE CEREZO CON MANGA

2. Utiliza crema de mantequilla marrón y un boquilla normal fina (#1) para aplicar finas ramas sobre un cupcake. Con la crema de color melocotón (consulta en la página siguiente; el de abajo es rosa) y una boquilla de pétalos pequeña (#103) aplica pétalos básicos. Para ello, sujeta la manga en un ángulo de 45 grados respecto al cupcake, con el extremo ancho de la boquilla hacia abajo, el extremo estrecho apuntando hacia fuera y un poco hacia la izquierda. Mueve la boquilla 3 mm hacia delante y retrocede mientras pivotas el extremo estrecho hacia la derecha. Haz cinco o seis pétalos girando los cupcakes a medida que avances. Con la crema de mantequilla amarilla y una boquilla normal pequeña (#2), añade tres o cuatro puntos en el centro de la flor. Diseña pequeñas hojas con la crema verde y una boquilla de hoja en V pequeña (#349). Repite este proceso para decorar el resto de los cupcakes. Introdúcelos 30 minutos en el frigorífico para que la cobertura adquiera consistencia. Puedes conservarlos 3 días dentro de recipientes herméticos en el frigorífico. Sirve a temperatura ambiente.

CONTINUACIÓN>>

FLORES DE
CEREZO

GUISANTES
DE OLOR

PENSAMIENTOS

Cupcakes con flores de crema de mantequilla

Cupcakes con pensamientos

24 cupcakes de suero
de leche amarillos
(página 26)

+

Crema de
mantequilla de
merengue suizo
(página 304)

+

Colorantes
alimentarios en gel
o pasta de color
verde hoja, amarillo
limón, violeta y rosa

1. Con un cuchillo de sierra, recorta la parte superior de los cupcakes para nivelarlos. Tiñe ½ taza de crema de mantequilla con colorante verde en gel o pasta y ¼ de taza de amarillo pálido. Divide 2 tazas de crema de mantequilla en dos cuencos; tiñe la crema de un cuenco de color violeta claro y la del otro con un tono más oscuro. Introduce las coberturas teñidas en mangas pasteleras con acopladores insertados. Tiñe el resto de la crema de mantequilla de rosa pálido. Con la ayuda de una espátula acodada, extiende una capa fina de crema de mantequilla rosa sobre los cupcakes.

**ELABORACIÓN DE
PENSAMIENTOS CON
MANGA PASTELERA**

2. Utiliza crema verde y una boquilla normal pequeña (#2) para trazar tallos sobre un cupcake. Con la crema violeta oscuro y una boquilla de pétalos pequeña (#103), aplica dos pétalos básicos grandes (similares a los de la flor de cerezo, página 172) uno a cada lado del tallo. Después, añade dos pétalos más pequeños, uno encima de cada pétalo inicial. Para ello, sigue la misma técnica para diseñar pétalos; ejerce menos presión y forma un arco más pequeño que con los pétalos grandes. Con la crema violeta claro y la misma boquilla de pétalos, dibuja un volante para la base de la flor; debes pivotar la boquilla como con los pétalos y girar el cupcake mientras conectas los pétalos. Para darle un acabado limpio al volante, lleva la manga hacia el centro de la flor a medida que dejas de presionarla. Aplica un punto en el centro de cada flor con la crema de mantequilla amarilla y la boquilla #2. Si quieres, usa la crema verde y otra boquilla de pétalos pequeña (#60) para diseñar la hoja como se muestra a la izquierda. Repite este proceso para el resto de los cupcakes. Introdúcelos 30 minutos en el frigorífico para que la cobertura adquiera consistencia. Puedes conservarlos durante 3 días dentro de recipientes herméticos en el frigorífico; espera a que alcancen la temperatura ambiente antes de servirlos.

Cupcakes con guisantes de olor

24 cupcakes de suero de leche amarillos (página 26)

+

Crema de mantequilla de merengue suizo (página 304)

+

Colorantes alimentarios en gel o pasta de color verde hoja y rosa

1. Con un cuchillo de sierra, recorta la parte superior de los cupcakes para nivelarlos. Tiñe ½ taza de crema de mantequilla con colorante verde en gel o pasta y 1 taza de rosa. Introduce las cremas teñidas en mangas pasteleras con acopladores insertados. Tiñe el resto de la crema de mantequilla de rosa más pálido. Con la ayuda de una espátula acodada, extiende una capa fina de crema de mantequilla rosa pálido sobre los cupcakes.

ELABORACIÓN DE GUISANTES DE OLOR CON MANGA PASTELERA

2. Dibuja los tallos sobre un cupcake con crema de mantequilla verde y una boquilla normal pequeña (#2). Luego, con la crema rosa y una boquilla de pétalos pequeña (#103), forma dos pétalos básicos (similares a los de las flores de cerezo, página 172), a lado y lado de un tallo. Dibuja dos pétalos más pequeños que se solapen por la parte superior con los dos pétalos iniciales. Después, sujeta la manga en un ángulo de 90 grados respecto a la flor con el extremo ancho hacia delante y aplica un centro dirigiendo la boquilla un poco hacia abajo. Con la crema verde y una boquilla de hoja en V pequeña (#352), forma hojas pequeñas: empieza por la base de la flor con el extremo de la boquilla apuntando hacia arriba y, luego, dirige la boquilla hacia la flor mientras dejas de presionar la manga. Cambia a la boquilla #2 y añade florituras. Introdúcelos 30 minutos en el frigorífico para que la cobertura adquiera consistencia. Puedes conservarlos durante 3 días dentro de recipientes herméticos en el frigorífico; espera a que alcancen la temperatura ambiente antes de servirlos.

Cupcakes *flower power*

Haz tu propio jardín de azúcar con una selección de cupcakes floridos. Una tanda de crema de mantequilla de merengue suizo (página 304) basta para decorar dos docenas de cupcakes, incluidas las versiones con flores. Consulta el apartado Proveedores de la página 342 para encontrar los utensilios y los caramelos que hemos usado a continuación. **24 CUPCAKES POR RECETA**

CUPCAKES DE JARDÍN DE PIRULETAS

Con una espátula acodada, extiende crema de mantequilla sobre los cupcakes con un acabado liso y abovedado. Introduce gránulos en un cuenco pequeño y presiona suavemente los cupcakes cubiertos sobre los gránulos, dales vueltas para cubrir toda la superficie. Inserta una piruleta en el centro de cada cupcake. Con un cuchillo o unas tijeras de cocina, corta hojas de tiras de caramelo verde. Coloca una hoja en cada cupcake junto a la piruleta y presiónala. Introduce los cupcakes en el frigorífico 30 minutos para que la cobertura adquiera consistencia.

CUPCAKES CON FLORES DE GELATINA

Con una espátula, extiende una capa lisa de crema de mantequilla sobre los cupcakes (si lo prefieres, tiñe la mitad con colorante verde). Llena un cuenco con gránulos de color crema y otro con gránulos verdes. Con cuidado, presiona los cupcakes sobre los gránulos y cubre toda la superficie. Para las flores, usa cortadores de aspic de 2,5-4 cm (o un cuchillo de cocina) para cortar pétalos en rodajas de gelatina de cítricos. Con unas tijeras o un cuchillo afilado, recorta y desecha una rodaja equivalente a un tercio de cada gominola. Dispón 6 pétalos de gelatina en forma de flor sobre cada cupcake; coloca la gominola en el centro con el lado del corte hacia abajo y presiónala suavemente.

CUPCAKES CON FLORES HECHAS CON MANGA PASTELERA
Utiliza una manga pastelera con una boquilla de pétalos pequeña (#104) para aplicar pétalos de crema de mantequilla normal o teñida: mantén el borde ancho de la boquilla en el centro del cupcake; aplica un pétalo realizando un movimiento de media luna con el borde exterior más fino de la boquilla. Repite este proceso hasta tener cinco o seis pétalos ligeramente solapados que cubran la parte superior del cupcake. En el centro de la flor, coloca un caramelo redondo de color, como por ejemplo un M&M. Haz lo mismo para decorar el resto de los cupcakes. Introdúcelos 30 minutos en el frigorífico para que la cobertura adquiera consistencia.

CUPCAKES CON FLORES DE GALLETA DE AZÚCAR
Prepara 24 galletas (página 319) con un cortador de 5 a 7,5 cm (consulta Proveedores, en la página 342). Coloca un palo de piruleta de papel enrollado bajo cada flor antes de enfriarlas y hornearlas. Divide 1 taza de crema de mantequilla en tercios; tíñelos de rosa, amarillo y azul claro, respectivamente. El resto de la crema, tíñela de verde y con una boquilla de estrella abierta pequeña (#22) haz la «hierba». Con una boquilla normal pequeña (#4), siluetea las galletas y añade un punto en el centro. Clava una flor en el centro de cada cupcake. Haz hojas de caramelo de menta cortado por la mitad. Introduce los cupcakes 30 minutos en el frigorífico para que la cobertura adquiera consistencia.

Cupcakes con monograma de galleta

Homenajear al invitado de honor resulta sencillísimo con estas letras de galleta para cupcakes. Para elaborar las galletas, corta círculos de galletas de azúcar (aquí se muestran dos tamaños, pero con uno basta) y luego corta una letra en el interior de cada círculo con un cortador de galletas mini (consulta Proveedores, en la página 342). En lugar de una sola letra, puedes preparar galletas para representar todo el alfabeto (necesitarás tres cupcakes más para completarlo), una gran idea para una fiesta de preescolares aprendiendo el abecedario.

PARA 24 CUPCAKES

24 cupcakes de suero de leche amarillos (página 26)

+

Crema de mantequilla de merengue suizo (página 304)

+

Galletas de azúcar (página 319)

+

Glasa real (página 315)

Colorante alimentario en gel o pasta (en la imagen, azul)

1. Elabora las galletas con cortadores de galletas de 5 cm para recortar 12 círculos y con cortadores de 4 cm para obtener 12 círculos más. Con cortadores de galletas mini con forma de letra colocados sobre los centros de los círculos, corta letras. Agrupa las letras y vuelve a trabajar la masa para cortar tantos círculos y letras como necesites.

2. Tiñe la glasa real con colorante alimentario (consulta las instrucciones de la página 304). Introduce la glasa en una manga pastelera con una boquilla normal pequeña (#3), presiónala para eliminar el aire y cierra la parte superior con una goma elástica, así la glasa no se secará. Aplica la glasa perfilando el contorno de las galletas y luego también el de las letras. Rellena el espacio entre contorno y contorno con una capa fina de glasa que podrás extender de manera uniforme con un palillo. Deja que la glasa adquiera consistencia durante 3 horas por lo menos (o toda la noche).

3. Introduce crema de mantequilla en una manga pastelera con una boquilla normal grande (Ateco #806 o Wilton #2A) y aplica una espiral sobre cada cupcake, empieza por la parte exterior y termina con un pico en el centro. Los cupcakes se conservan hasta 3 días dentro de recipientes herméticos en el frigorífico; espera a que alcancen la temperatura ambiente y coloca una galleta glaseada de pie sobre la crema de mantequilla de cada cupcake antes de servirlos.

Cupcakes de animales

Decora una tanda o dos de cupcakes con caras de cerdito, ratón, mono o león o prepara unos cuantos de cada animal para presentar una dulce colección. Puedes usar prácticamente cualquier sabor de cupcake para estas figuras; prueba los cupcakes de plátano y nueces pecán (página 41; puedes obviar los frutos secos) o los de plátano asado (página 141) para los de la cara de mono. Antes de añadir las caras de los animales, marca suavemente su ubicación en la cobertura con un cortador de galletas redondas (o con una brocheta o un palillo). **24 CUPCAKES POR RECETA**

Cupcakes de cerditos

24 cupcakes de suero de leche amarillos (página 26) o de chocolate de un cuenco (página 152)

+

Crema de mantequilla de merengue suizo (página 304)

+

Colorante alimentario en gel o pasta rosa

48 chocolatinas redondas recubiertas de caramelo marrón, como M&M pequeños

Tira de chicle

1. Tiñe 1 ½ tazas de crema de mantequilla de color rosa pálido con colorante alimentario en gel o pasta. Introduce la crema teñida en una manga pastelera con un acoplador insertado. Tiñe 2 tazas de crema de mantequilla de rosa más oscuro e introdúcela en una manga pastelera con un acoplador. Reserva el resto de la crema.

ELABORACIÓN DE LOS ELEMENTOS DE LA CARA DEL CERDITO

2. Usa una espátula acodada para extender una capa fina y uniforme de crema de mantequilla rosa oscuro. Para hacer el hocico, inserta una boquilla normal pequeña (#6) en el acoplador y aplica un círculo rosa pálido que empiece en el extremo inferior del cupcake, luego añade líneas hasta casi rellenar el círculo y alísalas con una espátula acodada. Después, con la cobertura rosa oscuro y la boquilla #6, dibuja dos puntos rosas en el centro del círculo rosa pálido.

3. Para dibujar los ojos, coloca dos chocolatinas redondas bañadas con caramelo encima del círculo rosa pálido. Corta el chicle en triángulos pequeños y presiona un par en la parte superior de cada cupcake, así simularás las orejas, dobla las puntas hacia adelante. Introduce los cupcakes en el frigorífico durante 30 minutos para que la cobertura adquiera consistencia. Es mejor comer los cupcakes el día que se decoran; consérvalos a temperatura ambiente.

CONTINUACIÓN>>

Cupcakes de animales

Cupcakes de ratones

24 cupcakes de suero de leche amarillos (página 26) o de chocolate de un cuenco (página 152)

+

Crema de mantequilla de merengue suizo (página 304)

+

115 gramos de chocolate semiamargo derretido y enfriado (consulta la página 323)

24 botones de regaliz negro (o bolas de chocolate recubiertas de caramelo marrón, como M&M)

1 bolsa pequeña (aproximadamente 140 gramos) de cordones de regaliz negro cortados en trozos de 5 cm

48 pipas de girasol bañadas en chocolate (consulta Proveedores, en la página 342)

48 galletas de chocolate como las de la casa Necco

1. Mide ¾ de taza de crema de mantequilla y mézclala con el chocolate derretido y enfriado removiendo con una espátula flexible hasta que la mezcla sea suave. Introdúcela en una manga pastelera con una boquilla normal pequeña (#6).

CREACIÓN DE LOS ELEMENTOS DE LA CAZA DEL RATÓN

2. Con una espátula acodada, extiende una capa lisa y uniforme de crema de mantequilla normal sobre los cupcakes. Con la manga, forma un óvalo de 5 cm de crema de mantequilla de chocolate en la parte inferior de los cupcakes. Coloca un botón de regaliz, que será la nariz, en el centro del óvalo. Dispón tres trozos de regaliz a cada lado de la nariz, los bigotes. Sobre el óvalo de chocolate, pega dos pipas de girasol bañadas en chocolate y ya tendrás los ojos.

3. Ayúdate de un cuchillo de cocina para abrir dos pequeños cortes con una separación de unos 2,5 cm en la parte superior del cupcake, justo por encima de la cápsula. Inserta dos galletas de chocolate en los cortes para simular las orejas y séllalas con unas gotas de crema de mantequilla si es necesario. Introduce los cupcakes en el frigorífico durante 30 minutos para que la cobertura adquiera consistencia. Es mejor comer los cupcakes el día que se decoran; consérvalos a temperatura ambiente.

Cupcakes de monos

24 cupcakes de plátano y nueces pecán (página 41)

+

Crema de mantequilla de merengue suizo (variante de chocolate; página 305)

+

48 galletas de chocolate como las de la casa Necco

340 gramos de fondant enrollado

Colorante alimentario amarillo en gel o pasta

Harina de maíz para la superficie de trabajo

1. Con un cuchillo de cocina, abre un pequeño corte a lado y lado del cupcake, justo por encima del envoltorio. Inserta en los cortes dos galletas de chocolate, que serán las orejas del mono, y si conviene séllalas con unas gotas de crema de mantequilla. Utiliza una espátula acodada para extender una capa lisa y uniforme de cobertura en la parte superior de los cupcakes y en las galletas. Haz lo mismo para todos los cupcakes.

2. Tiñe el fondant con colorante amarillo claro (consulta las instrucciones en la página 299) y extiéndelo con un rodillo sobre una superficie de trabajo ligeramente espolvoreada con harina de maíz hasta alcanzar un grosor de 3 mm. Para elaborar la boca, corta un círculo de fondant con un cortador de galletas de 5 cm. Después, corta otro trozo de fondant con un corta-dor de galletas en forma de flor estriada de 7,5 cm; corta dos pétalos de la flor para hacer los ojos. Para las orejas, corta dos círculos de 2,2 cm de los pétalos de la flor que sobra; recorta los círculos con un cuchillo para que tengan un borde recto.

3. Dispón las formas recortadas de fondant sobre los cupcakes, empieza por los ojos y luego solápalos ligeramente con el círculo de la boca. Procura que el extremo recto de las orejas quede hacia dentro. Introduce crema de mantequilla dentro de una manga pastelera con una boquilla normal pequeña (#3) y dibuja los ojos, la nariz y la boca sobre el fondant. Introduce los cupcakes en el frigorífico durante 30 minutos para que la cobertura adquiera consistencia. Es mejor comer los cupcakes el día que se decoran; consérvalos a temperatura ambiente.

COBERTURA DE CREMA DE MANTEQUILLA PARA LA CARA Y LAS OREJAS DEL MONO

CREACIÓN DE LAS CARAS DE MONO

CONTINUACIÓN>>

Cupcakes de animales

Cupcakes de leones

24 cupcakes de suero de leche amarillos (página 26)

+

Crema de mantequilla de merengue suizo (página 304)

+

Colorante alimentario rosa en gel o pasta

60 gramos de chocolate semiamargo derretido y enfriado (consulta la página 323)

48 bolas de chocolate recubiertas de caramelo marrón, como M&M

24 golosinas blancas partidas por la mitad en diagonal

1 bolsa pequeña (aproximadamente 140 gramos) de cordones de regaliz negro cortados en trozos de 2,5 cm

1 paquete (200 gramos) de coco rallado con azúcar tostado (página 323)

1. Tiñe ½ taza de crema de mantequilla de color rosa pálido con colorante alimentario en gel o pasta. Introduce esta crema en una manga pastelera con una boquilla normal pequeña (#4) insertada. Añade el chocolate derretido y enfriado al resto de la crema de mantequilla y remuévelo con una espátula flexible hasta que lo hayas mezclado bien.

CREACIÓN DE LAS CARAS DE LEÓN

2. Con una espátula acodada, extiende una capa lisa y uniforme de crema de mantequilla de chocolate sobre los cupcakes. Pega dos bolas de chocolate recubiertas de caramelo para simular los ojos y dos mitades de gominolas con el lado del corte hacia abajo para simular las mejillas. Para hacer la nariz, en el centro aplica un punto de crema de mantequilla rosa con una manga pastelera. Presiona suavemente el coco tostado alrededor del borde del cupcake para que parezca la melena del león. Introduce los cupcakes en el frigorífico durante 30 minutos para que la cobertura adquiera consistencia. Es mejor comer los cupcakes el día que se decoran; consérvalos a temperatura ambiente.

FLOR

CARA ALEGRE

ROMBOS Y PUNTOS

Ideas divertidas de decoración para niños

Con solo unas cuantas boquillas básicas y un poco de imaginación, los niños (y los adultos) pueden aprender a decorar cupcakes con todo tipo de diseños ingeniosos. Es una actividad estupenda para una fiesta de cumpleaños: mezcla tandas de coberturas de muchos colores y rellena mangas pasteleras con acopladores y un juego de boquillas para que las compartan. Los que no tengan experiencia pueden practicar sobre papel de hornear y luego volver a introducir la cobertura en la manga pastelera para aprovecharla.

FLOR: usa una boquilla normal pequeña (#4) y cobertura verde para aplicar el tallo. Ahora inserta una boquilla de hoja en V pequeña (#352) para elaborar la hoja; con esta boquilla y la cobertura roja, forma los pétalos. Utiliza la boquilla #4 y cobertura marrón para decorar el centro de la flor.

CARA ALEGRE: emplea una boquilla normal grande (#12) para aplicar la nariz y la #4 para los ojos y la boca. Con una boquilla de estrella abierta pequeña (#14) y cobertura marrón (o amarilla o roja) diseña escarapelas que simulen cabello rizado; si quieres otro tipo de pelo usa otras boquillas.

ROMBOS Y PUNTOS: utiliza la boquilla #4 para dibujar líneas y puntos con cobertura de dos colores distintos. Para trazar las líneas, sujeta la boquilla justo sobre la superficie del cupcake, aprieta la manga y deja que la glasa caiga en el cupcake cruzándolo de extremo a extremo. Añade puntos en las intersecciones de las líneas.

Cupcakes de dinosaurios

Invita a una clase de futuros paleontólogos a una hornada de cupcakes decorados con galletas de colosales brachiosaurus y huevos de dinosaurios. Las galletas de jengibre que adornan los cupcakes se cortan con un cortador de galletas grandes en forma de dinosaurio y se les añade un palo de piruleta antes de hornearlas. (Consulta Proveedores, en la página 342, para saber dónde encontrar los utensilios necesarios.) También puedes usar cortadores de cualquier tipo de animal o insecto que encuentres (existen en todo tipo de formas y tamaños) y omitir los huevos de chocolate y caramelo. **PARA 24 CUPCAKES**

24 cupcakes de chocolate de un cuenco (página 152)

+

Crema de mantequilla de merengue suizo (página 304)

+

Cortadores de galletas de jengibre (página 320)

24 palos de piruleta de papel enrollado (10 cm)

Colorantes alimentarios naranja y marrón en gel o pasta

Gominolas de color verde, como las de la casa Swedish fish

72 huevos de chocolate recubiertos de caramelo

1. Corta galletas de jengibre con un cortador de galletas en forma de dinosaurio de unos 12,5-17,5 cm y coloca un palo de piruleta en el centro de la base de cada dinosaurio (presiónalo un poco para que se adhiera) antes de que se enfríen y las hornees.

2. Con los colorantes alimentarios en gel o pasta, tiñe 1 taza de crema de mantequilla de naranja claro, ½ taza de naranja intenso y el resto de marrón claro. Introduce la crema de mantequilla naranja claro en una manga pastelera con una boquilla normal pequeña (#7) insertada y la crema naranja intenso en una manga con otra boquilla normal pequeña (#3). Utiliza una espátula acodada para extender crema de mantequilla marrón claro sobre los cupcakes. Inserta el palo de una galleta en cada cupcake. Con la manga, aplica pequeños picos de color naranja claro a lo largo del borde de las galletas de dinosaurio (primero haz un punto de cobertura, luego alárgalo tirando hacia arriba para terminarlo en pico) y añade picos muy pequeños en naranja intenso entre las bases de los picos naranja claro. Con un cuchillo de cocina, corta las gominolas verdes en forma de «hierba», unas briznas más largas que otras. Coloca tres huevos junto a cada galleta de dinosaurio e inserta unas cuantas briznas de hierba entre los huevos. Introduce los cupcakes en el frigorífico durante 30 minutos para que la cobertura adquiera consistencia. Es mejor comer los cupcakes el día que se decoran; consérvalos a temperatura ambiente.

Cupcakes de la jornada deportiva

Disfruta de tu deporte favorito con un trío de cupcakes muy sencillos de decorar. Se usan gránulos y fideos de colores para simular las texturas rugosas o peludas de las pelotas de varios deportes, cuyas costuras o juntas se aplican con mangas pasteleras y crema de mantequilla o se trazan con trozos de regaliz. Necesitarás una tanda de crema de mantequilla de merengue suizo (página 304) para decorar 24 cupcakes del diseño que elijas. Una vez decorados, los cupcakes se pueden conservar un día a temperatura ambiente en recipientes herméticos.

24 CUPCAKES POR RECETA

Cupcakes *home run*

Tiñe una taza de crema de mantequilla de rojo oscuro con colorante alimentario en gel o pasta e introdúcela en una manga pastelera con una boquilla normal pequeña (#3) insertada. Vierte gránulos redondos de caramelo blancos (*nonpareils*) en un bol. Con una espátula acodada, extiende una capa lisa de crema de mantequilla sin teñir sobre los cupcakes. Baña los cupcakes con cobertura en los gránulos. Aplica dos líneas curvas rojas en cada cupcake para simular las costuras de una pelota de béisbol, luego añade líneas más cortas perpendiculares a ambos lados de las líneas curvas para imitar los puntos cosidos. Introduce los cupcakes en el frigorífico durante 30 minutos para que la cobertura adquiera consistencia.

Cupcakes *match point*

Introduce una taza de crema de mantequilla sin teñir en una manga pastelera con una boquilla normal pequeña (#6) insertada. Vierte fideos de caramelo amarillos en un bol. Con una espátula acodada, extiende una capa lisa de crema de mantequilla sobre los cupcakes. Baña los cupcakes con cobertura en los fideos. Aplica dos líneas curvas amarillas en cada cupcake para simular las juntas de una pelota de tenis. Introdúcelos en el frigorífico durante 30 minutos para que la cobertura adquiera consistencia.

Cupcakes *slam dunk*

Introduce gránulos de caramelo (*nonpareils*) redondos de color naranja en un bol. Con una espátula acodada, extiende una capa lisa de crema de mantequilla sin teñir sobre los cupcakes. Baña los cupcakes con cobertura en los gránulos. Corta cordones de regaliz en 96 trozos (de unos 7,5 cm). Coloca tres trozos de regaliz paralelos sobre cada cupcake: uno recto en el centro y los dos exteriores curvados hacia fuera. Añade un cuatro trozo de regaliz que cruce los otros tres. Con cuidado, presiona el regaliz en la cobertura para que se adquiera. Introduce los cupcakes en el frigorífico 30 minutos para que la cobertura adquiera consistencia.

Cupcakes con *pretzels*

Los *pretzels* dan un acabado decorativo a estos preciosos cupcakes de perro, mariposa, manzana y búho. Necesitarás una receta de crema de mantequilla de merengue suizo (página 304) para hacer 24 cupcakes. Consulta Proveedores, en la página 342, para encontrar los caramelos que hemos usado aquí. Introduce los cupcakes decorados en el frigorífico durante 30 minutos y sírvelos a temperatura ambiente el mismo día que los prepares. **24 CUPCAKES POR RECETA**

CACHORRO JUGUETÓN Con una espátula, extiende una capa lisa de crema de mantequilla sobre los cupcakes. Con un cuchillo de cocina, recorta tiras de golosina ácida y roja para que parezcan lenguas con un extremo redondeado; colócalas en la parte inferior de la superficie del cupcake, centradas y dobla un poco la punta hacia delante. Rompe por la mitad lazos pequeños; presiona dos trozos curvos en cada cupcake para simular las orejas. Parte la zona curva en forma de W de otros lazos, coloca las partes redondeadas justo encima de la lengua, solapándola ligeramente. Utiliza botones de regaliz negros para la nariz y caramelos pequeños recubiertos de chocolate para los ojos.

MARIPOSAS VOLANDO Tiñe ½ taza de crema de mantequilla azul claro con colorante; las 4 ½ tazas restantes tíñelas de verde claro. Extiende una capa lisa de crema verde sobre los cupcakes. Presiona dos pequeños lazos *pretzels* con los extremos curvos hacia abajo sobre el centro de cada cupcake, serán las alas. La cabeza, será una bola de chocolate recubierta de caramelo. Corta cordones de regaliz negro en secciones de 13 mm y desliza dos trozos debajo de cada cabeza: las antenas. Empezando desde la cabeza, con crema de mantequilla azul y una boquilla normal pequeña (#4), aplica puntos cada vez menores hasta llegar al final de los lazos: ya tendrás los cuerpos.

MANZANA ROJA Y DELICIOSA

Tiñe crema de mantequilla de rojo con colorante alimentario en gel o pasta. Con una espátula acodada, extiende crema de mantequilla sobre los cupcakes (los cupcakes de compota de manzana y especias de la página 55 son una buena opción) y alísala dándole forma abovedada. Usa un cuchillo de cocina para recortar tiras de gominola ácida y verde y darles forma a 24 hojas. Parte 12 palillos salados pequeños por la mitad; inserta una mitad en cada cupcake para que parezca el tallo de la manzana y dispón las hojas de gominola al lado.

BÚHOS SABIOS

Tiñe la mitad de la crema de mantequilla de marrón. Extiende una capa sin teñir sobre los cupcakes. Corta las partes curvas de *pretzel* pequeños y resérvalas para los picos. Coloca la parte restante de los *pretzels* en el centro. Rellena una manga con una boquilla de hoja pequeña (#66) con crema de mantequilla normal y marrón, introdúcelas en la manga en paralelo. Empieza a aplicar «plumas» alrededor del *pretzel* y trabaja hacia el exterior hasta que cubras todo el cupcake. Inserta los picos con el extremo partido hacia abajo. Derrite 30 gramos de chocolate semiamargo y viértelo en un cucurucho de papel (consulta la página 298); aplica los ojos.

Cupcakes de escarabajos y mariposas

Sacia la curiosidad natural de los niños por el mundo de los insectos con cupcakes transformados ingeniosamente en escarabajos y mariposas. **PARA 24 CUPCAKES**

24 cupcakes de chocolate de un cuenco (página 152)

+

Crema de mantequilla de merengue suizo (página 304)

+

Colorante alimentario en gel o pasta (rosa, azul, amarillo y verde, en la imagen)

1 bolsa pequeña (unos 140 gramos) de cordones de regaliz negro

24 golosinas redondas

1. Divide la crema de mantequilla de manera equitativa en cinco cuencos pequeños; deja una porción sin teñir y tiñe el resto de un color distinto con colorantes alimentarios. Con un cuchillo de sierra (y un movimiento de aserrado suave), corta la parte superior abovedada de los cupcakes ya enfriados y aprovecha esta parte cortada por la mitad para hacer las alas.

2. Con una espátula acodada, extiende crema de mantequilla teñida o sin teñir sobre los cupcakes planos. Coloca las alas sobre la crema y presiónalas con cuidado para que se adhieran. Para elaborar los escarabajos, pega las alas con la parte abovedada hacia arriba, une una esquina de cada ala justo en el borde del cupcake y separa las otras esquinas de manera que las alas queden extendidas. Para crear las mariposas, pega las alas con el lado del corte hacia arriba y los bordes redondeados en el centro de los cupcakes. Introdúcelos en el frigorífico para que la cobertura se endurezca, durante unos 30 minutos. Puedes guardarlos dentro de recipientes herméticos en el frigorífico hasta 2 días; espera a que alcancen la temperatura ambiente antes de seguir decorándolos.

3. Corta tiras de regaliz de unos 4 cm en diagonal (48 trozos). Utiliza un palillo para abrir dos agujeros a lado y lado de la superficie de las golosinas redondas. Inserta el extremo puntiagudo de una tira de regaliz en cada agujero para que parezcan antenas. Pega la cabeza en el cupcake con una gota de crema de mantequilla.

4. Decora las alas como prefieras: extiende crema de mantequilla sobre las alas (o no las cubras). Con mangas pasteleras con acopladores y boquillas normales de varios tamaños (por ejemplo, #2, #7 y #11), añade puntos a las alas. Es mejor servir los cupcakes el día que se decoran; consérvalos a temperatura ambiente.

PEGAR LAS «ALAS» DE LOS INSECTOS

AÑADIR DETALLES DECORATIVOS

Cupcakes de pollito de coco

Estos cupcakes son tan apropiados para una fiesta de cumpleaños como para celebrar la Pascua. Para decorarlos, primero hay que invertir los cupcakes, luego se cubren con capas generosas de cobertura y coco tostado. Los adornos de caramelo y almendras completan el disfraz. La cobertura mantiene los cupcakes sujetos sobre un plato plano. Si no tienes vainas de vainilla, aumenta la cantidad de extracto puro de vainilla en una cucharada. **PARA 20 CUPCAKES**

PARA LOS CUPCAKES

Espray de cocina antiadherente

360 g (3 tazas) de harina

1 cucharada de polvo de hornear

½ cucharadita de sal

175 g de mantequilla sin sal a temperatura ambiente

290 g de azúcar

2 vainas de vainilla cortadas a lo largo, con las semillas raspadas y reservadas

Ralladura fina de 2 limones (unas 2 cdas.)

3 huevos grandes a temperatura ambiente

240 ml (1 taza) de suero de leche

2 cucharaditas de extracto puro de vainilla

PARA LA DECORACIÓN

Crema de mantequilla de merengue suizo (página 340)

800 g (4 paquetes de 200 g) de coco rallado, con azúcar y ligeramente tostado (consulta la página 323)

1 cordón de regaliz negro (24 cm) cortado en 40 trozos de 6 mm

20 almendras enteras crudas

⅓ de taza de caramelos de regaliz recubiertos de caramelo rojo (unos 140 trozos) o trozos de 1-2 cm de cordón de regaliz rojo

1. Prepara los cupcakes: precalienta el horno a 180 °C. Coloca cápsulas de papel en moldes para muffins y pulverízalos con espray. Mezcla la harina, el polvo de hornear y la sal. Con una batidora a velocidad media-alta, trabaja la mantequilla, el azúcar, las semillas de vainilla y la ralladura hasta que la mezcla sea blanquecina y esponjosa. Reduce a la velocidad media; añade los huevos de uno en uno, bate cada uno para incorporarlo y raspa el cuenco cuando convenga. Reduce a la velocidad baja; agrega la mezcla de la harina en tres tandas alternándolas con dos tandas de suero de leche. Vierte el extracto de vainilla y bátelo.

2. Reparte la masa entre los moldes hasta los ¾. Hornea y gira los moldes a la mitad de la cocción. Cuando el probador salga limpio, en unos 20 minutos, traslada los moldes a rejillas para que se enfríen 10 minutos; coloca los cupcakes sobre rejillas para que se enfríen completamente.

3. Decora los cupcakes: con cuidado, retira las cápsulas a los cupcakes ya enfriados. Extiende crema de mantequilla sobre un cupcake; dale la vuelta y colócalo sobre un plato pequeño. Con una espátula acodada, extiende crema de mantequilla por los lados del cupcake, luego extiende más crema y de manera generosa sobre la base invertida para darle forma abovedada.

4. Introduce el coco tostado en un cuenco. Sujetando el plato del cupcake ladeado sobre el cuenco, presiona el coco sobre la cobertura del cupcake y deja que el coco sobrante caiga de nuevo en el cuenco.

5. Con unas pinzas de cocina, presiona 2 trozos de regaliz negro en cada cupcake para hacer los ojos. Inserta una almendra para simular un pico. Dispón 3 caramelos de regaliz rojos sobre el cupcake, que serán la cresta, y 2 a cada lado de la base, que serán las patas. Es mejor servir los cupcakes el día que se decoran; consérvalos a temperatura ambiente.

COBERTURA DE LOS CUPCAKES INVERTIDOS

Cupcakes de payaso

Deja que hagan un poco el payaso con estos cupcakes tan agradecidos convertidos en payasos con gránulos y caramelos de colores. Los trozos de bizcocho en forma de cono extraídos del centro de los cupcakes se transforman en puntiagudos sombreros que descansan sobre cabezas (y barrigas ocultas) de cobertura cremosa aplicadas con manga pastelera. **PARA 24 CUPCAKES**

24 cupcakes de suero de leche amarillos (página 26)

+

Crema de mantequilla de merengue suizo (página 304)

+

Gránulos multicolor (*nonpareils*)

1400 g de gominolas pequeñas sin cobertura, por ejemplo Dots

24 caramelos de canela pequeños, como Red Hots

Fideos de chocolate

1. Para hacer el sombrero, corta un círculo en el centro de cada cupcake con un cuchillo de cocina. Sujeta el cuchillo ligeramente inclinado y recorta un cono mientras rotas el cupcake.

2. Con una manga pastelera con solo un acoplador normal insertado, aplica crema de mantequilla sin teñir en la cavidad de cada cupcake y forma un montoncito encima que será la cabeza. Introdúcelo 30 minutos en el frigorífico para que la cobertura adquiera consistencia.

3. Inserta una boquilla normal pequeña (#7) para aplicar un pompón de cobertura encima de los conos; baña el pompón en un cuenco lleno de gránulos multicolor y rebózalo completamente. Coloca los conos encima de las cabezas de crema de mantequilla con la punta hacia arriba. Dispón gominolas alrededor de la base de las cabezas, parecerá el cuello de volantes de un payaso. Para simular la nariz, presiona un caramelo de canela en el centro de la cara. Con unas pinzas de cocina, inserta dos gránulos de chocolate que serán los ojos. Sírvelos enseguida.

ELABORACIÓN DE LOS PAYASOS

Cupcakes en cucurucho con helado

Horneados dentro de cucuruchos de galleta, estos cupcakes ocultos reúnen las virtudes de una copa de helado en un dulce formato que no se derrite. Los cucuruchos se adornan con crema de mantequilla y las coberturas habituales: nata montada, gránulos de colores, frutos secos troceados, chocolate derretido e incluso guindas para coronarlos. Si sobra masa puedes hornearla en moldes de minimuffins. **PARA 12 CUPCAKES**

PARA LOS CUPCAKES

12	cucuruchos de galleta
180 g	(1 ½ tazas) de harina normal
1	cucharadita de polvo de hornear
½	cucharadita de sal
115 g	(½ taza) de mantequilla sin sal a temperatura ambiente
190 g	(1 taza) de azúcar
3	huevos grandes
1 ½	cucharaditas de extracto puro de vainilla
180 ml	(¾ de taza) de leche

PARA LA DECORACIÓN

Crema de mantequilla de merengue suizo (página 304) y la cantidad de ½ receta de la variante de chocolate (opcional; página 305)

Colorante alimentario en gel o pasta (opcional; rosa, en la imagen)

Chocolate derretido (consulta la página 323)

Cacahuetes salados, tostados y troceados

Guindas al *maraschino*

Gránulos de azúcar variados

1. Precalienta el horno a 180 °C. Extrae la parte central de un molde de corona de 30 cm y cúbrelo con una capa doble de papel de aluminio grueso. Con un palillo o un cuchillo de cocina, abre 12 agujeros en el aluminio con una separación de 6 cm entre uno y otro. Clava un cucurucho en cada agujero cuidadosamente hasta que solo se vean 2,5 cm.

2. Prepara los cupcakes: tamiza la harina, el polvo de hornear y la sal juntos. Con una batidora eléctrica a velocidad media-alta, trabaja la mantequilla y el azúcar hasta que la mezcla sea ligera y esponjosa. Añade los huevos de uno en uno, batiendo hasta integrar y raspa el

PREPARACIÓN DE LOS CUCURUCHOS PARA HORNEARLOS EN POSICIÓN VERTICAL

cuenco cuando convenga. Vierte y bate la vainilla. Agrega la mezcla de la harina en tres tandas alternándolas con dos tandas de leche y batiendo para integrar. Rellena los cucuruchos con 2 o 3 cucharadas de masa. Hornéalos y gira los moldes a la mitad de la cocción. Cuando el probador salga limpio, en unos 18-20 minutos, traslada el molde a una rejilla para que se enfríe.

3. Decora los cupcakes: si quieres, tiñe un poco de crema de mantequilla de rosa. Utiliza una cuchara de helado para poner crema de mantequilla (normal o rosa) sobre los cupcakes, luego adórnalos con gránulos. Para hacer cucuruchos «cremosos», usa una manga con un acoplador (o una boquilla normal grande) para aplicar crema de mantequilla en forma de remolino en los cucuruchos, luego decóralos con gránulos multicolor. Si prefieres cucuruchos *sundae*, vierte chocolate derretido sobre la crema de mantequilla, rocíalo con trozos de cacahuete y corónalo con una guinda. Para los cucuruchos con remolino, introduce crema de mantequilla normal y de chocolate en paralelo dentro de una manga pastelera con una boquilla de estrella abierta (Ateco #828) y aplica remolinos bicolor. Sírvelos enseguida.

Cupcakes en rebaño de ovejas

Contar ovejas nunca había sido tan divertido. Las ovejas de minimalvaviscos son encantadoras por sí solas, pero para lograr una presentación superespecial, puedes reunir al rebaño en un prado cubierto con fondant y vallado con una cerca de madera construida con cucharillas de café (consulta el cuadrado de abajo).

PARA 12 CUPCAKES

12 cupcakes blancos (página 154)

+

Crema de mantequilla de merengue suizo (página 304)

+

Colorantes alimentarios rosa y negro en gel o pasta

115 g aproximadamente (2 tazas) de malvaviscos de tamaño mini cortados por la mitad

1. Con los colorantes alimentarios, tiñe ¼ de taza de crema de mantequilla de rosa claro y ¼ de taza de negro. Introduce las cremas teñidas en mangas pasteleras con acopladores insertados. Utiliza una espátula acodada para extender una capa lisa de crema sin teñir sobre los cupcakes. Introduce la crema sin teñir que sobra en una manga pastelera con un acoplador.

2. Empieza a aplicar una cabeza en forma de pera desde el centro de los cupcakes con crema de mantequilla sin teñir. Debes aumentar la presión cuando retires la manga. Inserta una boquilla de hoja en V pequeña (#352) y haz las orejas. Añade ojos negros y una nariz y una boca rosa claro con una boquilla normal fina (#1).

3. Coloca 3 trozos de malvavisco con los lados cortados hacia abajo sobre la cabeza de cada oveja. Trabaja desde la base de la cabeza hacia el exterior para cubrir el resto del cupcake con los trozos de malvavisco, los lados cortados hacia abajo. Introduce los cupcakes en el frigorífico durante 30 minutos para que la cobertura adquiera consistencia. Puedes guardarlos hasta 4 horas en recipientes herméticos dentro del frigorífico; espera a que alcancen la temperatura ambiente antes de servirlos.

ELABORACIÓN DEL PRADO

Humedece un poco una tabla de espuma de poliestireno de 23 × 30 × 1 cm; sacude el exceso de agua. Extiende 455 g de fondant sin teñir con un rodillo (consulta la página 299) hasta formar un rectángulo de 28 × 35 cm. Levanta el fondant y colócalo sobre la tabla. Alisa la superficie; recorta el exceso de fondant con un cortador de pizza. Para construir los postes, corta cucharillas de café de madera por la mitad y pégalas con pegamento caliente alrededor del perímetro de la base. Para hacer la barra, pega cucharillas de café perpendicularmente sobre la mitad superior del poste, alternando una dentro y una fuera. Sujeta una cinta *grosgrain* ancha alrededor de la base de la valla con pegamento caliente.

APLICACIÓN DE LA CABEZA Y LAS OREJAS DE UNA OVEJA

PEGADO DE LA «LANA» DE MALVAVISCO

Cupcakes de zanahoria con jarabe de arce

Esta receta se ideó como una versión más sana para servirla en fiestas de cumpleaños infantiles. Endulzados con tan solo una combinación de jarabe de arce y melaza, los jugosos cupcakes de zanahoria seguro que atraen tanto a grandes como a pequeños. Se acompañan con una cobertura ácida y ligeramente dulce de queso crema y jarabe de arce: una opción mejor para aquellos pendientes del contenido de azúcar refinado. Los minicupcakes solo contienen una gota de cobertura y una chip de zanahoria confitada, mientras que los cupcakes de tamaño estándar se decoran con una cantidad generosa de cobertura. **PARA 12 CUPCAKES ESTÁNDAR Y 24 MINI**

300 g	(2 ½ tazas) de harina normal integral
2	cucharaditas de bicarbonato sódico
½	cucharadita de polvo de hornear
½	cucharadita de sal
1	cucharada de canela en polvo
240 m	(1 taza) de jarabe de arce puro, preferiblemente de grado B
80 ml	(⅓ de taza) de melaza sin clarificar
240 ml	(1 taza) de aceite de cártamo o de colza
1	cucharadita de vinagre de sidra
5	yemas de huevos grandes
100 g	(2 tazas, 4 o 5 medianas) de zanahorias peladas y ralladas
	Cobertura de jarabe de arce y queso crema (receta a continuación)
	Chips de zanahoria confitada (página 322)

1. Precalienta el horno a 190 °C. Coloca cápsulas de papel en moldes para muffins de tamaño estándar y mini. En un cuenco grande, mezcla la harina, el bicarbonato sódico, el polvo de hornear, la sal y la canela. En otro cuenco, bate el jarabe de arce, la melaza, el aceite, el vinagre y las yemas hasta que la mezcla sea suave. Añade la mezcla de la harina y remuévelo hasta integrarlo. Agrega la zanahoria rallada y mézclala.

2. Reparte la masa por igual en los moldes hasta rellenar tres cuartos de la capacidad. Hornea los cupcakes y gira los moldes a la mitad de la cocción. Espera a que estén dorados y el probador de pasteles que insertes en el centro de los cupcakes salga limpio, en unos 10-12 minutos en el caso de los mini y 18 minutos para los estándar. Traslada los moldes a rejillas de alambre para que se enfríen completamente antes de extraer los cupcakes. Puedes conservar los cupcakes hasta 3 días a temperatura ambiente o bien congelarlos durante 1 mes, siempre dentro de recipientes herméticos.

3. Por último, introduce la cobertura en una manga pastelera con una boquilla normal pequeña (#7). Aplica puntos para cubrir todos los cupcakes estándar. Debes trabajar en círculos desde el centro hacia el exterior. Añade un punto en el centro de los minicupcakes y corónalo con una chip de zanahoria. Sírvelos enseguida.

COBERTURA DE JARABE DE ARCE Y QUESO CREMA
PARA 12 CUPCAKES ESTÁNDAR Y 24 MINI

455 g	de queso crema a temperatura ambiente
60 ml	(¼ de taza) de jarabe de arce puro, preferiblemente de grado B

Con una batidora eléctrica a velocidad media-alta, bate el queso crema hasta que esté esponjoso. Añade el jarabe de arce y bátelo hasta mezclarlos. Úsalo enseguida o introdúcelo en el frigorífico, donde se conservará hasta 3 días en recipientes herméticos; espera a que alcance la temperatura ambiente y remuévelo hasta que esté suave: ya puedes usarlo.

Cupcakes-oruga

Aquí hemos usado un cupcake gigante para la cabeza de esta oruga y una docena de tamaño estándar para el cuerpo; el resto de cupcakes estándar se pueden decorar con cobertura para servirlos al lado o bien seguir las instrucciones que aparecen a continuación para añadirlos a la oruga y así servir a más invitados. Aunque también puedes diseñar dos orugas horneando la masa en dos moldes gigantes y en 26 estándar. **PARA 1 CUPCAKE GIGANTE Y 28 ESTÁNDAR**

PARA LOS CUPCAKES

- 300 g (2 ½ tazas) y 2 cucharadas de harina
- 110 g (1 taza) y 2 cucharadas de cacao en polvo alcalinizado sin azúcar
- 2 cucharaditas de bicarbonato sódico
- ⅛ de cucharadita de sal
- 115 g (1 taza) y 2 cucharadas de mantequilla sin sal a temperatura ambiente
- 190 g (1 taza) de azúcar granulado
- 180 g (1 taza) de azúcar moreno oscuro compacto
- 3 huevos grandes a temperatura ambiente
- 180 ml (¾ de taza) de crema agria
- 360 ml (1 ½ tazas) de suero de leche

PARA LA DECORACIÓN

- 425 g de fondant
- Colorantes alimentarios en gel o pasta (en la imagen: verde, amarillo, azul claro y rojo)
- Harina de maíz para espolvorear
- Crema de mantequilla de merengue suizo (página 304)
- 2 minibastones de caramelo de Navidad (o regaliz o palitos *pretzel*)

1. Prepara los cupcakes: precalienta el horno a 180 °C. Coloca cápsulas de papel en 28 cavidades de moldes para muffins de tamaño estándar y en una cavidad de un molde para muffins gigantes.

2. Con una batidora eléctrica a velocidad media-alta, trabaja la mantequilla y el azúcar granulado hasta que la mezcla sea blanquecina y esponjosa. Añade el azúcar moreno y bátelo hasta que esté esponjoso. Introduce los huevos de uno en uno, bate cada uno que agregues para incorporarlo y raspa el cuenco cuando convenga. Vierte la crema agria y mézclala. Reduce a la velocidad baja. Agrega la mezcla de la harina en tres tandas alternándolas con dos tandas de suero de leche batiendo solo hasta unirlo tras cada incorporación.

3. Reparte la masa por igual en los moldes forrados hasta rellenar tres cuartos de la capacidad. Hornea los cupcakes y gira los moldes a la mitad de la cocción. Espera a que los cupcakes estén firmes al tacto y el probador de pasteles que insertes en el centro de los cupcakes salga limpio, en unos 25-30 minutos. Traslada los moldes a rejillas de alambre para que se enfríen completamente antes de extraer los cupcakes. Puedes conservar los cupcakes toda una noche a temperatura ambiente o bien congelarlos durante 2 meses, siempre dentro de recipientes herméticos.

4. Decora los cupcakes: tiñe de verde el fondant con el colorante alimentario en gel o pasta (consulta las instrucciones de la página 299) y extiéndelo con el rodillo sobre una superficie de trabajo ligeramente espolvoreada con harina de maíz hasta que tenga un grosor de poco más de 3 mm. Con cortadores de galletas, recorta un círculo de 11 cm y doce de 9,5 cm. Separa dos tazas de crema de mantequilla en dos cuencos; tiñe la mitad de amarillo y la otra mitad de azul claro con colorantes alimentarios. Introduce las cremas teñidas en mangas con boquillas normales pequeñas (#3) insertadas. Luego tiñe ¼ de taza de crema de mantequilla de color rojo e introdúcela en una manga con una boquilla normal fina (#1). Extiende una capa fina de crema de mantequilla normal sobre los cupcakes e introduce la crema sin teñir que sobre en una manga con otra boquilla normal pequeña (#2). Coloca un círculo de fondant sobre cada cupcake, presiónalo ligeramente para adherirlo y moldéalo suavemente para que encaje.

CONTINUACIÓN>>

5. Para elaborar la cabeza, aplica dos puntos amarillos para los ojos en la superficie de un cupcake gigante, luego añade dos puntos pequeños blancos, que serán las pupilas. Con una brocheta o un palillo, abre dos orificios sobre los ojos e inserta los bastones de caramelo para simular dos antenas. Con la crema de mantequilla roja, dibuja la boca. En la mitad superior del cupcake añade puntos alternando el color amarillo y el azul claro. Sigue haciendo puntos amarillos y azules por toda la superficie del resto de cupcakes, luego añade puntitos blancos encima. Introduce los cupcakes 30 minutos en el frigorífico para que la cobertura adquiera consistencia. Puedes guardar los cupcakes durante un día a temperatura ambiente y en recipientes herméticos.

6. Ordena 12 cupcakes estándar uno junto al otro formando una línea curva, el cupcake gigante en primer lugar. Presenta el resto de los cupcakes como prefieras.

RECORTAR Y PEGAR CÍRCULOS DE FONDANT

APLICACIÓN DE DETALLES DECORATIVOS SOBRE EL FONDANT

Juguetes decorativos

Dar con elementos decorativos fabulosos para cupcakes puede resultar tan sencillo como visitar una juguetería. Aquí mostramos una colección de dinosaurios diminutos pisoteando campos verdes de crema de mantequilla que entretendrán a niños y niñas en una fiesta de cumpleaños, pero puedes copiar esta idea con otros objetos decorativos pequeños. Además, puedes darlos como un pequeño recuerdo del día (asegúrate de retirar y enjuagar los juguetes antes de servir los cupcakes a los niños). Para decorarlos, tiñe crema de mantequilla de merengue suizo (página 304) de color verde con colorante alimentario en gel o pasta. Con la ayuda de una espátula acodada, extiende una cantidad generosa de crema sobre los cupcakes; inserta los juguetes decorativos.

festivos

No hay nada que produzca más felicidad que una hornada de cupcakes festivos decorados con las mejores galas. En este apartado, encontrarás cupcakes ideados artísticamente para los días señalados de todo año, para los jóvenes, y los jóvenes de corazón. Algunos parecen muy sencillos, con solo unos pocos gránulos repartidos de manera creativa, otros requieren un poco más de técnica. Todos resultan muy divertidos de preparar, a los niños les entusiasmará decorarlos con los elementos de cada temporada elaborados con cobertura, mazapán o incluso caramelos. Hay cupcakes para todo el año, desde el «reloj» de Fin de Año hasta el muñeco de nieve de malvaviscos y muchos más. Así que podrás regalarle dulces de San Valentín a esa persona especial y compartir cupcakes disfrazados de duendes y monstruitos en Halloween. Y como el año llega a su fin, las figuritas de mazapán sobre cupcakes nevados reparten a todos y cada uno su alegría invernal.

Cupcakes-reloj de Fin de Año

Sigue la cuenta atrás para el nuevo año con doce cupcakes, cada uno con una hora y dispuestos en forma de reloj. Las manecillas se elaboran con un diseño reproducible que puedes copiar en papel y recortar fácilmente (consulta la página 340). Este reloj tiene un aspecto atemporal gracias a los números romanos, pero puedes usar el estilo de números que más te guste. Tal vez quieras intentar qué tal se te da escribir «Feliz Año Nuevo» manualmente con la manga pastelera en otro grupo de cupcakes (o simplemente servirlos con cobertura al lado); en este caso, tendrás que preparar una tanda entera de crema de mantequilla. **PARA 12 CUPCAKES**

12 cupcakes, como los de suero de leche amarillos (página 26) o los de chocolate de un cuenco (página 152)

+

La cantidad de ½ receta de crema de mantequilla de merengue suizo (página 304)

+

60 g de chocolate semiamargo derretido y enfriado (consulta la página 323)

1. Con una espátula acodada, extiende una capa generosa de crema de mantequilla sobre cada cupcake, luego alisa los bordes y aplana la superficie.

2. Vierte el chocolate semiamargo derretido en un cucurucho de papel (consulta la página 298) y aplica los números romanos en los cupcakes. (Quizás prefieras practicar la aplicación de los números en un trozo de papel de hornear antes de decorar los cupcakes. Vuelve a introducir el chocolate en el cucurucho cuando termines para reutilizarlo.) Introduce los cupcakes 30 minutos en el frigorífico para que la cobertura adquiera consistencia. Los cupcakes se conservan hasta 3 días en recipientes herméticos y en el frigorífico; espera a que alcancen la temperatura ambiente antes de servirlos.

3. Para servirlos, dispón los cupcakes sobre una bandeja o una fuente grande (forrada con papel de hornear o de otro tipo, si quieres) de modo que parezca un reloj y coloca las manecillas del reloj impresas en el centro.

Cupcakes de San Valentín

Los cupcakes caseros son una verdadera muestra de amor o amistad para celebrar el 14 de febrero. Estos cupcakes son muy sencillos de decorar y (salvo el de brownie) se pueden preparar con dos docenas de cupcakes de cualquier sabor. **PARA 24 CUPCAKES POR RECETA**

VALENTINES ESCRITOS A MANO

Inspirados en los dulces de chocolate rellenos de crema que venden en los supermercados y gozan de tan buena acogida, estos cupcakes son divertidos a la par que sofisticados. Prepara glaseado de ganache de chocolate (página 312). Moja los cupcakes en el glaseado, deja caer el exceso de glaseado, gíralos y espera 30 minutos a que adquieran consistencia. Introduce 60 gramos de chocolate blanco derretido y enfriado en un cucurucho de papel (consulta la página 298); escribe mensajes sobre los cupcakes de izquierda a derecha sin detenerte (practica antes sobre un papel de hornear). Puedes guardar los cupcakes un máximo de 2 días a temperatura ambiente dentro de recipientes herméticos.

BESOS Y ABRAZOS
Estos cupcakes tienen un aspecto realmente encantador si los presentas alternando los diseños. Con una espátula acodada, extiende una capa lisa de crema de mantequilla de merengue suizo (página 304) sobre los cupcakes. Presiona pequeños caramelos rojos de canela (necesitarás más o menos ¾ de taza) sobre la cobertura formando aspas, círculos y corazones. Los cupcakes con cobertura se pueden guardar en el frigorífico hasta 3 días en recipientes herméticos; espera a que alcancen la temperatura ambiente y adórnalos con caramelos justo antes de servirlos.

CORAZONES DE BROWNIE ¿Qué mejor regalo para un amante del chocolate que unos brownies en forma de corazón colocados sobre la cobertura de cupcakes de brownie? Prepara la receta del brownie de la página 322; da para 2 docenas de cupcakes y un cuadrado de 20 cm para los corazones. Con una espátula, extiende sobre los cupcakes la cobertura esponjosa de vainilla (página 302) teñida de rosa con colorante en gel o pasta. Recorta corazones en el brownie cuadrado con un cortador de galletas de un poco menos de 4 cm. Coloca los corazones sobre la cobertura de los cupcakes y presiónalos ligeramente para que se adhieran. Los cupcakes decorados se conservan en el frigorífico hasta 3 días en recipientes herméticos. Sirve a temperatura ambiente.

CORAZONES DE CARAMELO ESPOLVOREADOS Si no dispones de mucho tiempo o si preparas dulces para mucha gente puedes confiar en estos cupcakes de decoración sencilla. Con una espátula acodada, extiende sobre los cupcakes la cobertura esponjosa de vainilla (página 302) y espolvorea encima pequeños corazones de caramelo (consulta Proveedores en la página 342). Los cupcakes con cobertura se conservan en el frigorífico hasta 3 días en recipientes herméticos; espera a que alcancen la temperatura ambiente y espolvorea los corazones de caramelo justo antes de servirlos.

Cupcakes de San Patricio

Comparte la suerte de los irlandeses con estos cupcakes decorados con tréboles reales y con una cobertura con sabor a Baileys, un licor elaborado con whisky irlandés, crema de leche y coco. Los tréboles deben retirarse antes de comer los cupcakes (asegúrate de usar solo tréboles sin pesticidas de un comercio de confianza o de tu jardín). También podrías decorar la superficie de los cupcakes con una plantilla de trébol, la encontrarás en tiendas especializadas en manualidades (consulta Proveedores, en la página 342), y azúcar de color verde.

PARA 24 CUPCAKES

24   cupcakes de una libra con azúcar moreno (página 60)

+

Cobertura de crema irlandesa Baileys (receta a continuación)

+

24-48   ramitos de tréboles de tres hojas cristalizados (opcional; consulta Flores cristalizadas en la página 322)

Con una espátula acodada, extiende una capa lisa de cobertura sobre los cupcakes. Los cupcakes se conservan en el frigorífico hasta 3 días en recipientes herméticos; espera a que alcancen la temperatura ambiente y decóralos con ramitos de uno o dos tréboles justo antes de servirlos.

COBERTURA DE CREMA IRLANDESA BAILEYS
PARA 24 CUPCAKES

345 g   (1 ½ tazas) de mantequilla sin sal a temperatura ambiente

450 g   de azúcar glas tamizado

3   cucharadas de licor de crema irlandesa Baileys

½   cucharadita de extracto puro de vainilla

1. Con una batidora eléctrica a velocidad media-alta, trabaja la mantequilla hasta que esté suave. Reduce a la velocidad baja. Añade el azúcar glas en tandas de ½ taza y bate bien cada vez raspando el cuenco cuando sea necesario, durante unos 5 minutos en total; cada dos tandas, aumenta la velocidad hasta la alta y bátelo durante 10 segundos (para airear la cobertura).

2. Añade el Baileys y la vainilla y bátelo todo hasta que esté bien mezclado y suave. Usa esta cobertura enseguida o introdúcela en el frigorífico, donde se conservará hasta 5 días en un recipiente hermético. Antes de usarla, espera a que alcance la temperatura ambiente y bátela a velocidad baja hasta que recupere la suavidad.

Cupcakes de conejo de Pascua Springerle

Los moldes Springerle, originarios de Alemania, se utilizan para hacer las galletas de Navidad con especias y de color blanco puro que llevan el mismo nombre. Aun así, los moldes de madera también son útiles para dar forma a fondant extendido y conseguir figuras para cupcakes en docenas de diseños detalladísimos, incluidos los conejos de Pascua. Tendrás que usar un molde Springerle con un diseño de 7 cm o menos. Busca moldes en tiendas especializadas de Internet o consulta Proveedores en la página 342. El fondant imita el color de las tradicionales galletas Springerle, pero si no lo encuentras, usa mazapán, que aunque no es blanco puedes teñirlo con colorante alimentario en gel o pasta (consulta las instrucciones de la página 299). **PARA 24 CUPCAKES**

24 cupcakes de zanahoria (página 25)

+

La cantidad de ½ receta de cobertura de queso crema (página 303)

+

340 g de fondant

Harina de maíz para espolvorear

1. Haz los conejos de fondant: con un rodillo pequeño y trabajando por tandas, extiende el fondant con un rodillo hasta que tenga un grosor de un poco más de 3 mm sobre una superficie de trabajo ligeramente espolvoreada con harina de maíz. Utiliza un pincel de repostería para espolvorear el molde con un poco de harina de maíz. Coloca el fondant sobre el molde. Con los dedos y cuidadosa pero firmemente, presiona el fondant sobre el molde para imprimirlo totalmente. Retira el molde. Dale la vuelta al fondant, que quede la imagen hacia arriba. Si el diseño presenta defectos, vuelve a trabajar y modelar el fondant. Usa un cortador de galletas de un poco más de 3 cm para cortar la figurita alrededor del diseño. Repite el proceso con el resto del fondant espolvoreando el molde con harina de maíz cada vez hasta que reúnas 24 figuritas redondas.

2. Decora los cupcakes: con una espátula acodada, extiende una capa fina de cobertura sobre los cupcakes. Coloca una figurita de fondant encima y presiónala muy suavemente por los bordes para adherirla. Los cupcakes decorados se conservan en el frigorífico hasta 2 días en recipientes herméticos. Sirve a temperatura ambiente.

ELABORACIÓN DE FIGURITAS DE FONDANT

Cupcakes de huevos de Pascua

Considera la opción de elaborar cupcakes decorativos en lugar de (o además de) los tradicionales huevos esta Pascua. Los diseños son muy sencillos de reproducir: se aplican varios colores pastel de glasa real sobre un cupcake, luego se arremolinan o se arrastran rápidamente con un palillo. Cambia los colores para preparar cupcakes para las fiestas de otras épocas del año: rojo y verde para Navidad, por ejemplo, o negro y naranja para Halloween. **PARA 24 CUPCAKES**

24 cupcakes de
  chocolate de un
  cuenco (página 152)

+

Glasa real
(página 315)

+

Colorantes
alimentarios rosa,
lavanda y amarillo
en gel o pasta

1. Utiliza un cuchillo de sierra para recortar la superficie de los cupcakes y así nivelarlos todos. Divide la glasa real en cuencos y tiñe cada parte de un color distinto con colorantes alimentarios en gel o pasta (según se indica en las instrucciones de la página 304). Introduce las glasas teñidas en cucuruchos de papel (consulta la página 298).

2. Para reproducir líneas corridas (como abajo a la izquierda) cubre los cupcakes con un color de glasa real y luego aplica más glasa real con el cucurucho para rellenar el interior. Trabaja con rapidez: aplica cuatro o cinco líneas paralelas con uno o dos colores diferentes de glasa

real encima del primer color. Con un palillo, traza líneas perpendiculares a las que has aplicado con el segundo color, una vez hacia arriba, otra hacia abajo y así.

3. Para conseguir un efecto arremolinado (como abajo a la derecha), cubre los cupcakes con un color de glasa real y aplica líneas serpenteantes dentro del primer color. Rápidamente, rellena los espacios con glasa real de otro color hasta cubrirlos completamente. Usa un palillo para arremolinar los colores.

4. Deja que la glasa real adquiera consistencia durante unos 30 minutos. Los cupcakes bañados se pueden guardar un día a temperatura ambiente en recipientes herméticos (no en el frigorífico).

CREACIÓN DE LÍNEAS
CORRIDAS Y DISEÑOS
ARREMOLINADOS

Cupcakes de chocolate y nueces para la Pascua judía

Durante la Pascua judía, la prohibición de comer cualquier agente leudante (incluida la harina de trigo) puede limitar enormemente las opciones de los pasteleros. Pero en el caso de estos cupcakes, inspirados en las tartas de la Europa del Este, son las claras de huevo las que leudan y se usan nueces molidas en vez de harina normal, lo cual los convierte en una opción maravillosa para el Séder u otra reunión. También son idóneos en cualquier época del año para los que padezcan intolerancia al gluten. **PARA 26 CUPCAKES**

6 huevos grandes con las claras y las yemas por separado

45 g (¼ de taza) y 3 cucharadas de azúcar granulado

170 g (1 ¾ tazas) de nueces molidas finas y tostadas (consulta la página 323)

90 g de chocolate semiamargo, kósher si quieres, en trozos muy pequeños o si no rallado

1 cucharada de ralladura muy fina de naranja

¼ de cucharadita de sal

Azúcar glas para espolvorear

1. Precalienta el horno a 150 °C. Coloca cápsulas de papel en moldes para muffins de tamaño estándar. Con una batidora eléctrica a velocidad media-alta, monta las yemas y ¼ de taza de azúcar granulado hasta que la mezcla sea blanquecina y densa. En otro cuenco, mezcla las nueces molidas, el chocolate, la ralladura y la sal. Rocía la mezcla de las yemas por encima; no lo mezcles.

2. Introduce las claras de huevo en un cuenco resistente al calor sobre una olla con agua hirviendo a fuego lento y móntalas hasta que estén calientes al tacto. Retíralas del fuego. Con una batidora eléctrica a velocidad alta, móntalas hasta que se formen picos blandos. Añade las 3 cucharadas que sobran de azúcar granulado y móntalo hasta lograr picos firmes y brillantes (pero no secos). Realizando movimientos envolventes, remueve un tercio de la mezcla de las claras con la mezcla de las yemas para aligerar la consistencia. Con cuidado, añade el resto de las claras y remuévelo también con movimientos envolventes.

3. Reparte la masa por igual en los hoyos forrados de los moldes hasta rellenar tres cuartos de la capacidad. Hornea los cupcakes y gira los moldes a la mitad de la cocción. Espera a que estén elásticos al tacto, en unos 30 minutos. Traslada los moldes a rejillas de alambre para que se enfríen durante 10 minutos; extrae los cupcakes y colócalos sobre rejillas, donde deben enfriarse completamente. Puedes conservar los cupcakes hasta 2 días a temperatura ambiente dentro de recipientes herméticos. Espolvoréalos con azúcar glas justo antes de servirlos.

Cupcakes de colibrí del Día de la Madre

Algunos aseguran que el pastel de colibrí, una especialidad del sur de los Estados Unidos repleta de trozos de piña, plátano, coco y nueces, se ganó este nombre porque cada uno de sus bocados extraterrenales te hacen zumbar de dicha. Otros cuentan que el pastel es tan dulce como el agua azucarada que se usa para atraer a estos pajarillos. Adornados con «flores» de piña deshidratada, esta versión en forma de cupcakes es preciosa para el Día de la Madre. Para conseguir que las flores tengan forma ahuecada (como en la imagen de la página siguiente) enfríalas en moldes para muffins tal como se describe en la página 323 (en lugar de en una rejilla, como en la fotografía de abajo). **PARA 40 CUPCAKES**

360 g (3 tazas) de harina normal

¾ de cucharadita de bicarbonato sódico

1 cucharadita de sal

1 cucharadita de canela en polvo

230 g (1 taza) de mantequilla sin sal derretida y enfriada

2 cucharaditas de extracto puro de vainilla

380 g (2 tazas) de azúcar

3 huevos grandes

460 g (2 tazas) de plátanos maduros triturados (unos 3 plátanos grandes)

80 g (1 taza más o menos) de nueces en trozos grandes y tostadas (consulta la página 323)

80 g (1 taza) de coco deshidratado sin azúcar (consulta Proveedores, en la página 342)

Cobertura de queso crema (página 303)

Flores de piña deshidratada (página 323)

1. Precalienta el horno a 180 °C. Coloca cápsulas de papel en moldes para muffins de tamaño estándar. Mezcla la harina, el bicarbonato sódico, la sal y la canela.

2. Con una batidora eléctrica a velocidad media-alta, trabaja la mantequilla, la vainilla y el azúcar hasta mezclarlo bien. Añade los huevos de uno en uno, bate cada uno que agregues para incorporarlo y raspa el cuenco cuando convenga. Sigue ba-

PREPARACIÓN DE LAS FLORES DE PIÑA DESHIDRATADA

tiendo hasta que la mezcla sea blanquecina y esponjosa.

3. En otro cuenco, remueve el plátano, la piña, las nueces y el coco. Añádelo todo a la mezcla del huevo y bátelo hasta integrarlo. Vierte la mezcla de la harina y remuévelo con una espátula flexible.

4. Reparte la masa por igual en los moldes hasta rellenar tres cuartos de la capacidad. Hornea los cupcakes y gira los moldes a la mitad de la cocción. Espera a que los cupcakes estén dorados y el probador de pasteles que insertes en el centro de los cupcakes salga limpio, en unos 25-28 minutos. Traslada los moldes a rejillas de alambre para que se enfríen completamente antes de extraer los cupcakes. Puedes conservarlos hasta 3 días a temperatura ambiente dentro de recipientes herméticos.

5. Para terminarlos, usa una espátula acodada pequeña para extender la cobertura sobre los cupcakes. Corónalos con una flor de piña deshidratada.

Cupcakes de la hora del té para el Día del Padre

Regálale a papá una hornada de cupcakes con temática golfística con *putting greens* y trampas de arena para celebrar su día. Los *minigreens* se adornan con azúcar de color verde, una pelota de golf de caramelo y una bandera hecha con cinta; migas de galletas Graham Cracker hacen las veces de arena. Puedes reproducir todo un campo de golf decorando dieciocho cupcakes con banderas con números diferentes y reservar los seis cupcakes restantes para imitar trampas de arena. **PARA 24 CUPCAKES**

24 cupcakes de suero de leche amarillos (página 26) o de chocolate de un cuenco (página 152)

+

Crema de mantequilla de merengue suizo (página 304)

+

280 g (1 o 2 tazas) de azúcar verde de grano grueso

18 caramelos redondos blancos, como los de menta recubiertos de caramelo (consulta Proveedores, en la página 342)

45 g (½ taza) de migas de galletas Graham (3-4, molidas finas en un robot de cocina)

1. Con una espátula acodada, extiende sobre los cupcakes una capa lisa de crema de mantequilla. Vierte el azúcar verde en un bol. Baña la parte superior de los cupcakes con crema en el azúcar y luego espolvorea un poco más encima para cubrirlos completamente.

2. Para reproducir los *putting greens*, haz banderas (necesitarás 18): corta trozos de cinta *grosgrain* blanca con una longitud de 8 a 10 cm. Dobla los trozos de cinta envolviendo un extremo de un palillo y pega los dos trozos de cinta con pegamento caliente o con una cinta de doble cara. Corta la cinta en forma de triángulo e inserta el palillo en un cupcake. Coloca un caramelo blanco pequeño al lado de la bandera para simular la pelota.

3. Para elaborar las trampas de arena, coloca una cucharadita de migas de galletas Graham en el centro de 6 cupcakes. Con el pulgar, forma un hueco en el centro de cada montón de migas, arrástralas hacia un costado para tener un lado más elevado o una trampa con forma irregular. Introduce los cupcakes durante 30 minutos en el frigorífico para que la cobertura adquiera consistencia.

Cupcakes del Cuatro de Julio

Pequeñas estrellas de crema de mantequilla azul y rayas de regaliz rojo crean una hornada de cupcakes muy americanos para celebrar el Día de la Independencia de los Estados Unidos. Los envoltorios festivos de los cupcakes hacen juego con el tema; consulta Proveedores, en la página 342. **PARA 24 CUPCAKES**

24 cupcakes de suero de leche amarillos (página 26) o de chocolate de un cuenco (página 152)

+

Crema de mantequilla de merengue suizo (página 304)

+

Colorante alimentario azul en gel o pasta

1 bolsa pequeña (unos 140 g) de cintas rojas de regaliz

1. Tiñe 1 taza de crema de mantequilla de azul claro con colorante alimentario en gel o pasta. Introdúcela en una manga pastelera con una boquilla normal pequeña (#4) insertada. Con una espátula acodada, extiende una capa lisa de crema de mantequilla sin teñir sobre los cupcakes. Puedes guardar los cupcakes en el frigorífico hasta 3 días dentro de recipientes herméticos; espera a que alcancen la temperatura ambiente antes de decorarlos.

2. Para terminarlos, corta cordones de regaliz en 72 trozos de casi 4 cm de largo y 72 trozos de casi 2 cm. Dispón tres trozos largos y tres cortos para reproducir el diseño de la bandera americana en cada cupcake. Con la cobertura azul, aplica 9 puntos en las esquinas izquierdas para simular las estrellas.

Cupcakes terroríficos

Para Halloween, crea caras horribles y espeluznantes con crema de mantequilla, caramelos, malvaviscos y, por supuesto, cupcakes. Decorar los bizcochos es una actividad fantástica que niños y padres pueden compartir. Saca cupcakes y cuencos llenos de cobertura de colores y caramelos variados y deja que cada uno cree sus propios alienígenas, monstruos y bestias. **PARA 12 CUPCAKES ESTÁNDAR Y 12 MINI**

12 cupcakes estándar
y 12 mini de suero
de leche amarillos
(página 26)
o de chocolate
de un cuenco
(página 152)

+

Crema de
mantequilla de
merengue suizo
(página 304)

+

Colorantes
alimentarios en gel
o pasta verde hoja,
amarillo limón,
verde bosque
y negro

Caramelos
variados (consulta
la página 230)

90 g (½ taza) de chips
de chocolate
semiamargo
derretido
(opcional; consulta
la página 323)

1. Tiñe crema de mantequilla del color que elijas con colorante alimentario en gel o pasta. Para conseguir el verde claro que hemos usado en algunos cupcakes (mira la página siguiente), usa una mezcla de verde hoja y amarillo limón. Para los otros, usa el verde bosque. En el caso de algunas de las criaturas de la página 231, mezcla un poco de negro para hacer el gris; deja crema de mantequilla sin teñir para disponer de blanco.

2. Reproduce los elementos de caramelo de la página 230. Con una espátula acodada, extiende crema de mantequilla normal o teñida sobre los cupcakes. Para crear los alienígenas partidos rellenos (página siguiente), usa un cuchillo de sierra (y un movimiento de aserrado suave) para cortar la parte superior de los cupcakes (resérvala), luego extiende crema de mantequilla generosamente sobre la parte inferior y tápala con la parte superior que habías reservado (déjalos sin cobertura).

3. Para terminarlos, pega caramelos en los cupcakes con cobertura (o rellenos). Es mejor comer los cupcakes el día que los decoras; mantenlos a temperatura ambiente hasta que estén listos para servir.

CONTINUACIÓN>>

OJOS DE GRAGEAS DE GELATINA CON PUPILAS DE CHOCOLATE DERRETIDO

COLMILLOS DE MALVAVISCOS

OJOS DE CHOCOLATINAS RECUBIERTAS DE CARAMELO CON PUPILAS DE CHOCOLATE DERRETIDO

BOCAS DE CINTA DE REGALIZ

BOCA DE ARO DE GOMINOLA

OJOS DE MALVAVISCOS MINI CON PUPILAS DE CHOCOLATINAS RECUBIERTAS DE CARAMELO

OJOS DE MALVAVISCOS MINI CON PUPILAS DE CHIPS MINI Y ANTENAS DE CINTA DE REGALIZ

BOCA DE CINTA DE REGALIZ CON DIENTE DE GRAGEA DE GELATINA

OJOS DE CARAMELOS DE GOMA CON CENTROS DE CINTA DE REGALIZ

COLMILLOS DE TIRA DE CARAMELO

OJOS DE MALVAVISCOS PARTIDOS POR LA MITAD CON PUPILAS DE CINTA DE REGALIZ

LENGUA DE TIRA DE CARAMELO

OJOS DE MALVAVISCOS CON PUPILAS DE CHOCOLATINAS RECUBIERTAS DE CARAMELO Y PÁRPADOS DE TIRAS ÁCIDAS

LABIOS DE CARAMELO DE GOMA CON DIENTES DE MALVAVISCOS MINI

PARA HACER LOS OJOS: Utiliza malvaviscos (cortados por la mitad transversalmente o minis) para el blanco de los ojos o dales un brillo fantasmagórico con grageas de gelatina de colores y caramelos de goma. Añade pupilas pintando puntos con chocolate derretido, presionando chocolatinas recubiertas de caramelo sobre las caras que pegan de los malvaviscos o bien con trozos de cinta de regaliz. Para reproducir los ojos de las antenas, clava chips mini de chocolate con las puntas hacia abajo en malvaviscos mini, luego abre agujeros debajo (con un

palillo) e inserta un trozo de cinta de regaliz. Las formas de media luna recortadas en tiras ácidas sirven para añadir párpados colgantes.

PARA HACER LAS BOCAS: Recorta malvaviscos mini para que parezcan colmillos. Dobla trozos de regaliz o aros de gominola para que parezcan bocas; con malvaviscos mini o grageas de gelatina blancas (enteras o cortadas) haz los dientes. Corta tira de goma para formar lenguas, colmillos o tentáculos. Corta caramelos de goma rojos por la mitad y junta los trozos para simular labios.

Cupcakes con brujas malvadas

Quizás unas brujas desgreñadas y con caras verdes tengan un aspecto malvado, pero las nuestras son dulces cupcakes de chocolate vestidos para la ocasión en Halloween. Los cucuruchos de chocolate invertidos se convierten en unos sombreros puntiagudos estupendos. Hornea un aquelarre y exponlo para recibir (y endulzar) a tus invitados en Halloween. **PARA 24 CUPCAKES**

24 cupcakes de chocolate de un cuenco (página 152) o del diablo (página 34)

+

Crema de mantequilla de merengue suizo (página 304)

+

Colorante alimentario verde en gel o pasta

24 cucuruchos de galleta de chocolate

24 golosinas de maíz

48 minichocolatinas recubiertas de caramelo marrón, como M&M's mini

1 bolsa pequeña (unos 140 g) de cintas negras de regaliz

1. Tiñe la crema de mantequilla de verde con colorante alimentario en gel o pasta. Con una cuchara, coloca un montón de crema de mantequilla sobre cada cupcake y alísalo dándole forma abovedada con una espátula acodada. (O usa una cuchara de helado para poner una bola de crema de mantequilla sobre cada cupcake).

2. Dispón cucuruchos de galleta invertidos sobre los cupcakes e inclínalos ligeramente hacia atrás. Presiona dos chocolatinas bañadas con caramelo y un trozo de caramelo de maíz sobre la crema de mantequilla para hacer los ojos y la nariz.

3. Con un cuchillo o unas tijeras de cocina, corta las cintas de regaliz en trozos, los más largos (algo más de 6 cm) para el cabello y los más cortos (un poco más de 1 cm) para las cejas y el flequillo. Inserta los trozos más largos en la cobertura, justo por debajo de los cucuruchos para simular el pelo, luego presiona dos trozos cortos sobre los ojos e inclínalos un poco para que parezcan cejas. Los cupcakes decorados se pueden guardar un día a temperatura ambiente.

Figuritas de golosinas para cupcakes de miedo

Estas figuritas están formadas con cuerpos de gominolas y caramelos variados para los detalles (consulta Proveedores, en la página 342). Si cortas las gominolas o quitas el azúcar de algunas partes lograrás que esas zonas puedan pegarse fácilmente. Extiende crema de mantequilla de merengue suizo (normal o de chocolate, páginas 304-305) sobre los cupcakes y luego decóralos como te indicamos.

GATO NEGRO   Para cada figurita necesitarás 2 gominolas negras, 1 cinta de regaliz negro, 1 rueda de regaliz negro, 1 caramelo de regaliz negro y 2 gránulos (*nonpareils*) de caramelo rojo. Recorta las gominolas negras y únelas para formar el cuerpo y la cabeza. Parte la cinta de regaliz para hacer las patas delanteras y traseras, la cola y los bigotes. Recorta dos triángulos pequeños de la rueda y úsalos como orejas. Con un palillo, abre agujeros en las gominolas e inserta los gránulos rojos que simularán los ojos (con unas pinzas de cocina), el caramelo de regaliz para la nariz y las patas y cinta de regaliz para la cola. Raspa el azúcar de la gominola alrededor de la nariz y pega bigotes de regaliz. Coloca el gato negro sobre la cobertura de un cupcake.

CARA DE BRUJA   Para cada figurita necesitarás 1 gominola, verde y plana, 1 gominola de especias roja, 2 fideos de chocolate, 2 fideos blancos, 1 cinta de regaliz negro, 1 regaliz largo y retorcido negro, 1 gominola de regaliz negro (como Chuckles) y 1 caramelo ácido verde (Nerds, por ejemplo). Recorta la gominola de regaliz negro en forma de sombrero triangular; corta el regaliz largo y retorcido para hacer el ala del sombrero. Parte cinta de regaliz para simular el pelo. Con un palillo, abre agujeros en la gominola verde e inserta los gránulos de chocolate para los ojos (con pinzas). Pega el caramelo verde para simular una nariz. Corta la parte superior de la golosina de especias roja, ábrele un agujero en el centro e inserta dos dientes de fideos blancos. Coloca la cara sobre un cupcake con cobertura. Pega el sombrero y su ala.

DIABLILLO Para cada figurita necesitarás 2 gominolas rojas, 1 cinta de regaliz rojo y 1 rueda de regaliz negro. Recorta las gominolas rojas y pégalas para formar la cabeza y el cuerpo. De la rueda de regaliz recorta 2 pequeños triángulos que usarás como orejas, 1 triángulo más grande para la nariz y 2 trozos pequeños para los ojos. Parte la cinta de regaliz para añadir los brazos y la cola. Abre agujeros en las gominolas con un palillo e inserta los ojos (con la ayuda de unas pinzas de cocina), las orejas, la nariz, los brazos y la cola. Dispón el diablo rojo sobre un cupcake con cobertura (la que aparece en la fotografía se ha espolvoreado con azúcar rojo, naranja y amarillo para imitar unas llamas) y, si quieres, añádele una vela «horca».

MURCIÉLAGO VAMPIRO Para cada figurita necesitarás 1 rueda de regaliz negro, 1 gominola negra y 2 gránulos (*nonpareils*) rojos. Corta la rueda de regaliz negro por la mitad y luego dale forma de ala a cada mitad; con los trozos de regaliz que sobren corta dos pequeños triángulos para hacer las orejas. Abre agujeros en la gominola con un palillo e inserta las orejas de regaliz y los ojos de gránulos rojos (con pinzas de cocina). Coloca la cara sobre un cupcake cubierto e inserta las alas en la crema de mantequilla a cada lado de la cara.

Cupcakes con figura de calabaza

Los cupcakes de calabaza y especias decorados con pequeñas calabazas de mazapán son una alternativa (o complemento) a la tarta de Acción de Gracias, pero también serán bienvenidas en una fiesta de Halloween o en cualquier ocasión otoñal. **PARA 32 CUPCAKES**

PARA LOS CUPCAKES

- 360 g (4 tazas) de harina pastelera (no leudante) tamizada
- 1 cucharadita de bicarbonato sódico
- 1 cucharada y 1 cucharadita de polvo de hornear
- 1 cucharadita de sal
- 2 cucharaditas de canela en polvo
- 1 cucharada de jengibre molido
- 1 cucharadita de nuez moscada recién rallada
- ¼ de cucharadita de clavos de olor molidos
- 230 g (1 taza) de mantequilla sin sal a temperatura ambiente
- 450 g (2 ½ tazas) de azúcar moreno claro compacto
- 4 huevos grandes
- 240 ml (1 taza) de suero de leche
- 330 g (1 ½ tazas) de puré de calabaza de lata (no relleno de tarta)

PARA LA DECORACIÓN

- Cobertura de queso crema (página 303)
- Calabazas de mazapán (instrucciones a continuación)
- Harina de maíz (para espolvorear la superficie de trabajo)

1. Precalienta el horno a 180 °C. Coloca cápsulas de papel en moldes para muffins. Tamiza la harina, el bicarbonato, el polvo de hornear, la sal y las especias, todo junto.

2. Con una batidora eléctrica a velocidad media-alta, trabaja la mantequilla y el azúcar moreno hasta que la mezcla sea blanquecina y esponjosa. Añade los huevos de uno en uno, bate cada uno que agregues para incorporarlo y raspa el cuenco cuando convenga. Reduce a la velocidad baja. Agrega la mezcla de la harina en tres tandas alternándolas con dos tandas de suero de leche batiendo solo hasta unirlo. Incorpora el puré de calabaza y bátelo solo hasta integrarlo.

3. Reparte la masa por igual en los moldes hasta rellenar ¾. Hornea los

ELABORACIÓN DE CALABAZAS DE MAZAPÁN

cupcakes y gira los moldes a la mitad de la cocción. Espera a que estén dorados, de 15 a 18 minutos. Traslada los moldes a rejillas enfriadoras. Tras 10 minutos, extrae los cupcakes, colócalos sobre las rejillas y espera a que se enfríen completamente. Puedes conservarlos en el frigorífico hasta 3 días dentro de recipientes herméticos.

4. Utiliza una espátula para extender la cobertura sobre los cupcakes. Corónalos con una calabaza de mazapán.

CALABAZAS DE MAZAPÁN

Necesitarás 400 g de mazapán para 32 calabazas. Tiñe ⅓ del mazapán de color naranja con colorante alimentario (consulta la página 299), y el resto tíñelo de verde. Con un rodillo pequeño, extiende el verde hasta que tenga un grosor de unos 3 mm. Con un cortador de hojas mini (consulta Proveedores, en la página 342) recorta las hojas de la calabaza. Con las palmas de las manos, une un poco de mazapán naranja y verde y forma un hilo; córtalo y conviértelo en tallo. Forma bolas de casi 2 cm con mazapán naranja. Con un palillo, abre agujeros en la parte superior de las bolas y presiónalas de arriba hasta abajo para marcar los pliegues de la calabaza. Finalmente, pega las hojas y los tallos en la parte superior.

Cupcakes con pavo de malvavisco

¡Glo-glo! Caramelos de goma, malvaviscos y copos de coco tostado son elementos faciales y plumas excelentes para diseñar diminutos pavos de Acción de Gracias. Los malvaviscos de coco se comercializan en tiendas especializadas y en Internet; si no los encuentras, hazlos tú: cubre malvaviscos con crema de mantequilla y, luego, rebózalos con coco rallado y tostado. **PARA 24 CUPCAKES**

24 cupcakes de chocolate de un cuenco (página 152)

+

Crema de mantequilla de merengue suizo (página 304)

+

5 cucharadas de chips de chocolate semiamargo derretido y enfriado (consulta la página 323)

24 malvaviscos de coco, por ejemplo los Kraft Jet-Puffed

48 fideos de chocolate

455 g de minipeces de goma (144 unidades)

340 g de coco rallado, con azúcar y ligeramente tostado (4 tazas; consulta la página 323)

1. Remueve el chocolate derretido y enfriado con la crema de mantequilla realizando movimientos envolventes con una espátula flexible. Extiende una capa lisa de crema de mantequilla sobre los cupcakes con una espátula acodada.

2. Con un palillo mojado, abre dos agujeros en cada malvavisco de coco; inserta los fideos de chocolate con unas pinzas de cocina para representar los ojos. Corta 12 peces de goma naranjas por la mitad; presiona una mitad en cada malvavisco para imitar el pico del pavo. Ahora presiona las cabezas de malvavisco sobre los cupcakes. Aprieta 5 peces de goma en cada cupcake para simular las plumas de la cola. Espolvorea coco tostado encima de los cupcakes hasta cubrirlos totalmente. Los cupcakes decorados se pueden guardar durante un día a temperatura ambiente dentro de recipientes herméticos.

Cupcakes de arce

El arce se cuenta entre los árboles más preciados del noreste americano, valorados por su brillante follaje otoñal y también por el jarabe que se elabora con la savia en primavera. Aquí, las hojas carmesí otoñales se preparan con mazapán y se colocan encima de cupcakes y cobertura con sabor a arce. Tenlos en cuenta para el Día de Acción de Gracias o para un pícnic en el campo mientras apreciáis los colores y la caída del follaje de los árboles en otoño. Los cupcakes sin cobertura calientes al salir del horno son estupendos para desayunar. Si quieres saber dónde encontrar los cortadores de hojas, consulta el apartado Proveedores, en la página 342. PARA 24 CUPCAKES ESTÁNDAR Y 66 MINI

PARA LOS CUPCAKES

- 330 g (2 ¾ tazas) de harina normal tamizada
- 1 cucharada de polvo de hornear
- 1 cucharadita de sal
- 115 g (½ taza) de mantequilla sin sal a temperatura ambiente
- 480 ml (2 tazas) de jarabe de arce puro, preferiblemente de grado B
- 3 huevos grandes a temperatura ambiente
- 240 ml (1 taza) de leche
- 1 cucharadita de extracto puro de vainilla

PARA LA DECORACIÓN

- Crema de mantequilla de arce (página 309)
- Hojas de arce de mazapán (instrucciones a continuación)

1. Precalienta el horno a 180 °C. Coloca cápsulas de papel en moldes para muffins de tamaño estándar. Tamiza la harina, el polvo de hornear y la sal.

2. Con una batidora eléctrica a velocidad media-alta, trabaja la mantequilla hasta que esté suave. Vierte el jarabe de arce y bátelo hasta unirlo. Añade los huevos de uno en uno, bate cada uno que agregues para incorporarlo y raspa el cuenco cuando convenga. Agrega la mezcla de la harina y bátelo bien para integrar los ingredientes. Bate también la leche y la vainilla solo hasta unirlas con la masa.

3. Reparte la masa por igual en los hoyos forrados de los moldes, debes rellenar tres cuartos de la capacidad. Hornea los cupcakes y gira los moldes a la mitad de la cocción. Espera a que los cupcakes estén dorados y el probador de pasteles que insertes en los centros salga limpio, en unos 20 minutos para los de tamaño estándar, 10-13 minutos en el caso de los mini. Traslada los moldes a rejillas de alambre para que se enfríen completamente antes de extraer los cupcakes.

4. Por último, usa una espátula acodada para extender la crema de mantequilla sobre los cupcakes. Encima, coloca las hojas de mazapán. Los cupcakes decorados se pueden guardar un día en recipientes herméticos y a temperatura ambiente.

· ·

HOJAS DE ARCE DE MAZAPÁN

Divide 140 g de mazapán en tercios y tíñelos de rojo, naranja y marrón respectivamente con colorantes alimentarios en gel o pasta (consulta las instrucciones de la página 299). Junta y amasa brevemente los tres trozos sin que los colores queden uniformes. Con un rodillo, estira el mazapán sobre una superficie de trabajo ligeramente espolvoreada con harina de maíz hasta que tenga poco más de 3 mm de grosor. Recorta 24 hojas con un cortador de galletas en forma de hoja de casi 6 cm para los cupcakes estándar y de 4,5 cm para los mini. Las hojas de mazapán se pueden guardar durante un día a temperatura ambiente dentro de un recipiente hermético colocando papel de hornear entre ellas.

Cupcakes de boniato caramelizado

Aunque su sabor pueda parecer inusual para un cupcake, los boniatos hace mucho tiempo que se preparan en puré y se hornean para elaborar postres, como la tarta de boniato. Esta divertida interpretación de una guarnición típica de Acción de Gracias, completada con malvaviscos mini y nueces pecán caramelizadas encima, atraerá a cualquiera que le encante el sabor dulce de los boniatos. Sirve los cupcakes incluidos en un bufé de postres un día festivo. Si lo prefieres, hornea los boniatos y haz el puré el día antes; deja que se enfríen completamente e introdúcelos bien tapados en el frigorífico. **PARA 24 CUPCAKES**

PARA LOS CUPCAKES

- 900 g de boniatos (unos 3 medianos) limpios
- 240 g (2 tazas) de harina normal
- 2 cucharaditas de polvo de hornear
- 1 cucharadita de sal gruesa
- 2 cucharaditas de canela en polvo
- ½ cucharadita de nuez moscada recién rallada
- 230 g (1 taza) de mantequilla sin sal a temperatura ambiente
- 190 g (1 taza) de azúcar granulado
- 180 g (1 taza) de azúcar moreno oscuro compacto
- 4 huevos grandes a temperatura ambiente
- 2 cucharaditas de extracto puro de vainilla

PARA EL ACABADO

- (2 tazas) de malvaviscos tamaño mini
- Trozos de nueces pecán caramelizadas (página 323)

1. Precalienta el horno a 200 °C. Pincha los boniatos con un tenedor y colócalos sobre una bandeja de horno con borde forrada con papel de hornear. Hornéalos hasta que estén completamente blandos, empiece a salir el jugo de los boniatos y se caramelice, en aproximadamente 1 hora. Sácalos del horno. Reduce la temperatura del horno a 170 °C.

2. Cuando estén lo suficientemente fríos como para manipularlos, córtalos por la mitad longitudinalmente y usa un tenedor para separar la carne de la piel. Introduce la carne en un cuenco y desecha la piel. Tritura el boniato con un tenedor hasta que la textura sea suave. (Deberían salir unas 2 tazas.)

3. Coloca cápsulas de papel en moldes para muffins de tamaño estándar. Mezcla la harina, el polvo de hornear, la sal, la canela y la nuez moscada. Con una batidora eléctrica a velocidad media-alta, trabaja la mantequilla y los dos tipos de azúcar hasta que la mezcla sea blanquecina y esponjosa. Añade los huevos de uno en uno, bate cada uno que agregues para incorporarlo y raspa el cuenco cuando convenga. Bate también los boniatos triturados y la vainilla. Reduce a la velocidad baja. Agrega la mezcla de la harina en tres tandas y bátelo todo para integrar los ingredientes completamente cada vez.

4. Reparte la masa por igual en los moldes hasta rellenar tres cuartos de la capacidad. Hornea los cupcakes y gira los moldes a la mitad de la cocción. Espera a que los cupcakes hayan adquirido consistencia y el probador de pasteles que insertes en el centro salga limpio, en unos 28 minutos. Traslada los moldes a rejillas de alambre para que se enfríen completamente antes de extraer los cupcakes. Puedes conservar los cupcakes hasta 3 días a temperatura ambiente o bien congelarlos un máximo de 3 meses, siempre dentro de recipientes herméticos.

5. Prepara el acabado: forma 24 montoncitos uniformes de malvaviscos sobre una bandeja de horno grande o una lámina antiadherente para horno. Con un pequeño soplete de cocina, dora todos los malvaviscos (o caliéntalos con el grill). Con una espátula acodada, traslada los montoncitos a los cupcakes y corónalos con nueces pecán caramelizadas repartidas por igual. Es mejor servir los cupcakes el día que se decoran; mantenlos a temperatura ambiente.

Cupcakes con deslumbrante estrella de David

Este postre festivo se creó para un Januká, la Fiesta de las Luces judía. Para elaborar el diseño, coloca un cortador de galletas con forma de estrella sobre un cupcake con cobertura y rellénalo con gránulos azul intenso. Por supuesto, también puedes adaptar esta idea con cortadores de otras formas, basta con fijarte en que no superen los 7,5 cm de ancho para que encajen en el cupcake.

PARA 24 CUPCAKES

24 cupcakes de chocolate en un cuenco (página 152) o blancos (página 154)

+

Crema de mantequilla de merengue suizo (página 304)

+

320 g (2 tazas) de gránulos de caramelo (*nontapareils*) azules

1. Utiliza un cuchillo de sierra para recortar la parte superior de los cupcakes y así nivelarlos. Con una espátula acodada, extiende una capa lisa de crema de mantequilla sobre los cupcakes.

2. Cuando vayas a servirlos, coloca un cortador de estrella de seis puntas sobre un cupcake. Con una cuchara pequeña, rellena todo el interior del cortador con gránulos, debe quedar una capa uniforme. (Para lograr mejores resultados, no introduzcas demasiados gránulos, porque la estrella podría deformarse al retirar el cortador.) Con cuidado, levanta el cortador de galletas y haz lo mismo con el resto de los cupcakes.

FORMAR LAS ESTRELLAS

Cupcakes de jengibre con galleta

El jengibre es el sabor más asociado a la Navidad; el aroma que desprende cuando se hornea inunda la casa de alegría navideña. Estos cupcakes se elaboran con la misma mezcla de especias (nuez moscada, clavos, canela y jengibre) que los niños y niñas de galleta de jengibre con los que se decoran. La receta de la masa de las galletas da para más galletas de las que necesitas para decorar veintidós cupcakes, así que sírvelas al lado. **PARA 22 CUPCAKES**

PARA LOS CUPCAKES

- 180 g (1 ½ tazas) de harina normal
- 2 cucharadas de jengibre molido
- 2 cucharaditas de canela en polvo
- ¼ de cucharadita de nuez moscada recién rallada
- ¼ de cucharadita de clavos de olor molidos
- 345 g (1 ½ tazas) de mantequilla sin sal a temperatura ambiente
- 285 g (1 ½ tazas) de azúcar
- 3 cucharadas de melaza sin clarificar
- 4 huevos grandes a temperatura ambiente
- 1 cucharadita de extracto puro de vainilla

PARA LA DECORACIÓN

- Galletas de jengibre (página 320; usa cortadores en forma de niño y niña de 5 cm)
- La cantidad de ½ receta de glasa real (página 315)
- Colorantes alimentarios azul y rosa en gel o pasta
- Cobertura de vainilla esponjosa (página 302)

1. Precalienta el horno a 180 °C. Coloca cápsulas de papel en moldes para muffins de tamaño estándar. Tamiza la harina y las especias, todo junto.

2. Con una batidora eléctrica a velocidad media-alta, trabaja la mantequilla y el azúcar hasta que la mezcla sea blanquecina y esponjosa. Vierte la melaza y bátelo hasta unirla. Añade los huevos de uno en uno, bate cada uno que agregues para incorporarlo y raspa el cuenco cuando convenga. Bate también la vainilla. Reduce a la velocidad baja. Agrega la mezcla de la harina gradualmente y bátelo solo hasta unirlo.

3. Reparte la masa por igual en los moldes hasta rellenar tres cuartos de la capacidad. Hornea los cupcakes y gira los moldes a la mitad de la cocción. Espera a que el probador de pasteles que insertes en el centro de los cupcakes salga limpio, en unos 25 minutos. Traslada los moldes a rejillas de alambre para que se enfríen durante 10 minutos; extrae los cupcakes, colócalos sobre rejillas y espera a que terminen de enfriarse. Puedes conservar los cupcakes 2 días a temperatura ambiente o bien congelarlos hasta 3 meses, siempre dentro de recipientes herméticos.

4. Tiñe ¼ de taza de glasa real de color rosa pálido con colorante alimentario en gel o pasta; el resto tíñelo de azul claro. Introduce las glasas reales teñidas en mangas pasteleras con boquillas normales pequeñas (#2) insertadas. Aplica tres puntos azules en cada galleta de niño y dos puntos rosas en las galletas de niña.

5. Finalmente, utiliza una espátula acodada para extender una capa lisa de cobertura sobre los cupcakes. Coloca un niño o una niña de jengibre de pie sobre cada cupcake antes de servirlos.

Cupcakes de frutas con champiñones de merengue

Inspirados en los consagrados pasteles de Navidad, estas versiones a pequeña escala llevan una mezcla de fruta deshidratada y frutos secos con sabor a licor. Una vez horneados, se cubren con cobertura abovedada y decorada con otro dulce festivo y familiar, los champiñones de merengue. En lugar de los albaricoques, los higos y los dátiles que hemos usado aquí, puedes añadir otra fruta, como piña deshidratada o piel de limón confitada. Basta con que te asegures de comprar fruta de calidad en una tienda con una gran rotación de género (evita las variedades que se venden en los supermercados como «mezcla de fruta deshidratada») y usa tijeras de cocina para cortar la fruta en trozos del mismo tamaño. **PARA 12 CUPCAKES**

PARA LOS CUPCAKES

- 115 g (½ taza y 2 cucharadas) de albaricoques deshidratados cortados en trozos de 6 mm
- 115 g (½ taza y 2 cucharadas) de higos deshidratados sin el tallo y cortados en trozos de 6 mm
- 115 g (1 taza escasa) de dátiles grandes y jugosos, preferiblemente Medjool, deshuesados y cortados en trozos de 6 mm
- 60 ml (¼ de taza) de licor de avellana, por ejemplo Frangelico, o brandy
- 90 g de harina normal
- 1 ½ cucharaditas de polvo de hornear
- ½ cucharadita de sal
- 60 g (¼ de taza) de mantequilla sin sal a temperatura ambiente
- 90 g (½ taza) de azúcar moreno claro compacto
- 45 g (¼ de taza) de azúcar granulado
- 3 huevos grandes
- 2 cucharadas de miel
- 1 ½ cucharaditas de extracto puro de vainilla
- 115 g (1 taza) de avellanas tostadas y sin piel (consulta la página 323) y luego cortadas en trozos grandes

PARA LA DECORACIÓN

- Cobertura de siete minutos (página 303)
- Champiñones de merengue (página 250)
- Cacao en polvo para espolvorear

1. Precalienta el horno a 150 °C. Coloca cápsulas de papel en un molde para muffins de tamaño estándar. Mezcla los albaricoques, los higos y los dátiles en un cuenco con el licor. En otro cuenco, mezcla la harina, el polvo de hornear y la sal.

2. Con una batidora eléctrica a velocidad media-alta, trabaja la mantequilla y las dos clases de azúcar hasta que la mezcla sea blanquecina y esponjosa. Añade los huevos de uno en uno, bate cada uno que agregues para incorporarlo y raspa el cuenco cuando convenga. Vierte y bate la miel y la vainilla. Agrega la mezcla de la harina y bátela solo hasta unirla.

Remueve la mezcla de la fruta y las avellanas manualmente realizando movimientos envolventes.

3. Reparte la masa por igual en las cavidades forradas del molde hasta rellenar tres cuartos de la capacidad. Hornea los cupcakes y gira el molde a la mitad de la cocción. Espera a que el probador de pasteles que insertes en el centro de los cupcakes salga limpio, en unos 30 minutos (si los cupcakes se doran demasiado rápido, colócales papel de aluminio encima pero no lo selles). Traslada el molde a una rejilla de alambre para que se enfríe completamente antes de extraer los cupcakes.

4. Por último, usa una espátula acodada para extender la cobertura sobre los cupcakes. Espolvorea los champiñones con cacao y colócalos sobre los cupcakes justo antes de servirlos.

CONTINUACIÓN>>

CHAMPIÑONES DE MERENGUE

PARA 12 CUPCAKES

Merengue suizo
(página 317)

60 g de chocolate semiamargo
en trozos pequeños

85 g de chocolate blanco
en trozos pequeños

1. Precalienta el horno a 95 °C. Forra con papel de hornear bandejas de horno con borde. Introduce el merengue suizo en una manga pastelera con una boquilla normal pequeña (#6) insertada. Para reproducir los sombreros, aplica formas abovedadas de varios tamaños, desde poco más de 1 cm hasta 2,5 cm de diámetro (los de la fotografía son más grandes) sobre las bandejas de horno preparadas. Aplana las puntas con un dedo húmedo. Aplica los pies de los champiñones sobre las bandejas dejando de presionar la manga a medio camino y tirando hacia arriba para formar un pico. Haz un pie para cada sombrero.

2. Hornea las formas de merengue durante 1 hora y gira las bandejas a media cocción; reduce la temperatura del horno a 80 °C. Sigue horneándolas hasta que el merengue esté completamente seco al tacto pero sin dorarse, de 45 a 60 minutos más.

3. Derrite el chocolate semiamargo en un cuenco pequeño resistente al calor sobre (no dentro) una cacerola con agua hirviendo a fuego lento y remuévelo de vez en cuando. Con una espátula acodada pequeña, aplica una capa fina de chocolate semiamargo derretido sobre los sombreros ya enfriados y espera a que se sequen. Derrite el chocolate blanco en otro cuenco resistente al calor sobre (no dentro) una cacerola con agua hirviendo a fuego lento. Deja que se enfríe mientras lo remueves. Cuando se haya espesado, cubre la capa de chocolate negro. Con un palillo, traza líneas en el chocolate que vayan del centro al borde de los sombreros para simular las láminas de los champiñones. Deja que se sequen.

4. Con un cuchillo de cocina, abre un pequeño agujero en el centro de los sombreros recubiertos. Moja un extremo de los pies con el chocolate blanco que sobra e insértalo en el agujero del sombrero. Espera a que sequen. Puedes guardar los champiñones una semana como máximo dentro de recipientes herméticos, consérvalos en un lugar fresco y seco.

HACER LOS SOMBREROS Y PIES
CON LA MANGA PASTELERA

CUBRIR LOS SOMBREROS
CON CHOCOLATE

DIBUJAR LAS LÁMINAS CON UN PALILLO

Figuritas de golosinas para cupcakes navideños

Las figuritas de golosina para cupcakes son un regalo para el afortunado destinatario y para quien las prepara. Es probable que los niños quieran ayudar a montarlas. Usa cualquier tipo de cupcake que te guste, como los de suero de leche amarillos (página 26) o los de chocolate de un cuenco (página 152), y cúbrelos con crema de mantequilla de merengue suizo (página 304).

PINGÜINOS DE FRUTOS SECOS Hechos con almendras garrapiñadas bañadas en chocolate derretido, un par de pingüinos camina sobre la nieve. Un bastón de caramelo de Navidad es perfecto para una señal (fíjala con cinta de doble capa). Derrite 115 gramos de chocolate semiamargo (consulta la página 323); enfríalo un poco. Con unas pinzas, sumerge las almendras en el chocolate (deja la parte que cubren las pinzas sin bañar). Con un palillo haz los ojos dibujando puntos de chocolate derretido y aplica crema de mantequilla donde pegar un fideo de azúcar naranja (el pico) y trocitos de peces de gominola (los pies). Extiende crema de mantequilla sobre el cupcake; báñalo con azúcar de grano grueso y espolvorea más encima. Coloca los pingüinos y la señal.

ACEBO ALEGRE Tres golosinas de cereza ácida y dos gominolas en forma de hoja de menta cubiertas de azúcar (consulta Proveedores, en la página 342) descansan sobre cremosa crema de mantequilla blanca para reproducir una rama de acebo sobre la nieve. Con una espátula acodada, extiende una capa lisa de crema de mantequilla sobre los cupcakes. Presiona tres caramelos de cereza ácida y dos hojas de gominola sobre cada cupcake, tal como se muestra en la imagen. Si las hojas son demasiado gruesas, córtalas por la mitad.

MUÑECO DE NIEVE AFRANCESADO

Este muñeco de nieve viste un magnífico sombrero de invierno: una boina de menta recubierta de chocolate. Su cuerpo regordete está formado por dos malvaviscos; corta una rodaja del malvavisco superior y apriétalo para reducir el tamaño. Gotas de crema de mantequilla mantienen las partes del cuerpo unidas. Para los ojos, abre dos agujeros en la cabeza de malvavisco con un palillo mojado e inserta fideos de chocolate con unas pinzas de cocina. Para representar la nariz, recorta un pez de gominola naranja en forma de triángulo pequeño y presiónalo directamente en el malvavisco. Con una espátula acodada, extiende una capa lisa de crema de mantequilla sobre los cupcakes y coloca un muñeco de nieve encima de cada uno.

LAZOS DE GOMINOLA

Los cupcakes disfrazados de pequeños regalos navideños con elegantes lazos de gominola parecen estar listos para que alguien los «abra» y se los coma. Corta tira de gominola ácida roja en trozos de casi 18 cm de largo; dobla los extremos por debajo formando un lazo de casi 8 cm, deja espacio entre los dos extremos. Corta un trozo de tira ácida de 5 cm y envuelve el centro del lazo. Con una espátula acodada, extiende una capa lisa de crema de mantequilla sobre los cupcakes, después dispón dos tiras de 3 cm de largo de tira ácida centradas a lado y lado del cupcake, deja espacio en medio. Coloca el lazo de golosina encima y en el centro, sobre los otros trozos.

Cupcakes con corona navideña

Como alternativa a un plato de galletas de Navidad, recibe a la familia y los amigos con una hornada de exquisitos cupcakes adornados con sencillas coronas elaboradas con crema de mantequilla verde. Son ideales para una fiesta justo antes de salir a cantar villancicos por las casas del barrio, antes de adornar el árbol de Navidad o incluso para una fiesta navideña con amigos y familia. Pequeños puntos de caramelo rojo simulan las bayas del acebo para darle el toque final.

PARA 24 CUPCAKES

24 cupcakes, por ejemplo los blancos (página 154) o los Red Velvet (página 30)

+

Crema de mantequilla de merengue suizo (página 304)

+

Colorante alimentario verde en gel o pasta

Gránulos nacarados rojos (consulta Proveedores, en la página 342)

1. Tiñe 1 taza de crema de mantequilla de verde con colorante alimentario en gel o pasta. Introdúcela en una manga pastelera con una boquilla de hoja pequeña (#69) insertada.

2. Con una espátula acodada, extiende una capa lisa de crema de mantequilla sin teñir sobre cada cupcake. Desde el borde exterior del cupcake, aplica hojas ligeramente solapadas formando un círculo, luego aplica otra capa de hojas solapando las de la primera capa; repítelo para hacer una o dos capas más. Introduce los cupcakes en el frigorífico durante 30 minutos para que la cobertura adquiera consistencia. Puedes guardarlos en el frigorífico un máximo de 2 días dentro de recipientes herméticos; espera a que alcancen la temperatura ambiente y reparte muchos grupos de gránulos rojos en cada corona antes de servirlos.

celebraciones

Cuando la ocasión requiera un pastel que cause furor, plantéate preparar cupcakes en su lugar. No solo resultan más divertidos que un pastel grande, también se sirven con mayor facilidad y son infinitamente más adaptables. Si quieres, puedes preparar muchas variedades de pasteles de sabores y coberturas para satisfacer todos los gustos y preferencias. Y como los cupcakes de este apartado suelen idearse para grandes actos (como bodas), tienes un poco de margen para crear adornos encima, incluidas las flores de merengue elaboradas con manga pastelera, delicados nidos de hilos de azúcar y discos de chocolate blanco impresos con un diseño de vetas de madera. Los cupcakes que verás a continuación son perfectos no solo para bodas, sino también para fiestas de bienvenida para bebés, celebraciones de aniversario, fiestas de compromiso e incluso graduaciones; aprovéchalos para cualquier ocasión que precise un postre tan significativo como el momento en sí.

Cupcakes de corazones

Unos cupcakes coronados con corazones de fondant añaden encanto a cualquier fiesta. En los corazones se imprimen las iniciales del novio y la novia, pero puedes imprimir tan solo una inicial en el caso de una fiesta de bienvenida de un bebé, un cumpleaños o una fiesta de despedida. Puedes elaborar los corazones con varios meses de antelación (consulta las instrucciones de cómo trabajar el fondant en la página 299); guárdalos dentro de un recipiente hermético a temperatura ambiente. Necesitarás un rodillo pequeño, un cortador de galletas de 5 cm y sellos de goma nuevos y limpios con las iniciales con que quieras personalizar los cupcakes (consulta Proveedores, en la página 342). **PARA 48 CUPCAKES**

48 cupcakes blancos (página 154)

+

La cantidad de 2 recetas de crema de mantequilla de merengue suizo (página 304)

+

Colorante alimentario en gel o pasta (en la fotografía, verde azulado)

455 g de fondant enrollado

Harina de maíz para la superficie de trabajo

1. Prepara los corazones de fondant: sobre una superficie de trabajo ligeramente espolvoreada con harina de maíz, extiende con un rodillo pequeño la mitad del fondant hasta que tenga un poco más de 3 mm de grosor. Baña un sello en harina de maíz y, rápidamente pero con cuidado, presiona el sello en el fondant. Repítelo y baña cada vez el sello en la harina de maíz, deja algo menos de 8 cm entre las impresiones hasta estampar todo el fondant. Recorta los corazones centrando y presionando un cortador de galletas con forma de corazón de 5 cm sobre cada impresión. Retira el fondant que sobre alrededor de los corazones, vuelve a extender el fondant restante para aprovecharlo y estampar y cortar más corazones. Haz lo mismo con el resto del fondant pero con otro sello, si es que los preparas para una pareja, y haz el mismo número de corazones de cada sello.

2. Con una espátula acodada y mucho cuidado, traslada los corazones de fondant a bandejas de horno forradas con papel de hornear. Resérvalos a temperatura ambiente hasta que estén completamente secos y duros, aproximadamente un día. Hasta que vayas a usarlos (se conservan bien muchos meses), puedes guardar los corazones en un recipiente hermético colocando papel de hornear o encerado entre capa y capa de corazones.

3. Tiñe la crema de mantequilla del color que quieras con colorante alimentario en gel o pasta. Introdúcela en una manga pastelera con una boquilla de estrella francesa grande (Ateco #867). Aplica la cobertura sobre los cupcakes, arremolina la punta y deja de ejercer presión cuando levante la manga para formar un pico. Puedes introducir los cupcakes en el frigorífico sin cubrir durante un día como máximo.

4. Por último, espera a que los cupcakes estén a temperatura ambiente e inserta los corazones de fondant en la cobertura.

Cupcakes con nido de pollitos de azulejos

Un trío de pollitos recién salidos del cascarón gorjeando forman una oda encantadora para dar una fiesta de bienvenida a un bebé que esté a punto de nacer (o en su primer cumpleaños). Los azulejos de crema de mantequilla y el nido de coco se posan sobre cupcakes cubiertos con crema de mantequilla de chocolate. **PARA 12 CUPCAKES**

12 cupcakes de suero de leche amarillos (página 26) o blancos (página 154)

+

Crema de mantequilla de merengue suizo (página 304)

+

85 g de chocolate semiamargo derretido y enfriado (consulta la página 323)

Colorantes alimentarios amarillo y azul claro en gel o pasta

85 g aproximadamente (1 ½ tazas) de coco rallado con azúcar y ligeramente tostado (consulta la página 323)

1. Reserva 1 cucharada de chocolate derretido para la decoración. Remueve el chocolate restante con 2 tazas de crema de mantequilla realizando movimientos envolventes con una espátula flexible. Utiliza una espátula acodada para extender una capa lisa de crema de mantequilla de chocolate sobre los cupcakes.

2. Tiñe ½ taza de la crema de mantequilla que sobra de amarillo claro con colorante alimentario en gel o pasta. Introdúcela en una manga pastelera con una boquilla de hoja en V pequeña (#349) insertada. Y el resto de la crema tíñela de azul, luego introdúcela en una manga con una boquilla normal mediana (#11).

3. Aplica tres bolas azules (de casi 2 cm de diámetro) sobre cada cupcake, serán las cabezas de los pollitos. Añade un pico amarillo en cada cabeza. Con un palillo, pinta los ojos de chocolate derretido. Introduce los cupcakes en el frigorífico durante 30 minutos para que la cobertura adquiera consistencia. Los cupcakes se conservan dentro de recipientes herméticos en el frigorífico durante un día; espera a que alcancen la temperatura ambiente antes de terminar de decorarlos.

4. Por último, haz los nidos con 2 cucharadas de coco tostado. Debes aplicarlo dando golpecitos con las yemas de los dedos sobre la cobertura alrededor de los bordes de los cupcakes.

Cupcakes con conchas y perlas

Las conchas y las perlas de crema de mantequilla, que a menudo se ven a gran escala en pasteles de boda, son un motivo clásico presentado de manera actual sobre una hornada de cupcakes. Los diseños aplicados con manga pastelera son de los más sencillos (las perlas no son más que puntos y para formar las conchas es la boquilla que la hace la mayor parte del trabajo) y el pequeño tamaño de los cupcakes implica que la tarea será asequible incluso para los más inexpertos. Aun así, quizás quieras practicar las conchas sobre papel de hornear antes de dibujarlas sobre los cupcakes cubiertos. Si cometes un error sobre los cupcakes, también puedes retirar la crema con cuidado e intentarlo de nuevo. **PARA 48 CUPCAKES**

48 cupcakes blancos
(página 154)

+

La cantidad de
2 recetas de crema
de mantequilla de
merengue suizo
(página 304)

+

Colorante
alimentario en gel o
pasta (en la imagen,
amarillo huevo)

1. Tiñe 5 tazas de crema de mantequilla de amarillo claro con colorante alimentario en gel o pasta. Introduce la crema restante sin teñir en una manga pastelera con un acoplador insertado. Con la ayuda de una espátula acodada, extiende una capa lisa de crema de mantequilla amarilla sobre los cupcakes. Introdúcelos en el frigorífico durante 30 minutos para que la cobertura adquiera consistencia.

2. Inserta una boquilla de estrella francesa pequeña (#199) en el acoplador de la manga y aplica conchas de crema de mantequilla sin teñir. Para ello, sujeta la manga en un ángulo de 45 grados, coloca la boquilla cerca del centro del cupcake, aprieta la manga mientras levantas ligeramente la boquilla para hacer la parte ancha de la concha; desplaza la manga hacia ti y deja de presionar la manga para terminar la concha con una punta redonda. Sigue aplicando más conchas en círculo y una junto a la otra. Ve rotando el cupcake a medida que avances.

3. Ahora, forma las perlas: cambia la boquilla por una normal pequeña (#3) y aplica series de perlas (o puntos) en forma de U empezando con la punta de una concha y trabajando hacia el borde del cupcake, luego regresa a la punta de la siguiente concha. Repítelo hasta unir todas las conchas con perlas. Introduce los cupcakes en el frigorífico 30 minutos hasta que la crema adquiera consistencia. Puedes guardarlos dentro de recipientes herméticos en el frigorífico hasta 3 días; espera a que alcancen la temperatura ambiente para servirlos.

Cupcakes con ramo de merengue

Cualquier novia se ruborizaría al descubrir unos cupcakes tan originales el día de su boda. Los pasteleros disfrutarán elaborando exquisitas «flores» de merengue, que primero se aplican con manga pastelera sobre bandejas forradas con papel de hornear y luego se hornean para que se endurezcan y se sequen. Su textura crujiente y delicada las convierte en una delicia para el paladar. **PARA 48 CUPCAKES**

48 cupcakes blancos
(página 154)

+

La cantidad de
2 recetas de
merengue suizo
(página 317)

+

La cantidad
de 2 recetas de
cobertura
de siete minutos
(página 303)

1. Precalienta el horno a 80 °C. Forra con papel de hornear bandejas de horno con borde. Introduce el merengue suizo en una manga pastelera con un acoplador insertado. Dibuja flores y otras formas, como conchas y estrellas, sobre las bandejas con boquillas distintas para reproducir una gran variedad de formas y tamaños (en la fotografía, de izquierda a derecha): una boquilla multiperforada pequeña (#233) para formar flores-gota; dos boquillas de hoja pequeñas (#67 y #70)

para reproducir pétalos de margarita y hojas; una boquilla de tres orificios (#89) para las plumas; dos boquillas normales pequeñas (#4 y #6) para las flores de cinco pétalos; una boquilla de concha estriada pequeña (#98) para las conchas tradicionales, y una boquilla de estrella abierta pequeña (#17) para más flores-gota. Tendrás que hacer unas 16 formas para cada cupcake, dependiendo del tamaño. Hornéalas hasta que el merengue esté completamente seco al tacto pero aún no adquiera color, 30 minutos por lo menos. Traslada las formas del papel de hornear a una rejilla de alambre para que se enfríen.

2. Finalmente, coloca una cucharada generosa de cobertura sobre un cupcake y usa una espátula acodada para extenderla dándole forma abovedada. Trabaja con rapidez (antes de que la cobertura adquiera consistencia), reparte los diseños de merengue sobre el cupcake a tu gusto y presiónalas con cuidado sobre la cobertura para adherirlas. Estos cupcakes se pueden guardar como máximo un día a temperatura ambiente (no los introduzcas en el frigorífico).

APLICACIÓN DE FLORES Y OTRAS
FORMAS CON MERENGUE

Cupcakes con crisantemos

Aunque los crisantemos de crema de mantequilla pueden parecer difíciles de reproducir, basta con un buen pulso y un poco de práctica para elaborar un ramo entero. Arreglados en grupo, combinando o mezclando colores, estos cupcakes quedarían ideales en una fiesta para una novia o para un bebé. **PARA 24 CUPCAKES**

24 cupcakes de suero de leche amarillos (página 26)

+

La cantidad de 2 recetas de crema de mantequilla de merengue suizo (página 304)

+

Colorantes alimentarios en gel o pasta verde bosque, verde hoja, amarillo limón, amarillo huevo y naranja

1. Tiñe 1 taza de crema de mantequilla de color verde bosque con colorante alimentario en gel o pasta para elaborar hojas y puntos. Reparte la crema de mantequilla restante equitativamente en tres cuencos y tiñe cada porción con un tono base (para los cupcakes): una verde Chartreuse (mezcla verde hoja, amarillo limón y un toque de amarillo huevo); otra amarillo limón, y la tercera, naranja. Con una espátula acodada, extiende una capa lisa de crema de mantequilla sobre los cupcakes. Introduce las cremas teñidas restantes en mangas pasteleras e inserta acopladores.

2. En primer lugar, aplica las hojas: rellena una manga pastelera con una boquilla de hoja insertada (#68) de cobertura verde bosque. Sujeta la

APLICACIÓN DE CRISANTEMOS

manga en un ángulo de 45 grados con el extremo plano de la boquilla hacia arriba, aprieta la manga y desplázala hacia el exterior y deja de ejercer presión mientras la levantas para terminarla en punta.

3. Elabora el centro y los pétalos: con solo el acoplador (o una boquilla normal mediana, por ejemplo, la #12) y cobertura del color que quieras hacer la flor, forma un punto alto de poco más de 1 cm de ancho donde se unirán los pétalos. Inserta la boquilla acanalada (#80), sujetando la manga en un ángulo de 45 grados sobre el extremo del centro de la flor, coloca la punta con la U hacia arriba y presiona ligeramente la manga mientras la retiras con un golpe seco para formar un pétalo. Repítelo hasta rodear completamente el centro de la flor con pétalos. Forma dos o más capas de pétalos sobre la primera, haz algunos más cortos y retira la manga hacia arriba en cada capa. Con una boquilla normal pequeña (#3) y la cobertura verde bosque, aplica tres puntitos en el centro de la flor. Introduce los cupcakes 30 minutos en el frigorífico para que la cobertura adquiera consistencia. Estos cupcakes se conservan hasta 3 días dentro de recipientes herméticos en el frigorífico. Sirve a temperatura ambiente.

Cupcakes para el día de la graduación

Celebra este día con un diploma diferente: de galleta *tuile* enrollada alrededor de una brocheta y bien atada con una tira de gominola ácida. Para hacer la plantilla del pergamino de *tuile*, usa la tapa de un recipiente de plástico. **PARA 24 CUPCAKES**

24 cupcakes de suero
  de leche amarillos
  (página 26)

+

Cobertura de
  chocolate y crema
  agria (página 311)

+

Pergaminos de
  tuile (receta a
  continuación)

Con una espátula, extiende la cobertura en el centro de los cupcakes. Puedes guardarlos hasta 3 días en recipientes herméticos en el frigorífico. Sirve a temperatura ambiente y decóralos con un pergamino de *tuile* antes de servirlos.

. . . .

PERGAMINOS DE TUILE
PARA 24 CUPCAKES

1	clara de huevo grande a temperatura ambiente
45 g	(¼ de taza) de azúcar
30 g	(¼ de taza) de harina
1	pizca de sal
1	cucharada de mantequilla sin sal derretida
1	cucharada de nata para montar
¼	de cucharadita de extracto puro de vainilla
2	tiras de gominola ácida azul

1. Precalienta el horno a 190 °C. Prepara la plantilla: recorta un rectángulo de 5 × 7,5 cm de un trozo de plástico flexible (desecha el centro). Con una batidora eléctrica a velocidad media, bate la clara de huevo y el azúcar hasta unirlos. Incorpora y bate la harina y la sal. Añade la mantequilla, la nata y la vainilla; bátelo solo hasta integrarlo.

2. Coloca la plantilla sobre una bandeja de horno con bordes forrada con una tela Silpat. Vierte una cucharadita de masa en el centro; extiéndela bien fina con una espátula. Repítelo hasta tener seis. Hornéalo, gira la bandeja a la mitad de la cocción y cuando las galletas estén un poco dorados por los bordes, en unos 6 minutos, sácalas del horno. Dales enseguida la vuelta. Desde el lado más corto, enrolla rápidamente la mitad de una galleta con una brocheta, luego enrolla la otra mitad con otra brocheta hasta que ambas se unan. Traslada la galleta a una rejilla y espera a que se enfríe. Haz lo mismo con el resto de las *tuiles*. (Si las galletas se enfrían, introdúcelas de nuevo en el horno un momento.) Repite el proceso con la masa restante para elaborar 24 tuiles enrolladas.

3. Corta tiras de gominola en cuartos a lo largo, luego corta tiras de 10 cm de largo. Ata cada pergamino con una tira. Se pueden guardar hasta 1 semana en recipientes herméticos a temperatura ambiente.

EXTENDER LA MASA DE TUILE SOBRE LA PLANTILLA

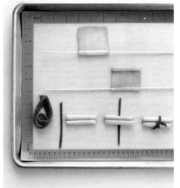

FORMAR PERGAMINOS Y ATARLOS CON TIRAS DE GOMINOLA

Cupcakes de una libra con flores frescas

No es imprescindible que perfecciones la técnica de la manga pastelera para elaborar cupcakes coronados con flores preciosas. En lugar de eso, adórnalos con unas cuantas flores frescas comestibles. Algunas de las variedades más deliciosas incluyen capuchinas, pensamientos, hibiscos, bocas de dragón, violetas y caléndulas (en la imagen). Utiliza solo flores cultivadas sin pesticidas, ya sea de tu jardín ecológico o de proveedores especializados. Cuando prepares los pequeños bizcochos de una libra, recuerda trabajar la mantequilla y el azúcar a conciencia para lograr la textura adecuada. **PARA 36 CUPCAKES**

400 g (3 ⅓ tazas) de harina normal

2 cucharaditas de sal

455 g de mantequilla sin sal a temperatura ambiente

380 g (2 tazas) de azúcar

1 cucharadita de extracto puro de vainilla

9 huevos grandes a temperatura ambiente ligeramente batidos

Crema de mantequilla de merengue suizo (variante de la vaina de vainilla, página 305)

Flores frescas comestibles, como caléndulas, violetas, pensamientos o capuchinas (consulta Proveedores, en la página 342)

1. Precalienta el horno a 170 °C. Coloca cápsulas de papel en moldes para muffins de tamaño estándar. Mezcla la harina y la sal.

2. Con una batidora eléctrica a velocidad media-alta, trabaja la mantequilla y el azúcar hasta que la mezcla sea blanquecina y esponjosa, rebaña los lados del cuenco cuando sea necesario. Reduce a la velocidad baja. Añade los huevos batidos en cuatro tandas y bate bien cada vez para incorporarlos. Con la batidora a velocidad baja, añade la harina en cuatro tandas, bátelo todo bien para integrar los ingredientes cada vez.

3. Reparte la masa por igual en los moldes hasta rellenar tres cuartos de la capacidad. Dale un golpe a los moldes en la encimera para distribuir la masa de manera uniforme. Hornea los cupcakes y gira los moldes a la mitad de la cocción. Espera a que el probador de pasteles que insertes en el centro de los cupcakes salga limpio, en unos 20 minutos. Traslada los moldes a rejillas de alambre para que se enfríen durante 10 minutos; extrae los cupcakes, colócalos sobre rejillas y espera a que se enfríen completamente. Puedes conservar los cupcakes 2 días dentro de recipientes herméticos a temperatura ambiente.

4. Finalmente, usa una espátula acodada para extender una capa generosa de crema de mantequilla sobre los cupcakes, luego coloca unas cuantas flores encima. Sírvelos enseguida.

Cupcakes con girasoles

¿Qué otro dulce encajaría mejor en una boda celebrada en el campo a finales de verano que un montón de cupcakes disfrazados de girasoles radiantes? Los centros se reproducen con pipas de girasol bañadas en chocolate y los pétalos se aplican con la manga pastelera rellena de crema de mantequilla de color amarillo intenso. Si no tienes demasiada experiencia con la manga, ten en cuenta que, al igual que sucede con las flores reales, los pétalos no tienen porque ser perfectos, como tampoco existen dos flores idénticas. De hecho, tal vez te resulte útil fijarte en girasoles reales para inspirarte. **PARA 48 CUPCAKES**

48 cupcakes de chocolate de un cuenco (página 152)

+

La cantidad de 2 recetas de crema de mantequilla de merengue suizo (página 304)

+

Colorante alimentario amarillo huevo en gel o pasta

85 g de pipas de girasol bañadas en chocolate (consulta Proveedores, en la página 342)

1. Tiñe la crema de mantequilla de amarillo intenso con colorante alimentario en gel o pasta. Introdúcela en una manga pastelera con una boquilla de hoja pequeña insertada (#66). Desde el borde exterior de un cupcake, aplica pétalos ligeramente solapados formando un círculo, luego aplica otra capa de pétalos solapando la primera capa y así sucesivamente para hacer una o dos capas más. Introduce los cupcakes en el frigorífico durante 30 minutos para que la cobertura adquiera consistencia (o hasta 2 días en recipientes herméticos).

2. Para terminarlos, rellena los centros de los cupcakes con las pipas de girasol bañadas en chocolate. Los cupcakes decorados se pueden guardar en el frigorífico hasta 6 horas dentro de recipientes herméticos; espera a que alcancen la temperatura ambiente antes de servirlos.

APLICACIÓN DE LOS PÉTALOS DEL GIRASOL

Cupcakes de miel

Prepárate para que tus invitados zumben de placer al descubrir estas abejas de mazapán posadas sobre dalias de crema de mantequilla. Por supuesto, la miel es el principal ingrediente de estos cupcakes. **PARA 20 CUPCAKES**

PARA LOS CUPCAKES

- 240 g (2 tazas) de harina normal
- ½ cucharadita de bicarbonato sódico
- 1 cucharadita de polvo de hornear
- 1 cucharadita de sal gruesa
- ½ cucharadita de canela en polvo
- 2 huevos grandes a temperatura ambiente
- 95 g (½ taza) de azúcar granulado
- 45 g (¼ de taza) de azúcar moreno claro compacto
- 170 g (½ taza) y 2 cucharadas de miel de calidad
- 120 ml (½ taza) de leche
- 120 ml (½ taza) de aceite vegetal
- ½ cucharadita de ralladura fina de limón

PARA LA DECORACIÓN

- 60 g de mazapán
- Colorantes alimentarios amarillo y negro en gel o pasta
- Harina de maíz para la superficie de trabajo
- 25 g (¼ de taza) de almendras con piel laminadas
- La cantidad de 2 recetas de crema de mantequilla de merengue suizo (página 304)

1. Haz los cupcakes: precalienta el horno a 170 °C. Coloca cápsulas en moldes para muffins. Mezcla la harina, el bicarbonato, el polvo de hornear, la sal y la canela.

2. Con una batidora a velocidad alta, bate los huevos y las dos clases de azúcar hasta que la mezcla sea blanquecina y densa. Mezcla la miel, la leche, el aceite y la ralladura. A velocidad baja, bate la mezcla de la miel con la de los huevos. Agrega la mezcla de la harina en dos tandas y bátelo solo hasta unir los ingredientes.

3. Reparte la masa por igual en los moldes hasta los ¾. Hornea y gira los moldes a la mitad de la cocción. Cuando estén dorados y cocidos, en unos 25 minutos, traslada los moldes a rejillas para que se enfríen 15 minutos; extrae los cupcakes, colócalos sobre rejillas y deja enfriar completamente.

ELABORACIÓN DE ABEJAS DE MAZAPÁN

4. Haz las abejas: divide el mazapán en dos partes iguales. Tiñe una parte de amarillo y la otra de negro (instrucciones en página 299). Sobre una superficie de trabajo espolvoreada con harina de maíz, enrolla cada parte formando una cuerda de unos 6 mm de grosor. Corta las cuerdas en diagonal en trozos de 6 mm. Alternando el amarillo y el negro, junta las piezas para formar el cuerpo. Para la cabeza, amasa un trozo negro y forma una bola, presiónala sobre el extremo amarillo del cuerpo. Para los ojos, haz dos bolitas de mazapán amarillo y presiónalos sobre la cabeza. Inserta una lámina de almendra a cada lado del cuerpo, serán las alas. Repite el proceso hasta que tengas 20 abejas.

5. Decora los cupcakes: tiñe crema de mantequilla de amarillo claro y extiende una capa fina sobre los cupcakes. Introduce la crema restante en una manga con una boquilla de pétalos curvados pequeños insertada (#59). Desde el borde exterior, aplica pétalos en círculo manteniendo la boquilla perpendicular a los cupcakes. Aplica más pétalos dentro de los primeros hasta cubrir los cupcakes. Introduce los cupcakes en el frigorífico 30 minutos para que la cobertura adquiera consistencia. Se pueden guardar en el frigorífico hasta 3 días en recipientes herméticos. Sirve a temperatura ambiente y coloca las abejas encima justo antes.

Cupcakes de almendras y avellanas con discos de imitación de madera

Tal vez quieras organizar una celebración ambientada en el bosque como excusa para preparar estos cupcakes decorados con discos de madera falsa de chocolate. Las imitaciones de las vetas de madera son uno de los temas favoritos de Martha Stewart Living Omnimedia; se pueden aplicar con chocolate con una veteadora que encontrarás en tiendas de material de pintura (consulta Proveedores, en la página 342, para saber dónde encontrar la herramienta y las láminas de acetato). Elaborados con almendras y avellanas molidas, y con cobertura de chocolate negro, estos cupcakes también se pueden servir solos, sin ningún adorno. **PARA 16 CUPCAKES**

PARA LOS CUPCAKES

85 g	(½ taza) de almendras con piel, enteras y tostadas (consulta la página 323)
85 g	(½ taza) de avellanas tostadas y peladas (consulta la página 323)
90 g	(¾ de taza) de harina normal
65 g	(¾ de taza) de harina pastelera (no leudante) tamizada
1 ½	cucharaditas de polvo de hornear
¼	de cucharadita de sal
115 g	(½ taza) de mantequilla sin sal a temperatura ambiente
45 g	(¼ de taza) de azúcar granulado
90 g	(½ taza) de azúcar moreno oscuro muy compacto
2	cucharaditas de extracto puro de vainilla
180 ml	(¾ de taza) de leche
4	huevos grandes

PARA LA DECORACIÓN

Cobertura de chocolate negro (página 302)

Discos de madera falsa de chocolate (página 279)

1. Prepara los cupcakes: precalienta el horno a 180 °C. Coloca cápsulas de papel en moldes para muffins de tamaño estándar. En un robot de cocina, pica las almendras y las avellanas bien finas (no en exceso o quedará una pasta). En un bol grande, tamiza las dos clases de harina, el polvo de hornear y la sal. Mezcla también los frutos secos molidos.

2. Con una batidora eléctrica a velocidad media-alta, trabaja la mantequilla y los dos tipos de azúcar hasta que la mezcla esté suave. Vierte y bate la vainilla. Reduce a la velocidad baja. Añade la mezcla de la harina en tres tandas alternándolas con dos tandas de leche y bátelo todo para integrar los ingredientes cada vez.

3. En otro cuenco con una batidora eléctrica a velocidad media, monta las claras hasta que se formen picos blandos. Agrega a la masa las claras en dos tandas y mézclalo con movimientos envolventes.

4. Reparte la masa por igual en los moldes hasta rellenar tres cuartos de la capacidad. Hornea los cupcakes y gira los moldes a la mitad de la cocción. Espera a que el probador de pasteles que insertes en el centro de los cupcakes salga limpio, en unos 25 minutos. Traslada los moldes a rejillas de alambre para que se enfríen completamente antes de extraer los cupcakes. Puedes conservar los cupcakes hasta 3 días a temperatura ambiente o bien congelarlos durante 2 meses, siempre dentro de recipientes herméticos.

5. Por último, usa una espátula acodada pequeña para extender una capa fina de cobertura sobre los cupcakes, luego introduce la cobertura restante en una manga pastelera con una boquilla de estrella abierta grande (#821) insertada. Aplica un anillo de cobertura por todo el perímetro de los cupcakes y luego coloca un disco de chocolate encima. Los cupcakes decorados se pueden guardar en el frigorífico durante un día dentro de recipientes herméticos. Espera a que alcancen la temperatura ambiente antes de servirlos.

ELABORACIÓN DEL DISEÑO DE LAS VETAS
DE MADERA CON CHOCOLATE NEGRO

DISCOS DE MADERA FALSA DE CHOCOLATE

PARA 16 CUPCAKES

- 55 g de chocolate amargo en trozos pequeños
- 225 g de chocolate blanco en trocos pequeños

1. Recorta un trozo de acetato (consulta Proveedores, en la página 342) para que encaje en la parte trasera de una bandeja para horno, pégala con cinta adhesiva. Derrite el chocolate semiamargo (consulta la página 323). Moja la superficie de una herramienta de veteado con una capa gruesa de chocolate semiamargo derretido. Empezando por la parte superior del acetato, mueve la herramienta mojada hacia delante y hacia atrás arrastrándola con un movimiento rápido para reproducir una estría vertical. Si no te convence el resultado, repítelo encima enseguida. Traslada la bandeja de horno al congelador para que se enfríe y el chocolate se endurezca, unos 3 minutos.

2. Derrite el chocolate blanco (consulta la página 323) y remuévelo para que se enfríe un poco (que no esté muy caliente), luego viértelo sobre el acetato cubierto de chocolate negro. Con una espátula acodada, extiende el chocolate blanco rápidamente pero con cuidado y de manera uniforme por toda la superficie (no presiones demasiado o mancharás el chocolate negro).

3. Congela la bandeja de horno durante 30 segundos para que el chocolate se endurezca un poco. Retíralo del congelador y usa un cortador de galletas redondo de menos de 6 cm (el mismo tamaño que la parte superior de los cupcakes) para cortar discos de chocolate (presiónalos sobre el acetato) y déjalos intactos sobre la bandeja. Vuelve a introducirlos en el congelador y espera a que el chocolate se endurezca completamente durante por lo menos 10 minutos (o hasta 2 días, bien envueltos en plástico). Cuando esté duro, despega la cinta adhesiva de un lado de la bandeja y, mientras levantas el acetato por ese lado, desmolda los discos de chocolate (déjalos sobre la bandeja). Introdúcelos en el frigorífico hasta que vayas a servirlos o hasta un máximo de 2 horas. Para no dejar huellas dactilares en los discos, usa una espátula acodada para trasladarlos a los cupcakes.

EXTENDER EL CHOCOLATE BLANCO SOBRE EL NEGRO

CORTAR LOS DISCOS DE MADERA FALSA

Cupcakes-cesta de fresas

Hechas a mano con mazapán y en cestas de crema de mantequilla, estas pequeñas fresas evocan una visita a una huerta de bayas. Una boquilla de esterilla se encarga de reproducir una trama gruesa, pero puedes experimentar con varias boquillas, como la de volantes o incluso boquillas normales para diseñar otros patrones. Consulta el apartado Proveedores. **PARA 24 CUPCAKES**

24 cupcakes de fresa
(página 146)

+

Crema de mantequilla
de merengue suizo
(página 304)

+

200 g de mazapán

Colorantes
alimentarios rojo y
verde en gel o pasta

Harina de maíz para
la superficie de trabajo

1. Con una espátula acodada, extiende una capa fina de crema de mantequilla sobre los cupcakes. Introduce el resto de la crema en una manga pastelera con un acoplador y una boquilla de esterilla pequeña (#47) insertados. Aplica líneas que crucen el cupcake de arriba abajo y con una separación de poco más de 6 mm. Después, de izquierda a derecha y empezando desde abajo del cupcake, aplica líneas horizontales cortas sobre las verticales. Rellena todos los huecos hasta conseguir un efecto de esterilla. Haz lo mismo con el resto de los cupcakes y la crema de mantequilla. Introdúcelos 30 minutos en el frigorífico para que la cobertura adquiera consistencia. Los cupcakes

se pueden guardar en el frigorífico hasta 2 días en recipientes herméticos; espera a que alcancen la temperatura ambiente antes de decorarlos con las fresas de mazapán.

2. Tiñe de rojo la mitad del mazapán con colorante alimentario en gel o pasta (consulta las instrucciones de la página 299). Forma 24 bolitas del tamaño de un guisante y 48 bolas un poco más grandes sobre una superficie de trabajo espolvoreada con harina de maíz y alárgalas para imitar la forma de las fresas. Con un palillo, marca hendiduras en toda la superficie de las fresas. Tiñe el resto del mazapán de verde. Reserva un poco; forma 24 tallos finos de unos 5 cm de largo. Encima de una superficie de trabajo ligeramente espolvoreada con harina de maíz, estira el resto del mazapán verde con un rodillo hasta que tenga un grosor de poco más de 3 mm; corta hojas pequeñas con un cortador de cálices. Pega una hoja encima de cada fresa y hunde un poco el centro con una herramienta de modelado con dos lados en forma de estrella, luego curva las puntas de las hojas hacia abajo y sobre las fresas. Corta algunas hojas por la mitad o en cuartos y pégalas a los tallos.

3. Finalmente, coloca los tallos sobre la crema de mantequilla de los cupcakes; pega las fresas y arregla las hojas a lo largo de los tallos.

FORMAR EL DISEÑO DE
ESTERILLA CON LA MANGA
PASTELERA

ELABORAR FRESAS DE
MAZAPÁN

Cupcakes con rosas de crema de mantequilla

Para homenajear a tu amor o a tus padres el día de su aniversario. Para una ocasión más informal, haz las flores de un color y la cobertura de otro. Es fundamental usar un clavo para flores, porque puedes girarlo con una mano mientras con la otra elaboras las rosas. **PARA 24 CUPCAKES**

24 cupcakes blancos
(página 154) o del
diablo (página 34)

+

La cantidad de
2 recetas de crema
de mantequilla de
merengue suizo
(página 304)

+

Colorante
alimentario en gel
o pasta (en la
fotografía, rojo)

1. Corta papel de hornear en cuadrados para encajarlos sobre los clavos para flores (#7). Tiñe la crema de mantequilla de rojo con colorante. Vierte una gota de crema de mantequilla sobre el clavo para fijar el papel. Inserta un acoplador en una manga pastelera y rellénala con la crema. Aprieta la manga con cuidado y levántala lentamente para hacer una especie de bellota encima del papel.

2. Inserta una boquilla de pétalos pequeños (#103) en el acoplador. (Si necesitas ambas manos para colocar la boquilla, sujeta el clavo en un bloque de poliestireno o en una patata a la que previamente cortes un trozo para que sirva de base.) Mientras sostienes la boquilla hacia la punta de la bellota de crema de mantequilla con el extremo ancho hacia abajo y el estrecho inclinado hacia el centro de la bellota, aplica una tira ancha girando el clavo y hasta cubrir toda la bellota.

3. Gira el clavo a medida que avances y haz dos pétalos ligeramente arqueados que alcancen más o menos la mitad de la circunferencia de la bellota.

4. Sigue girando el clavo para hacer pétalos más largos, que solapen los anteriores y tengan una inclinación mayor hacia el exterior a medida que avances hasta que termines la rosa. Con cuidado, desliza el papel con la rosa para separarlo del clavo y colocarlo sobre una bandeja para horno, introdúcela en el frigorífico al menos 20 minutos (o hasta 2 días). Repite el proceso para elaborar 24 rosas.

5. Con un cuchillo de sierra, recorta la parte superior de los cupcakes para nivelarlos. Extiende crema de mantequilla sobre los cupcakes con una espátula. Utiliza una espátula limpia para trasladar las rosas de crema de mantequilla a los cupcakes cubiertos (desecha el papel). Los cupcakes se pueden guardar en el frigorífico hasta 3 días dentro de recipientes herméticos; espera a que alcancen la temperatura ambiente antes de servirlos.

FASES DE ELABORACIÓN DE LA ROSA DE CREMA DE MANTEQUILLA

Cupcakes con avellanas caramelizadas

Añade un toque elegante a una celebración importante con cupcakes decorados con sorprendentes avellanas bañadas en caramelo y con cobertura de chocolate negro, o bien crema de mantequilla de caramelo (página 307). **PARA 24 CUPCAKES**

24 cupcakes de almendras y avellanas (página 277)

+

Cobertura de chocolate negro (página 302)

+

Avellanas bañadas en caramelo (receta a continuación)

Con una espátula, extiende la cobertura sobre los cupcakes. Puedes guardarlos en el frigorífico un máximo de 3 días en recipientes herméticos; a temperatura ambiente, coloca las avellanas justo antes de servirlos.

AVELLANAS BAÑADAS EN CARAMELO
PARA 24 CUPCAKES

24 avellanas tostadas y peladas (consulta la página 323)

575 g (3 tazas) de azúcar

180 ml (¾ de taza) de agua

1. Con cuidado, inserta la punta de una brocheta larga de madera en el lado de cada avellana. Coloca una tabla para cortar en el borde de la encimera y un papel de periódico en el suelo, justo debajo de la tabla.

2. Prepara un cuenco con agua y hielo. Calienta el azúcar y el agua en una olla de fondo grueso a fuego medio y remuévelo de vez en cuando hasta que el azúcar se disuelva y el almíbar sea transparente. Deja de remover. Cuando el almíbar empiece a hervir, ve limpiando los lados de la olla con un pincel mojado para evitar que se formen cristales. Déjalo hervir y remuévelo con cuidado de vez en cuando hasta que adquiera un color semiámbar. Sumerge la olla en el cuenco con agua y hielo para detener la cocción; déjalo reposar hasta que se espese, unos 10 minutos. (Sumerge una brocheta en el caramelo y levántala unos centímetros; si se mantiene un hilo, es que está listo.)

3. Baña en el caramelo una avellana con una brocheta, deja que el exceso de caramelo vuelva a caer en la olla. Cuando el caramelo que gotea ya sea solo un hilo fino, fija el extremo opuesto de la brocheta bajo la tabla para cortar. Haz lo mismo con el resto de las avellanas. (Si el caramelo se endurece antes de que termines, vuelve a calentarlo a fuego lento.) Deja que los hilos de caramelo se endurezcan, unos 5 minutos; rompe los hilos a la longitud que te convenga. Con cuidado, retira las brochetas de debajo de la tabla. Las avellanas caramelizadas tienen que usarse el mismo día que se preparan; guárdalas sin tapar a temperatura ambiente.

BAÑAR LAS AVELLANAS EN EL CARAMELO

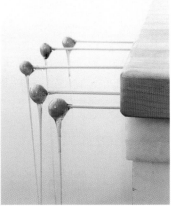

CREAR LOS HILOS DE CARAMELO

Cupcakes coronados con azúcar hilado

Pese a su delicada y espectacular apariencia, el azúcar hilado es manejable y no requiere una habilidad especial (salvo durante la fase de la cocción, porque debe cocerse a la temperatura apropiada). El azúcar hilado se tiene que usar el mismo día que se prepara; colócalo sobre una cuchara, luego da a los hilos forma de bolas justo antes de disponerlos sobre un cupcake con cobertura. **PARA 12 CUPCAKES**

12 cupcakes del diablo (página 34)

+

Cobertura de chocolate negro (página 302)

+

Nidos de azúcar hilado (receta a continuación)

Con la ayuda de la espátula acodada, extiende la cobertura en el centro de los cupcakes. Introdúcelos en el frigorífico dentro de recipientes herméticos y durante un máximo de 3 días; espera a que alcancen la temperatura ambiente y decóralos con los nidos de azúcar hilado justo antes de servirlos.

NIDOS DE AZÚCAR HILADO
PARA 12 CUPCAKES

380 g (2 tazas) de azúcar

60 ml (¼ de taza) de sirope de maíz claro

60 ml (¼ de taza) de agua

1. Coloca una cuchara de madera de mango largo entre una tabla para cortar pesada y la encimera, con el mango sobresaliendo de la encimera. Coloca papel de periódico en el suelo, debajo de la tabla de cortar.

2. Prepara un cuenco con agua y hielo para hacer un baño María inverso. Lleva el azúcar, el sirope de maíz y el agua a ebullición en una olla de fondo grueso a fuego medio-alto mientras remueves hasta que el azúcar se disuelva. Deja de remover. Sujeta un termómetro para caramelo en un lado de la olla. Sigue cociéndolo hasta que la mezcla adquiera un tono ámbar claro y el termómetro marque 150 °C (etapa de astillado duro). Sumerge la olla en el cuenco con agua y hielo para detener la cocción. Deja que el caramelo se enfríe, removiendo de vez en cuando hasta que alcance los 120 °C.

3. Moja los dientes de un tenedor en el caramelo. Sujetando el tenedor unos 60 cm sobre el mango de la cuchara, balancea el caramelo como si fuera un péndulo que forma arcos largos, dejando que los filamentos de caramelo caigan sobre el mango de la cuchara. Déjalo reposar. Cuando vayas a usarlo, reúne unos cuantos hilos con cuidado y forma una bola entre las palmas de las manos. Repite hasta formar 12 nidos.

HILOS DE AZÚCAR

FORMACIÓN DE LOS NIDOS

técnicas básicas

Cualquier persona, desde la entregada aficionada hasta la pastelera casera ocasional, puede hacer cupcakes. La mayoría cuenta ya con todo el equipo necesario en los armarios de la cocina: vasos y cucharas de medición, uno o dos cuencos resistentes para mezclar los ingredientes y, por supuesto, moldes para muffins. Si estás pensando en comprar más elementos, invierte en los mejores que te puedas permitir; las ollas y los utensilios de calidad durarán años e incluso generaciones de pasteleros. Además de ayudarte a preparar los utensilios que necesitarás, estas páginas te familiarizarán con los ingredientes básicos y te guiarán paso a paso por las técnicas de mezcla y decoración. También encontrarás muchas recetas para coberturas, rellenos y otros adornos. Úsalas donde te sugerimos en este libro o adáptalas como prefieras para crear algo nuevo y sorpresivo.

CACAO EN POLVO
ALCALINIZADO

HARINA
PASTELERA

HARINA NORMAL

POLVO DE HORNEAR

BICARBONATO SÓDICO

CACAO EN POLVO
NATURAL

AZÚCAR MORENO
CLARO

AZÚCAR MORENO
OSCURO

SAL (DE MESA)

AZÚCAR
GRANULADO

SAL GRUESA

AZÚCAR GLAS

ingredientes secos esenciales para mezclar

CACAO EN POLVO El cacao en polvo se produce extrayendo entre el 65 y el 90 por ciento de la manteca de cacao del chocolate, luego se muele la parte sobrante muy fina. El resultado es un polvo de sabor intenso que otorga a los productos horneados un gusto más potente y redondo que al elaborarlos únicamente con chocolate sólido. Encontrarás dos tipos de cacao en polvo: el natural (a veces llamado «cacao no alcalinizado» y el cacao en polvo alcalinizado, que se trata con una solución alcalina que reduce la acidez natural del cacao y le da un sabor más suave y un color más rojizo. A menos que la receta especifique un tipo de cacao en particular, puedes usar el que prefieras. Antes de utilizar cualquier cacao en polvo, tamízalo con un colador fino para eliminar los grumos que pueda haber.

BICARBONATO SÓDICO Y POLVO DE HORNEAR El bicarbonato sódico y el polvo de hornear (que en España se suele llamar levadura química o Royal) son agentes leudantes químicos que añaden volumen y ligereza a la textura de los pasteles y otros productos horneados. El bicarbonato sódico suele mezclarse con un ácido, como la crema agria, el suero de leche, la miel o incluso con azúcar moreno (debido a su contenido de melaza) para acelerar la acción leudante y mejorar el sabor. El polvo de hornear consigue el mismo resultado mezclando el bicarbonato sódico con la cantidad exacta de ácido necesario (habitualmente cremor tártaro). Por este motivo, el bicarbonato sódico y el polvo de hornear no son intercambiables (a pesar de que en algunas recetas a menudo se mezclan para dar con la textura adecuada). Guárdalos en un lugar fresco y seco y respeta la fecha de caducidad. Para probar su potencia, remueve ¼ de cucharadita de polvo de hornear en ½ vaso de agua; el agua debería formar burbujas enseguida. En el caso del bicarbonato sódico, añade ¼ de cucharadita de vinagre blanco al agua caliente antes de probarlo.

HARINA La mayoría de los cocineros caseros usan harina normal para hornear, pero existen otros tipos también muy comunes, especialmente la harina pastelera. Por su elevado contenido proteico, la harina normal produce cupcakes y otros productos horneados con una miga (o textura) más gruesa. En cambio, con la harina pastelera, que contiene muchas menos proteínas, se logra una textura más fina. Para conseguir el resultado adecuado se pueden combinar los dos tipos. Para las recetas de este libro en las que se especifique harina pastelera, no compres la leudante, porque contiene polvo de hornear y sal. Tamiza siempre la harina pastelera, ya que tiende a formar grumos, tal como se indica en cada receta; la harina normal no tiene que tamizarse (a menos que se especifique). Para la harina, utiliza siempre vasos medidores secos y no agites nunca el vaso ni lo golpees en la encimera para nivelar la harina, porque daría lugar a medidas imprecisas. Debes colmar el vaso y luego nivelarlo con una regla.

AZÚCAR

El azúcar granulado blanco es el azúcar que más se usa, sobre todo para hornear. Se elabora a partir de la remolacha o la caña de azúcar refinada, sirve de base para la mayoría de los tipos de azúcar.

El azúcar moreno es una combinación de azúcar granulado y melaza. El azúcar moreno oscuro tiene más melaza que el azúcar moreno claro, por eso su color y sabor son más intensos. Utiliza el azúcar moreno claro para conseguir un gusto a melaza más ligero. El azúcar moreno oscuro etiquetado como «granulado» se trata para que los granos estén sueltos; no los intercambies en las recetas. Compacta bien el azúcar moreno en el vaso medidor para evitar bolsas de aire. Una vez abierto, cierra bien el paquete para que el azúcar no se endurezca. Para suavizarlo, coloca un pedazo de manzana en forma de cuña en la bolsa y vuelve a cerrarla; déjala un día o dos, hasta que el azúcar esté suficientemente suave y, después, saca la manzana.

El azúcar glas se elabora moliendo azúcar granulado hasta lograr un polvo fino, luego se tamiza y se añade una pequeña cantidad de harina de maíz (Maicena) para evitar que se endurezca. Se usa principalmente para las coberturas o también para espolvorearlo sobre postres horneados. El azúcar glas suele formar grumos, así que conviene tamizarlo con un colador fino antes de usarlo.

SAL Suele añadirse una pequeña cantidad de sal a las masas de los pasteles (y a algunas coberturas) para realzar el sabor. En nuestras recetas se indica «sal» (de mesa) o «sal gruesa» (kósher). Si sustituyes una por otra en una receta, utiliza un poco menos de sal de mesa de la cantidad de sal gruesa que se requiera (y viceversa).

más ingredientes esenciales para mezclar

LÁCTEOS Los productos lácteos hacen que los cupcakes sean más sabrosos, pero los diferentes tipos de lácteos ofrecen distintos sabores y texturas. La nata, por ejemplo, produce una textura mucho más aterciopelada que la leche entera. El suero de leche forma una miga más tierna y la crema agria y el yogur (además de mantener los productos horneados jugosos) añaden un sutil sabor. Aunque algunos lácteos se pueden sustituir por otros, es mejor usar los que se indica en cada receta para garantizar un resultado adecuado, especialmente en el caso del suero de leche (porque habría que modificar la cantidad de bicarbonato sódico). Si fuera necesario, puedes preparar tu propio suero de leche añadiendo una cucharada de vinagre blanco o zumo de limón a un vaso de leche normal (ajusta la cantidad de cada ingrediente en función del suero de leche que se requiera en la receta). Deja que la mezcla repose durante 10 minutos o hasta que se haya espesado lo suficiente antes de usarla.

CHOCOLATE El chocolate, solo o mezclado con cacao en polvo, hace que los productos horneados sean más jugosos y maravillosamente densos (como los brownies). También facilita que las coberturas sean sabrosas y satinadas (como la ganache). Cuando compres chocolate para pastelería, busca el de mejor calidad que encuentres en tableta, pieza o pepitas. Cuanto mayor sea el porcentaje de cacao (o de licor de chocolate) más intenso será su sabor. El chocolate con leche solo debe contener el 10 por ciento de cacao, mientras que el negro (sin azúcar, amargo y semiamargo) contiene más cacao, del 35 al 70 por ciento, según la calidad. (Técnicamente, el chocolate blanco no se considera chocolate, ya que no tiene cacao.) Las pepitas de chocolate son trozos de chocolate diseñados para mantener la forma durante el horneado, por eso contienen menos manteca de cacao que el chocolate en pieza o tableta.

EXTRACTOS Los extractos son saborizantes concentrados elaborados a partir de la maceración y maduración de un ingrediente en líquido (normalmente, alcohol). Elije siempre saborizantes etiquetados como «puros», pues tienen un sabor más penetrante y limpio. El extracto de vainilla es uno de los que más se usa en pastelería, porque añade un gusto sutil pero característico. Los extractos de vainilla de Madagascar, Tahití y México son más caros pero merecen la pena. En algunas de las recetas de este libro se requiere vainas de vainilla en lugar del extracto, porque las semillas aportan un sabor y una fragancia más intensos y

complejos (pero generalmente puedes sustituir una cucharadita de extracto por cada vaina). Para esparcir las semillas, coloca la vaina plana sobre una tabla; sujetando un extremo, abre un corte longitudinal en la vaina con un cuchillo de cocina, luego raspa la vaina a lado y lado del corte con la hoja del cuchillo. Puedes guardar la vaina para preparar azúcar avainillado y usarlo para hacer pasteles o para endulzar bebidas. Para ello, parte la vaina en un tarro de azúcar, tápalo y déjalo así durante al menos una semana (agítalo cada día para esparcir el sabor); este azúcar dura muchos meses.

MANTEQUILLA Y ACEITE La mantequilla y el aceite mantienen los productos horneados jugosos y también aportan sabor o lo multiplican. La mantequilla sin sal tiene un sabor más puro y suele ser más fresca que la salada (porque la sal se añade como conservante). Con la mantequilla batida y la ligera, mezcladas con aire y agua respectivamente, no se obtienen los mismos resultados. Cuando se utiliza la mantequilla para hacer la masa de un pastel, deberá estar a temperatura ambiente antes de empezar; así te aseguras de que forme tantas burbujas finas como sea posible al batirla, un paso crucial para producir un pastel ligero con una miga aterciopelada. En algunas recetas de este libro se requiere aceite vegetal en vez de mantequilla, porque se logra una miga suave (o fina). Asegúrate de usar solo aceites de gusto neutro, como aceite de cártamo o girasol.

HUEVOS Los huevos desempeñan un papel decisivo en la pastelería. Las claras son leudantes, especialmente si se baten por separado hasta formar picos firmes antes de mezclarlas con la masa con movimientos envolventes. En cambio, las yemas son emulsionantes, esto permite que las grasas y los líquidos no se separen y produzcan una textura suave y un sabor intenso. Usa huevos grandes (el color indica el tipo de gallina de la que proceden, no la calidad). Los huevos se separan más fácilmente si están fríos, pero en general deberán estar a temperatura ambiente antes de usarlos para que se mezclen más fácilmente con el resto de ingredientes. Para lograr mayor volumen, conviene batir las claras a temperatura ambiente (o calientes, como cuando se elabora merengue y algunas cremas de mantequilla).

YOGUR

SUERO
DE LECHE

LECHE

CREMA AGRIA

MANTEQUILLA

NATA PARA MONTAR

EXTRACTO
DE VAINILLA

CHOCOLATE

ACEITE VEGETAL

HUEVOS

utensilios para hornear

PINCEL DE REPOSTERÍA Para las recetas en las que se requiere engrasar y enharinar moldes para muffins (en lugar de usar cápsulas de papel), utiliza un pincel de repostería pequeño para cubrir las cavidades de mantequilla ablandada (o derretida), porque las cerdas del pincel pueden acceder fácilmente a todos los ángulos. Emplea un pincel limpio con las cerdas fijas; lávalo tras cada uso con agua jabonosa y caliente y déjalo secar completamente antes de guardarlo.

PROBADOR DE PASTELES Muy a menudo, la mejor forma de comprobar si un pastel se ha cocido consiste en introducir una brocheta de madera o un probador de pasteles metálico fino en el centro del pastel o el cupcake. Si sale limpio o con tan solo unas migas húmedas pegadas (como se indica en ciertas recetas), significa que ya puedes sacar los cupcakes del horno. Algunos cupcakes, los intencionadamente jugosos y densos, no deben probarse de esta manera, así que sigue la receta para ver qué método tendrás que usar.

MOLDES PARA MUFFINS Existen moldes para muffins de tamaño pequeño, estándar y gigante. Cada cavidad de un molde mini admite 60 gramos de masa, en un molde estándar caben 120 gramos en cada cavidad y en uno gigante, 240 gramos. Si te decides por moldes oscuros o antiadherentes, reduce la temperatura del horno 25 grados para evitar que se quemen los cupcakes (y empieza a comprobar si están listos un poco antes de que termine el tiempo de cocción recomendado). Por supuesto, puedes sustituir las medidas de los moldes, pero tendrás que adaptar los tiempos de cocción (consulta el cuadro a la derecha).

CÁPSULAS DE PAPEL Las cápsulas, que evitan que los cupcakes se peguen a los moldes, se fabrican con papel *glassine*, papel resistente a la grasa o papel de aluminio laminado con papel parafinado. Con ellas no es necesario aplicar mantequilla ni harina en el molde y se limpian más fácilmente. Las cápsulas de papel se comercializan en colores sólidos y en una gran variedad de estampados (consulta Proveedores, en la página 342). Si no encuentras cápsulas minis o gigantes, pinta los hoyos del molde con mantequilla y espolvoréalos con harina.

TERMÓMETRO DE HORNO La temperatura del horno no suele ser precisa. Utiliza un termómetro de horno (se encuentran con facilidad y no suelen ser caros) para controlar la temperatura del horno y así podrás ajustarla.

REJILLA DE ALAMBRE Una rejilla de alambre o de enfriamiento es el utensilio perfecto para enfriar aquello que hornees, porque permite que el aire circule y todo se enfríe con mayor rapidez y uniformidad. Busca una rejilla de alambre de acero inoxidable muy resistente. Si horneas a menudo o piensas preparar muchas tandas, quizás te convenga invertir en dos o tres rejillas o en una grande plegable.

CUCHARA DE HELADO Una cuchara de helado con mecanismo de extracción fácil es una herramienta útil para rellenar los moldes para muffins con la masa. Con ella formarás bolas uniformes y propiciarás una cocción pareja. Búscalas de varios tamaños para usarlas en los moldes estándar y gigante (la mejor solución para las cavidades mini es una cuchara normal o una para servir). Una alternativa apropiada sería un vaso pequeño con pico (como uno de medición, seco).

ADAPTACIÓN DE LAS RECETAS PARA ELABORAR CUPCAKES PEQUEÑOS, ESTÁNDAR O GIGANTES

Adaptar casi todas las recetas de cupcakes para hacerlos de tamaños diferentes resulta sencillo. En general, una receta para 12 cupcakes estándar producirá masa suficiente para entre 32 y 46 minicupcakes, que tardarán de 10 a 15 minutos en cocerse en el horno a 180 °C. Con la misma cantidad de masa se elaboran entre 5 y 8 cupcakes gigantes, y el tiempo de cocción será de unos 25 minutos. A menos que se especifique lo contrario en la receta, las cavidades de los moldes deben rellenarse hasta los ¾ de su capacidad, sean del tamaño que sean. Y recuerda comprobar si están cocidos un poco antes y prestar atención a las pistas visuales.

PROBADOR
DE PASTELES

PINCEL DE REPOSTERÍA

MOLDES PARA
MUFFINS

CÁPSULAS
DE PAPEL

CUCHARA DE HELADO

TERMÓMETRO DE HORNO

REJILLA DE ALAMBRE

COLORANTES ALIMENTARIOS
EN GEL O PASTA

CARAMELOS Y GRÁNULOS

CUCURUCHO
DE PAPEL

PINZAS
DE COCINA

BOLSAS PARA
MANGA PASTELERA

CLAVO PARA
FLORES

BOQUILLAS

ACOPLADOR
DE PLÁSTICO

ESPÁTULA
ACODADA

utensilios e ingredientes para decorar

COLORANTES ALIMENTARIOS EN GEL O PASTA Más concentrados que los líquidos, estos geles son una buena elección para teñir coberturas (o glasa real) sin diluirlos. También resultan fáciles de usar con fondant y mazapán, que es preciso amasar para incorporar el colorante alimentario (y, generalmente, basta con solo unas gotas o toques de pasta o gel, incluso para los tonos más oscuros). Los colorantes alimentarios en gel o pasta se encuentran en una amplia gama de colores y se venden tanto en frascos goteros como en recipientes con tapa (en cuyo caso tendrás que usar un palillo o una brocheta de madera para añadir el color a la cobertura o al fondant). Búscalos en tiendas especializadas en pastelería o en Internet. No son caros y se conservan indefinidamente si están bien cerrados, lo cual es importante porque con un poco se hace mucho.

CARAMELOS Y GRÁNULOS Casi cualquier tipo de caramelo quedará bien; en la página 296 aparecen los que se usan más a menudo para decorar los cupcakes de este libro. Los fideos y los *nonpareils* (gránulos redondos) sirven para todo, mientras que el regaliz, las tiras y las nubes (malvavisco), entre otras golosinas, se emplean para formar cualquier tipo de adorno.

BOLSAS PARA MANGA PASTELERA Hay bolsas para manga pastelera de usar y tirar, pero también reutilizables. No son caras y se pueden comprar en grandes cantidades. Si dispones de varias puedes usar una para cada tono de cobertura (y son transparentes, así que podrás diferenciar fácilmente los colores). Las bolsas reutilizables, fabricadas con nailon elástico o con tela forrada de plástico, pueden resultar más económicas y son más respetuosas con el medio ambiente si decoras pasteles y cupcakes a menudo. Para manejarla fácilmente, elige una bolsa de 25 a 35 cm de largo; más largas son difíciles de manipular. Una vez que hayas rellenado la bolsa con la cobertura, usa una goma elástica para cerrar el extremo abierto.

CUCURUCHO DE PAPEL Los conos hechos de papel de hornear se usan habitualmente para elaborar detalles finos, como cuando se escribe o se aplican pequeños puntos con glasa real o chocolate fundido, o cuando se usa una cantidad muy pequeña. También son de usar y tirar. Consulta la página 298 para ver cómo hacer un cucurucho.

CLAVO PARA FLORES Este utensilio es útil para diseñar rosas de crema de mantequilla para adornar pasteles y cupcakes. En lugar de elaborar cada rosa sobre un cupcake, lo haces sobre el clavo (forrado con un cuadrado de papel de hornear), así podrás ir girándolo lentamente con una mano mientras con la otra trabajas con la manga. Si te equivocas, puedes volver a introducir la crema en la manga y repetirlo. Además, también puedes hacer las rosas con antelación.

ESPÁTULA ACODADA La hoja metálica y fina y el diseño angulado de una pequeña espátula acodada son perfectos para esparcir y alisar coberturas sobre cupcakes. Este utensilio también es eficaz para estirar y colocar diseños hechos con la manga pastelera, como letras de glasa real seca, rosas y otras decoraciones pequeñas (incluidas las de mazapán y fondant) en cupcakes bañados, así como para separar y extraer los cupcakes de los moldes.

PINZAS DE COCINA Baratas y del tamaño apropiado, las pinzas de cocina son muy prácticas para pegar caramelos pequeños u otros detalles finos en cupcakes bañados. Búscalas curvadas para lograr mayor precisión.

BOQUILLAS Las boquillas para manga pastelera se venden por separado o en juegos; elígelas en función de la frecuencia con que vayas a usarlas y de los tipos de diseños que pretendas crear. Si estás empezando, tal vez te convenga adquirir un juego de 10 boquillas básicas (la mayoría de los juegos incluyen un acoplador y una práctica caja para guardarlas) y comprar las que necesites posteriormente por separado. En las páginas 300 y 301 encontrarás el glosario de las boquillas básicas que se usan en este libro.

ACOPLADOR DE PLÁSTICO Un acoplador te permite retirar y sustituir una boquilla de forma fácil, resulta eficaz cuando elaboras distintos diseños con la misma cobertura. Los acopladores se venden en dos partes: el tubo que descansa en el interior de la boquilla de la manga y el anillo que se atornilla en el tubo para fijar la boquilla a la manga. A veces, como cuando se aplica cobertura con picos arremolinados para coronar un cupcake, el acoplador se usa solo, sin boquilla. Asegúrate de que el acoplador no presente ninguna raja en la punta.

preparación de una manga pastelera

1. Si usas una bolsa nueva, córtale la punta para alinear el extremo estrecho del acoplador de plástico con el orificio. Coloca el acoplador dentro de la bolsa; las ranuras del acoplador deben verse y la bolsa tiene que encajar perfectamente en la base de las ranuras (si no, corta un poco más la punta). Acopla la punta y atorníllala en el anillo exterior. Desatornilla el anillo para cambiar las boquillas cuando sea necesario.

2. Para rellenar la bolsa, cubre con el extremo abierto la mano con la que agarras la bolsa y usa una espátula flexible para introducir la mezcla en la bolsa. Para lograr mejores resultados, llena la bolsa solo hasta la mitad.

3. Extrae el aire del extremo abierto de la bolsa y retuércela para cerrarla y evitar perder la mezcla, y coloca una goma elástica para más seguridad. Si no la vas a usar, coloca la manga llena con la boquilla hacia abajo en un vaso forrado con un papel mojado. Esto es muy importante si usas glasa real, porque se endurece enseguida. Si se atasca una boquilla, emplea un palillo o un alfiler para limpiarla.

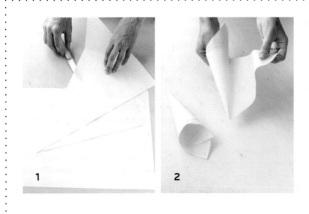

CÓMO HACER UN CUCURUCHO DE PAPEL

Corta papel de hornear en forma de triángulo de 30 × 40 × 50 cm como el de la imagen (o uno de 20 × 30 × 37 cm si quieres aplicar chocolate derretido). Con el lado mediano hacia ti, enrolla el extremo superior derecho hacia el centro del lado más corto del triángulo y forma un cono. La punta del cono tiene que quedar en el centro del lado más largo. Envuelve el cono con el resto del papel, manteniendo la pestaña tirante para que la punta quede apretada y completamente cerrada. Introduce la pestaña superior en el cono y usa cinta para pegarla o rasga un poquito el lado que acabas de doblar. Una vez rellenado, corta la punta del cono.

trabajo con fondant y mazapán

En la mayoría de los casos, el fondant (azúcar glas duro) y el mazapán (una pasta de almendras molidas, azúcar y, a veces, claras de huevo) se pueden intercambiar. La única excepción es cuando quieres lograr un color blanco puro (como en los cupcakes de conejo de Pascua Springerle de la página 217, para los que se necesita fondant). Ambos se tiñen fácilmente y se usan para cubrir un cupcake como cubierta suave o para dar forma a animales, fruta o cualquier objeto imaginable. Trabaja el fondant y el mazapán como si se tratara de arcilla; son tan pegajosos que si presionas dos trozos se pegarán.

Aunque durante mucho tiempo se han tratado del mismo modo, el fondant requiere unos pasos más: debe estar a temperatura ambiente para usarlo y conviene mantener la zona de trabajo lo más limpia posible porque hasta la mota de polvo más diminuta se queda pegada. Además, el fondant se tiene que amasar hasta que esté blando y maleable (en este punto puedes añadir tinte). Sigue los pasos que te indicamos para teñir y extender con un rodillo el fondant y el mazapán.

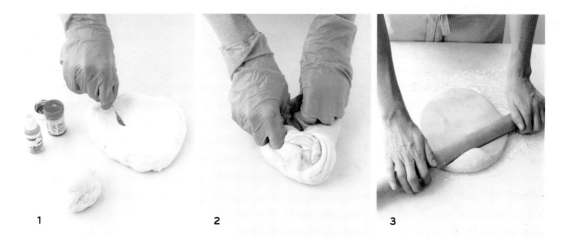

1   2   3

1. Divide el fondant o el mazapán en partes: una para cada color. Reserva un poco sin teñir por si es necesario aclarar los colores. Utiliza colorante alimentario en gel o en pasta y un palillo o una brocheta de madera para recoger un poco de color. (Quizás quieras ponerte guantes de látex para teñir.)

2. Empieza a amasar el fondant o el mazapán para distribuir el color y añade un poco más de colorante si es necesario. Procura no precipitarte al añadir el colorante ni incorporar demasiado, porque la intensidad crecerá a medida que amases. Sigue trabajando la masa hasta que

el color sea uniforme y consigas el tono que quieras. Si es necesario, añade un poco de fondant o mazapán sin teñir para rebajar el tono.

3. Si estiras la masa para cortar formas, espolvorea la superficie de trabajo con un poco de harina de maíz, de este modo el fondant o el mazapán no se quedarán pegados. Estira la masa con un rodillo hasta lograr un grosor de 3 mm (o como se indique en la receta). Si cuando pasas el rodillo observas burbujas en el fondant o el mazapán, pínchalas con un alfiler limpio.

boquillas de manga pastelera

Con un cuenco de crema de mantequilla y una colección básica de boquillas de manga pastelera puedes crear infinidad de diseños. Las boquillas se venden por separado o en juegos pequeños con bolsas para manga pastelera y acopladores. Además, se clasifican por familias según cuales sean los efectos decorativos que reproduzcan (se listan abajo). Las boquillas también se denominan con números; las recetas de este libro incluyen sugerencias de los números de boquillas de las marcas Ateco y Wilton (a menos que se especifique una marca, la numeración es la misma para ambas). Es posible que otras casas usen otra numeración. Casi todas las categorías de boquillas se fabrican en varios tamaños para ofrecer aún mayor variedad. Las boquillas extra grandes son perfectas para reproducir decoraciones espectaculares o para cubrir rápidamente un pastel con picos arremolinados. Si el juego que tienes no incluye el número que se indica aquí, usa una boquilla de la misma categoría y de aproximadamente el mismo tamaño, obtendrás un resultado similar.

BOQUILLAS LISAS
(POR EJEMPLO, #1, #4, #11, Y #806 DE ATECO)

Las boquillas lisas o redondas son las más versátiles y se usan para formar líneas finas o gruesas, letras, puntos, gotas, tallos delicados y flores sencillas.

BOQUILLAS DE ESTRELLA
(POR EJEMPLO, #14, #17, #20, #199, Y #828, #863 Y #867 DE ATECO)

Existen tres estilos básicos de boquillas de estrella: abierta, cerrada y francesa (acanalado fino). Las boquillas de estrella abierta se utilizan para crear la forma de estrella tradicional, mientras que las estrellas francesas se suelen usar para reproducir conchas. Las boquillas de estrella cerrada se ondulan ligeramente hacia dentro, y son las que se usan para crear rosetones.

BOQUILLAS DE HOJA
(POR EJEMPLO, #66, #67, #68, #349 Y #352)

La boquilla de hoja se puede usar para elaborar diseños parecidos al follaje o tiras con una vena en el centro. Las boquillas de hoja estándar crean una forma plana, mientras que las de hoja en V son para diseños más texturizados y elevados. Los dos tipos son adecuados para formar volantes y bordes suaves.

BOQUILLAS DE PÉTALO
(POR EJEMPLO, #102, #103 Y #104)

Una boquilla de pétalo es esencial para elaborar flores y también sirve para los volantes y las tiras.

BOQUILLAS MULTIPERFORADAS
(POR EJEMPLO, #233)

También conocidas como boquillas para césped o pelo, estas boquillas con varios orificios permiten avanzar mucho porque forman muchas hebras pequeñas de una vez.

BOQUILLAS DE TEJIDO DE ESTERILLA
(POR EJEMPLO, #44 Y #47)

Como su nombre indica, una boquilla de tejido de esterilla crea bordes entramados y elaborados, también líneas parecidas a tiras. Con las boquillas rectas se logran diseños lisos, como volantes, en cambio las otras se pueden usar con el lado acanalado hacia arriba para formar líneas texturizadas o bien con la parte recta (trasera) hacia arriba para lograr líneas lisas. También puedes ir cambiándolas para variar. Estas boquillas también permiten formar bordes de pliegues y tiras.

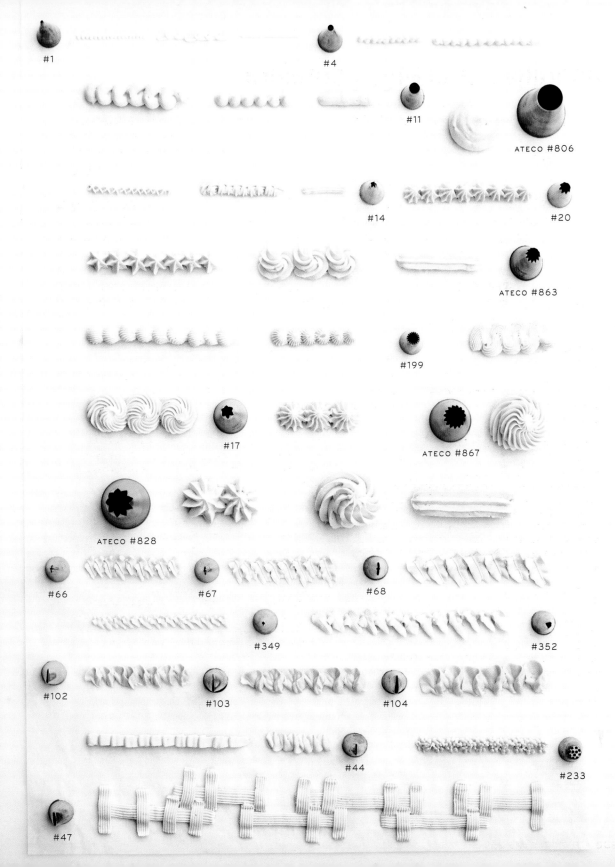

#1

#4

#11

ATECO #806

#14

#20

ATECO #863

#199

#17

ATECO #867

ATECO #828

#66

#67

#68

#349

#352

#102

#103

#104

#44

#233

#47

coberturas, rellenos y adornos

COBERTURA ESPONJOSA DE VAINILLA

Esta dulce cobertura se hace rápidamente con solo tres ingredientes y una batidora de varillas (con una de pie se tarda menos aún). También puedes teñir esta cobertura con colorante alimentario. **PARA 4 TAZAS APROXIMADAMENTE**

345 g (1 ½ tazas) de mantequilla sin sal a temperatura ambiente

400 g (4 tazas) de azúcar glas

½ cucharadita de extracto puro de vainilla

1. Con una batidora eléctrica, bate la mantequilla a velocidad media-alta hasta que sea blanca y cremosa, en unos 2 minutos.

2. Reduce a la velocidad media. Añade el azúcar glas en tandas de 50 g y bate bien cada vez raspando el cuenco si es necesario. Después de dos tandas, sube la velocidad y bate 10 segundos para airear la cobertura. Recupera la velocidad media. Este proceso debería llevarte 5 minutos. La cobertura quedará muy blanquecina y esponjosa.

3. Incorpora la vainilla y bátelo hasta que la cobertura sea suave. Si no vas a usarla enseguida puedes guardarla en un recipiente hermético en el frigorífico durante 10 días. Antes de usarla, espera a que alcance la temperatura ambiente y luego bátela a velocidad baja hasta que recupere la textura suave, en 5 minutos aproximadamente.

COBERTURA DE CHOCOLATE NEGRO

Esta cobertura intensa, oscura y satinada es una de nuestras favoritas. Su consistencia es ideal para esparcirla o aplicarla con manga pastelera en forma de bonitos remolinos y tiene un brillo maravilloso. **PARA 5 TAZAS APROXIMADAMENTE**

39 g (¼ de taza y 2 cucharadas) de cacao en polvo alcalinizado

90 ml (¼ de taza y 2 cucharadas) de agua hirviendo

345 g (1 ½ tazas) de mantequilla sin sal a temperatura ambiente

50 g (½ taza) de azúcar glas tamizado

1 pizca de sal

455 g (1 libra) de chocolate semiamargo de la mejor calidad derretido y enfriado (consulta la página 323)

Mezcla el cacao y el agua hirviendo mientras remueves hasta que el cacao se haya disuelto. Con una batidora eléctrica a velocidad media-alta, bate la mantequilla, el azúcar glas y la sal hasta que la mezcla sea blanquecina y esponjosa. Reduce a velocidad baja. Añade el chocolate derretido enfriado y bate para mezclarlo todo; rebaña los lados del cuenco, si es necesario. Incorpora la mezcla de cacao y bate de nuevo. Si no vas a utilizarla enseguida, puedes conservar la cobertura en un recipiente hermético en el frigorífico durante 5 días, o en el congelador durante 1 mes. Antes de usarla, espera a que alcance la temperatura ambiente y luego bátela a velocidad baja hasta que recupere la textura suave.

COBERTURA DE SIETE MINUTOS

Elaborada con claras de huevo batidas, esta cobertura es similar al merengue, pero más estable y lo bastante consistente como para aplicarla con manga pastelera. Y, como ocurre con el merengue, también queda muy bien si la doras con un pequeño soplete de cocina. Úsala enseguida, porque se endurece rápidamente (ten la manga pastelera lista y a mano). **PARA 8 TAZAS APROXIMADAMENTE**

310 g (1 ½ tazas y 2 cucharadas) de azúcar

160 ml (⅔ de taza) de agua

2 cucharadas de sirope de maíz claro

6 claras de huevos grandes a temperatura ambiente

1. Mezcla 290 g de azúcar con el agua y el sirope de maíz en una olla pequeña; sujeta un termómetro para caramelo en un lado de la olla. Déjalo hervir a fuego medio, removiendo de vez en cuando, hasta que el azúcar se disuelva. Sigue hirviéndolo sin remover hasta que el sirope alcance los 110 °C.

2. Mientras tanto, en el cuenco de una batidora amasadora de pie con el accesorio para montar, monta las claras a velocidad media-alta hasta que se formen picos firmes. Con la batidora en marcha, añade el azúcar restante y bátelo para mezclarlo.

3. En cuanto el azúcar alcance los 110 °C, retíralo del fuego. Con la batidora a velocidad media-baja, vierte el sirope en el cuenco con un chorro lento y continuo. Aumenta la velocidad a media-alta, monta la mezcla hasta que esté completamente fría (toca la base del cuenco para comprobarlo) y se formen picos firmes (pero no secos), en unos 7 minutos. Usa esta cobertura enseguida.

. . . .

VARIANTE DE COCO: Añade ½ cucharadita de extracto de coco puro al final del paso 3 y bátelo hasta integrarlo.

VARIANTE DE CAFÉ: Añade 2 cucharadas de extracto de café puro (consulta Proveedores, en la página 342) al final del paso 3 y bátelo hasta integrarlo.

. . . .

COBERTURA DE QUESO CREMA

Versátil y penetrante, además de fácil de preparar, la cobertura de crema de queso presenta una consistencia suave perfecta para aplicar en remolinos o en picos. Un clásico con el que se suelen decorar muchos cupcakes, incluidos el de zanahoria y el Red Velvet. También es especialmente idónea para otros como el de calabacín y especias y el de compota de manzana y especias. **PARA 4 TAZAS.**

230 g (1 taza) de mantequilla sin sal a temperatura ambiente

340 g de queso crema a temperatura ambiente

400 g (4 tazas) de azúcar glas tamizado

¾ de cucharadita de extracto puro de vainilla

Con una batidora eléctrica a velocidad media-alta, bate la mantequilla y el queso crema hasta que estén esponjosos, de 2 a 3 minutos. Reduce a velocidad baja. Añade el azúcar en tandas de media taza, luego la vainilla y mézclalo hasta que quede suave y bien integrado rebañando los lados del cuenco si es necesario. Si no vas a usar esta cobertura enseguida, puedes guardarla hasta 3 días en un recipiente hermético en el frigorífico. Antes de usarla, espera a que alcance la temperatura ambiente y luego bátela a velocidad baja hasta que recupere la suavidad.

CREMA DE MANTEQUILLA DE MERENGUE SUIZO

Si existe una receta de cobertura que un pastelero casero deba tener siempre a mano, es la del merengue suizo. Esta crema de mantequilla multiuso presenta una textura sumamente sedosa y estable que se extiende maravillosamente en pasteles y cupcakes, y además se puede aplicar con manga pastelera formando picos y diseños perfectos. La crema de mantequilla de merengue suizo no es tan dulce como otros tipos de cobertura, y tiene un sabor a mantequilla espectacular. Puedes añadir distintos extractos, zumos, ralladuras y otros saborizantes para variar el gusto, así como teñirla de cualquier color. No te preocupes si la mezcla parece separarse o cortarse cuando hayas incorporado la mantequilla, sigue batiendo a velocidad media-alta y recuperará la suavidad. **PARA 5 TAZAS APROXIMADAMENTE**

5	claras de huevos grandes
215 g	(1 taza y dos cucharadas) de azúcar
1	pizca de sal
454 g	de mantequilla sin sal a cucharadas y a temperatura ambiente
1 ½	cucharaditas de extracto puro de vainilla

1. Mezcla las claras, el azúcar y la sal en el cuenco resistente al calor de la batidora amasadora de pie dentro de una olla con agua hervida a fuego lento. Monta la mezcla de manera constante manualmente hasta que esté caliente al tacto y el azúcar se haya disuelto (con una textura totalmente suave al tocarla con los dedos).

2. Ajusta el cuenco en la batidora con el accesorio para montar. Empieza a velocidad baja y ve aumentándola gradualmente hasta llegar a la media-alta; monta la mezcla hasta que se formen picos firmes (pero no secos). Sigue mezclando hasta lograr una textura esponjosa, brillante y completamente fría (toca la base del cuenco para comprobarlo), tardarás unos 10 minutos.

3. Con la batidora a velocidad media-baja, añade la mantequilla en tandas de unas cuantas cucharadas y mézclalo bien cada vez. Cuando hayas incorporado toda la mantequilla, añade y monta la vainilla. Cambia el accesorio para montar por el de paleta y sigue batiendo a velocidad baja hasta que desaparezcan todas las burbujas de aire, en unos 2 minutos. Raspa el cuenco con una espátula flexible y sigue batiendo hasta que la cobertura sea totalmente suave. Guárdala a temperatura ambiente si la vas a usar el mismo día, o bien en un recipiente hermético en la nevera para que se conserve hasta 3 días, 1 mes en el congelador. Antes de usarla, espera a que alcance la temperatura ambiente y luego bátela con el accesorio de paleta a velocidad baja hasta que recupere la suavidad, en unos 5 minutos.

4. (Opcional.) Para teñir la crema de mantequilla (o glasa real), reserva un poco por si es necesario rebajar el tono. Añade a la crema de mantequilla restante el colorante alimentario en gel o pasta, de gota en gota (o utiliza un palillo o una brocheta para agregar una pizca de colorante). Puedes usar un único tono de colorante alimentario o experimentar mezclando dos o más. Cada vez que añadas colorante, remueve la mezcla con la batidora (accesorio de paleta) o con una espátula flexible hasta que logres el tono que te parezca bien. Procura no precipitarte al añadir el colorante ni incorporar demasiado, porque el color subirá a medida que remuevas. Si es necesario, puedes rebajar el tono añadiendo un poco de la crema de mantequilla que has reservado al principio.

ELABORACIÓN DE LA CREMA DE MANTEQUILLA DE MERENGUE SUIZO

VARIANTE DE CHOCOLATE: Con una espátula flexible, añade y mezcla con movimientos envolventes 128 g de chocolate semiamargo derretido y enfriado (consulta la página 323) con la mezcla de la crema de mantequilla del paso 3, junto con el extracto de vainilla.

VARIANTE DE CAFÉ: Mezcla 2 cucharadas de café expreso instantáneo en polvo de buena calidad (no uses café instantáneo) con el extracto de vainilla y añádelo en el paso 3.

VARIANTE CON VAINA DE VAINILLA: Abre una vaina de vainilla longitudinalmente y raspa las semillas para incorporarlas al robot de cocina (reserva la vaina para aprovecharla). Mezcla las semillas con el azúcar de la receta para integrarlas bien y, luego, pasa la mezcla por un colador fino para descartar los trozos más grandes (puedes tirarlos). Calienta el azúcar con vaina de vainilla y las claras de huevo del paso 1.

VARIANTE DE FRAMBUESA: Una vez que hayas añadido toda la mantequilla, bate 170 g de frambuesas frescas (u otras bayas) hasta que la crema de mantequilla sea uniforme (no batas en exceso).

CREMA DE MANTEQUILLA DE MERENGUE DE FRESA

Esta crema de mantequilla de gusto afrutado se prepara con la misma técnica que la del merengue suizo, así que puedes tomar las fotografías de cada paso de la página 305 como referencia. **PARA 5 TAZAS APROXIMADAMENTE.**

230 g (1 ½ tazas) de fresas frescas, enjuagadas, sin el rabito y cortadas en trozos grandes

4 claras de huevos grandes

240 g (1 ¼ tazas) de azúcar

345 g (1 ½ tazas) de mantequilla sin sal, a cucharadas y a temperatura ambiente

1. Tritura las fresas en un robot de cocina. Mezcla las claras y el azúcar en el cuenco resistente al calor de la batidora amasadora de pie y colócalo dentro de una olla con agua hervida. Monta la mezcla de manera constante manualmente hasta que esté caliente al tacto y el azúcar se haya disuelto (con una textura totalmente suave al tocarla con los dedos).

2. Ajusta el cuenco en la batidora con el accesorio para montar. Empieza a velocidad baja y ve aumentándola gradualmente hasta llegar a la media-alta; monta la mezcla hasta que se formen picos firmes (pero no secos). Sigue mezclando hasta lograr una textura esponjosa, brillante y completamente fría (toca la base del cuenco para comprobarlo), tardarás unos 10 minutos.

3. Con la batidora a velocidad media-baja, añade la mantequilla en tandas de unas cuantas cucharadas y mézclalo bien cada vez. Cuando hayas incorporado toda la mantequilla, raspa el cuenco con una espátula flexible y cambia el accesorio para montar por el de la paleta. Sigue batiendo a velocidad baja hasta que desaparezcan las burbujas de aire, en unos 2 minutos. Añade las fresas y bátelo todo para incorporarlas. Remueve la mezcla con la espátula flexible hasta que la cobertura sea totalmente suave. Guárdala a temperatura ambiente si la vas a usar el mismo día, o bien en un recipiente hermético en la nevera para que se conserve hasta 3 días, 1 mes en el congelador. Antes de usarla, espera a que alcance la temperatura ambiente y luego bátela con el accesorio de paleta a velocidad baja hasta que recupera la suavidad, en unos 5 minutos.

CREMA DE MANTEQUILLA DE CARAMELO

Esta es otra variante de la crema de mantequilla de merengue suizo, con la diferencia de que aquí trabajas la mantequilla antes de incorporarla a la mezcla de las claras batidas, y el caramelo se añade al final, con lo que se obtiene una crema de mantequilla tan intensa como etérea. **PARA 4 TAZAS APROXIMADAMENTE**

215 g (1 taza y dos cucharadas) de azúcar

60 ml (¼ de taza) de agua

60 ml (¼ de taza) de nata para montar

345 g (1 ½ tazas) de mantequilla sin sal a temperatura ambiente

4 claras de huevos grandes

1 cucharadita de extracto puro de vainilla

1. Mezcla 120 g (½ taza y dos cucharadas) de azúcar con el agua en una olla de fondo grueso. Caliéntala a fuego medio y remueve de vez en cuando hasta que el azúcar se disuelva y el almíbar sea transparente. Deja de remover y cuécelo hasta que el almíbar empiece a hervir limpiando las paredes de la olla con un pincel de repostería mojado para evitar que cristalice. Sigue hirviéndolo, dándole vueltas a la olla alguna que otra vez y suavemente para que el color del almíbar sea uniforme hasta que adquiera un color ámbar muy oscuro. Retira la olla del fuego; añade la nata con un chorro constante (la mezcla salpicará) y entonces remueve con una cuchara de madera hasta integrarla bien y suavizarla. Deja que se enfríe.

2. Con una batidora eléctrica a velocidad media-alta, trabaja la mantequilla hasta que sea blanquecina y esponjosa.

3. Ajusta el cuenco en la batidora con el accesorio para montar. Ajusta la velocidad baja y ve aumentándola gradualmente hasta la media-alta, mézclalo hasta que se formen picos firmes (pero no secos). Sigue montando hasta que la mezcla de los huevos esté esponjosa, brillante y completamente fría (toca la base del cuenco para comprobarlo), en unos 10 minutos. Reduce la velocidad de la batidora a media-baja. Añade la mantequilla batida, más o menos 57 g (¼ de taza) cada vez y mézclala bien tras cada incorporación. Agrega la vainilla y mézclala.

4. Cambia el accesorio para montar por el de paleta. Con la batidora a velocidad media-baja, vierte el caramelo muy lentamente y bátelo durante 5 minutos. Rebaña los lados del cuenco y sigue batiendo hasta que incorpores el caramelo completamente. Guarda la crema de mantequilla a temperatura ambiente si la vas a usar el mismo día, o bien en un recipiente hermético en la nevera para que se conserve hasta 3 días, 1 mes en el congelador. Antes de usarla, espera a que alcance la temperatura ambiente y luego bátela con el accesorio de paleta a velocidad baja hasta que recupere la suavidad, en unos 5 minutos.

CREMA DE MANTEQUILLA DE MENTA

El encantador color blanco de esta cobertura oculta el intenso sabor de la menta, que se consigue poniendo en remojo menta fresca con leche mientras se prepara la base de crema y, después, añadiendo extracto al final. **PARA 3 ½ TAZAS APROXIMADAMENTE**

2 huevos grandes, claras y yemas separadas

100 g (½ taza) de azúcar

160 ml (⅔ de taza) de leche

⅓ de cucharadita de extracto puro de vainilla

10 g (⅔ de taza) de hojas de menta fresca cortadas en trozos grandes

455 g de mantequilla sin sal a temperatura ambiente

¼ de cucharadita de extracto puro de menta

1. En el cuenco de una batidora amasadora de pie con el accesorio para montar, mezcla las yemas y 50 g de azúcar a velocidad alta hasta que la masa sea blanquecina y esponjosa, en 2-3 minutos.

2. Prepara un recipiente con agua y hielo. Calienta la leche, la vainilla y las hojas de menta en una olla mediana y cuando empiecen a hervir retira la olla del fuego. Monta más o menos un tercio de la mezcla de leche con la mezcla de las yemas (a esto se le llama templar, así se evita que las yemas cuajen). Vierte la mezcla de las yemas en la olla con el resto de la mezcla de leche y móntalo bien. Sujeta un termómetro para caramelo en el lado de la olla. Caliéntalo todo a medio fuego sin dejar de remover hasta que la mezcla alcance los 85 °C. Entonces, retira la olla del fuego; pasa la mezcla por un colador fino a un cuenco resistente al calor (y desecha los restos sólidos del colador). Coloca el cuenco en el recipiente con agua y hielo y remueve la mezcla hasta que esté fría.

3. En otro cuenco de la batidora con el accesorio de la paleta, trabaja la mantequilla a velocidad media-alta hasta que sea blanquecina y esponjosa. Incorpora y bate la mezcla de las yemas ya frías.

4. Calienta las claras de huevo y los 50 g restantes de azúcar en el cuenco limpio resistente al calor de una batidora eléctrica sobre una olla con agua hirviendo a fuego lento, mientras montas la mezcla manualmente y sin parar hasta que esté caliente al tacto y el azúcar se haya disuelto (con una textura totalmente suave al tocarla con los dedos). Ajusta el cuenco limpio en la batidora con el accesorio para montar; empieza a la velocidad baja y ve incrementándola poco a poco hasta la media-alta, detente cuando se formen picos firmes (pero no secos) y la mezcla esté completamente fría (toca la base del cuenco para comprobarlo, en unos 10 minutos.

5. Añade la mezcla de las claras a la de la mantequilla. Inserta el accesorio de la paleta y bátelo todo a velocidad media hasta que esté suave. Incorpora y bate el extracto de menta. Conserva esta crema de mantequilla a temperatura ambiente si la vas a usar el mismo día o guárdala en un recipiente hermético y en el frigorífico hasta 3 días, 3 meses en el congelador. Antes de usarla, espera a que alcance la temperatura ambiente y bátela con el accesorio de paleta a velocidad baja hasta que recupere la suavidad, en unos 5 minutos.

CREMA DE MANTEQUILLA DE JARABE DE ARCE

Antes de añadir el jarabe de arce a los huevos batidos, deberías calentarlo a 115 grados. Si no dispones de un termómetro para caramelo, puedes comprobar la temperatura vertiendo una gota de jarabe en agua fría: enseguida formará una bola blanda. Asegúrate de comprar jarabe de arce puro, no el denominado jarabe o sirope para *pancakes* o el jarabe con sabor a arce, que en realidad son una mezcla de sirope de maíz y extracto de arce. El jarabe de arce puro se clasifica por el color y el sabor; el grado B presenta un sabor intenso que funciona bien en pastelería y otras recetas. **PARA 4 TAZAS**

6	yemas de huevos grandes
475 ml	(2 tazas) de jarabe de arce puro, preferiblemente de grado B
455 g	de mantequilla sin sal, a temperatura ambiente y a cucharadas

1. En el cuenco de la batidora amasadora de pie con el accesorio para montar, mezcla las yemas a velocidad alta hasta que estén blancas y espesas, en unos 5 minutos.

2. Mientras tanto, hierve el jarabe de arce en una olla a fuego medio; sujeta un termómetro para caramelo en un lado. Hiérvelo hasta que alcance los 115 °C, en unos 15 minutos, y retíralo del fuego.

3. Con la batidora de velocidad media, vierte el jarabe con mucho cuidado y con un flujo lento y constante por un lado del cuenco hasta que quede bien integrado, en minuto y medio aproximadamente. Sigue mezclándolo hasta que la parte inferior del cuenco esté ligeramente caliente al tacto, en 5-6 minutos.

4. Añade la mantequilla, en tandas de unas cuantas cucharadas y remueve bien para incorporarla completamente tras cada adición. Una vez que hayas integrado toda la mantequilla, raspa el cuenco con una espátula flexible y sigue batiendo hasta que la crema de mantequilla sea esponjosa, en unos 4 minutos más. Conserva esta crema de mantequilla a temperatura ambiente si la vas a usar el mismo día o guárdala en un recipiente hermético y en el frigorífico hasta 3 días, o 1 mes en el congelador. Antes de usarla, espera a que alcance la temperatura ambiente y bátela con el accesorio de paleta a velocidad baja hasta que recupere la suavidad, en unos 5 minutos.

COBERTURA DE MASCARPONE

Elaborada con queso mascarpone, esta cobertura es similar a la de queso crema, pero con un sabor ligeramente más intenso. **PARA 2 TAZAS APROXIMADAMENTE**

240 ml (1 taza) de nata para montar

230 g de mascarpone a temperatura ambiente

65 g (½ taza) de azúcar glas tamizado

Con una batidora eléctrica a velocidad media, monta la nata hasta que se formen picos firmes (procura no montarla demasiado, porque quedaría granulosa). En otro cuenco, monta el mascarpone y el azúcar glas hasta que estén suaves. Con cuidado, remueve la nata montada y la mezcla del mascarpone con movimientos envolventes hasta incorporarlo todo completamente. Úsala enseguida.

COBERTURA DE AZÚCAR MORENO Y QUESO CREMA

2 ½ TAZAS

115 g (½ taza) de mantequilla sin sal a temperatura ambiente

230 g de queso crema a temperatura ambiente

180 g (1 taza) de azúcar moreno claro compacto

Con una batidora eléctrica a velocidad media-alta, bate la mantequilla, el queso crema y el azúcar moreno hasta que la mezcla sea suave. Úsala enseguida o guárdala hasta 3 días en un recipiente hermético en el frigorífico. Antes de usarla, espera a que alcance la temperatura ambiente y bátela a velocidad baja hasta que recupere la suavidad.

COBERTURA DE MANTEQUILLA DE CACAHUETE CREMOSA

PARA 3 TAZAS APROXIMADAMENTE

170 g de queso crema a temperatura ambiente

40 g (⅓ de taza) de azúcar glas

½ cucharadita de sal

180 g (1 taza) de mantequilla de cacahuete cremosa

½ cucharadita de extracto puro de vainilla

120 ml (½ taza) de nata para montar

1. Con una batidora eléctrica a velocidad media-alta, bate el queso crema y el azúcar glas hasta que la mezcla sea blanquecina y esponjosa. Añade sal y mantequilla de cacahuete y bátelo para integrarlas. Agrega y bate la vainilla.

2. En otro cuenco, con una batidora eléctrica a velocidad media, monta la nata hasta que se formen picos casi firmes. Remueve la nata y la mezcla de la mantequilla de cacahuete realizando movimientos envolventes. Úsala enseguida o guárdala hasta 2 días bien cubierta en el frigorífico. Antes de usarla, espera a que alcance la temperatura ambiente y remuévela con una espátula flexible hasta que recupere la suavidad.

COBERTURA DE CHOCOLATE Y CREMA AGRIA

Parecida a la cobertura de chocolate negro (página 302), esta cubierta debe su intenso color al chocolate semiamargo. La crema agria y el queso crema le confieren un sabor ácido y una consistencia ultracremosa. Esta cobertura combina bien con cualquier cupcake de chocolate, en especial el del diablo (página 34, también se prepara con crema agria), y con el de plátano, como los cupcakes de plátano asado de la página 141. **PARA 8 TAZAS APROXIMADAMENTE**

455 g (4 tazas) de azúcar glas tamizado

55 g (½ taza) de cacao en polvo alcalinizado sin azúcar

¼ de cucharadita de sal

340 g de queso crema a temperatura ambiente

170 g (¾ de taza) de mantequilla sin sal a temperatura ambiente

510 g de chocolate amargo derretido y enfriado (consulta la página 323)

355 ml (1 ½ tazas) de crema agria

Tamiza el azúcar glas, el cacao y la sal, todo junto. Con una batidora eléctrica a velocidad media-alta, bate el queso crema y la mantequilla hasta que la mezcla sea blanquecina y esponjosa. Reduce a la velocidad baja. Añade la mezcla del azúcar gradualmente e incorpórala bien. Agrega el chocolate derretido ya frío y luego la crema agria; raspa el cuenco y sigue batiendo hasta que la mezcla esté suave. Usa esta cobertura enseguida o guárdala hasta 5 días en un recipiente hermético en el frigorífico, 1 mes en el congelador. Antes de usarla, espera a que alcance la temperatura ambiente y bátela a velocidad baja hasta que recupere la suavidad.

. . . .

COBERTURA DE COCO Y NUECES PECÁN

PARA 4 TAZAS APROXIMADAMENTE

3 yemas de huevos grandes

365 ml (1 lata) de leche evaporada

225 g (1 ¼ tazas) de azúcar moreno claro compacto

170 g (¾ de taza) de mantequilla sin sal, a cucharadas y a temperatura ambiente

1 cucharadita de extracto puro de vainilla

¼ de cucharadita de sal

200 g (1 paquete) de coco azucarado en copos

180 g (1 ½ tazas) de nueces pecán tostadas (consulta la página 323) y cortadas en trozos grandes

1. Calienta las yemas, la leche evaporada, el azúcar moreno y la mantequilla en una olla a fuego medio sin dejar de remover hasta que espesen, en unos 10 minutos (notarás la consistencia de la crema agria). Pasa la mezcla por un colador fino hacia un cuenco.

2. Remueve la vainilla, la sal, el coco y las nueces con la cobertura. Deja que se enfríe completamente y remuévela de vez en cuando. Esta cobertura se puede guardar en un recipiente hermético en el frigorífico un día. Antes de usarla, espera a que alcance la temperatura ambiente y remuévela con una espátula flexible hasta que recupere la suavidad.

GLASEADO DE GANACHE DE CHOCOLATE

Es posible que este intenso y denso glaseado de chocolate te recuerde al sabor y la consistencia de la salsa *fudge* caliente. Evita mezclarlo demasiado cuando incorpores el chocolate en la mezcla de la nata caliente o la ganache quedaría mate y granulada. Para elaborar un glaseado más fino para cubrir los cupcakes de San Valentín escritos a mano de la página 212, sigue la variante de la parte inferior. **PARA 1 ¼ TAZAS APROXIMADAMENTE**

170 g	de chocolate semiamargo cortado en trozos pequeños
160 ml	(⅔ de taza) de nata para montar
1	cucharada de sirope de maíz claro

1. Coloca el chocolate en un cuenco mediano resistente al calor. Introduce la nata y el sirope de maíz en un cazo a fuego medio-alto para que empiece a hervir y entonces vierte la mezcla sobre el chocolate. Déjalo reposar sin remover hasta que el chocolate empiece a derretirse.

2. Con una espátula flexible, remueve el chocolate suavemente y trabájalo para integrarlo completamente. Empieza por la zona central del cuenco y avanza hacia los bordes recogiendo tanto chocolate como puedas hasta que la mezcla sea suave y brillante. (Si quedan trozos de chocolate, pasa la mezcla por un colador fino y apártalos.) Si no vas a usar el glaseado enseguida, puedes guardarlo en un recipiente hermético en el frigorífico hasta 5 días. Caliéntalo con cuidado antes de usarlo.

VERTER LA NATA CALIENTE
SOBRE EL CHOCOLATE

REMOVER HASTA INTEGRAR
EL CHOCOLATE

VARIANTE DEL GLASEADO DE CHOCOLATE BRILLANTE: Reduce la cantidad de chocolate a 60 gramos. Sigue el paso 1 de la receta de esta página y deja que la mezcla repose 5 minutos antes de montarla lentamente para que esté suave y bien integrada. Úsala enseguida, sin colarla.

COBERTURA DE GANACHE DE CHOCOLATE

La ganache, una mezcla suave de chocolate y nata, es una de las coberturas de chocolate más deliciosas y exquisitas. La cobertura se prepara del mismo modo que el glaseado de ganache de chocolate (página anterior), pero luego se deja espesar para poderla extender bien. Lograr la consistencia perfecta puede resultar complicado; si la cobertura es demasiado espesa para extenderla, vuelve a calentarla en un cuenco sobre una olla con agua hirviendo a fuego lento hasta que empiece a derretirse por los bordes, entonces retírala del fuego y remuévela hasta lograr una textura suave. **PARA 4 TAZAS**

455 g de chocolate semiamargo de calidad cortado en trozos pequeños

560 ml (2 ⅓ tazas) de nata para montar

90 ml (¼ de taza) de sirope de maíz

1. Coloca el chocolate en un cuenco grande resistente al calor. Introduce la nata y el sirope de maíz en un cazo a fuego medio-alto para que empiece a hervir y, entonces, vierte la mezcla sobre el chocolate. Déjalo reposar sin remover hasta que el chocolate empiece a derretirse.

2. Desde el centro hacia el exterior, remueve el chocolate derretido con la mezcla de la nata hasta que consigas una textura bien integrada y suave (no lo remuevas en exceso).

3. Introduce la cobertura en el frigorífico y remuévela cada 5 minutos hasta que comience a tomar cuerpo y el color se aclare ligeramente. Úsala enseguida (la ganache seguirá espesándose cuando dejes de remover).

COBERTURA DE MIEL PARA 2 TAZAS APROXIMADAMENTE

115 g (½ taza) de mantequilla sin sal a temperatura ambiente

230 g de queso crema

85 g (¼ de taza) de miel de calidad

Mezcla la mantequilla, el queso crema y la miel con una espátula flexible hasta lograr una textura suave. Si no usas esta cobertura enseguida, puedes guardarla en un recipiente hermético en el frigorífico hasta 5 días. Antes de utilizarla, remuévela con una espátula flexible hasta que esté suave.

. . . .

BAÑO DE MANTEQUILLA MARRÓN

Este delicioso baño tiende a cortarse. Si es así, caliéntalo en un cuenco resistente al calor sobre una olla hirviendo a fuego lento, móntalo hasta que esté suave y, si es necesario, añade un poco de leche para lograr la consistencia adecuada.

PARA 1 TAZA

115 g (½ taza) de mantequilla sin sal a temperatura ambiente

200 g (2 tazas) de azúcar glas

2 cucharaditas de extracto puro de vainilla

2 cucharadas de leche y un poco más si es necesario

1. Derrite la mantequilla en un cazo a fuego medio, removiendo de vez en cuando hasta que adquiera un color avellanado, en unos 10 minutos. Retira el cazo del fuego y vierte la mantequilla en un cuenco, pero descarta los sedimentos quemados.

2. Añade el azúcar glas, la vainilla y dos cucharadas de leche a la mantequilla marrón; remuévelo todo hasta que esté suave. Si es necesario, añade más leche (un máximo de 2 cucharadas) poco a poco, hasta que el baño se pueda extender. Úsalo enseguida.

VERTER LA MANTEQUILLA MARRÓN

GLASEADO CÍTRICO

Sigue esta receta para elaborar glaseado con sabor a cualquier cítrico, naranja, limón o lima. **PARA 1 TAZA APROXIMADAMENTE**

150 g (1 ½ tazas) de azúcar glas tamizado y un poco más si es necesario

¼ de cucharadita de ralladura fina de un cítrico

3 cucharadas de zumo fresco de un cítrico y un poco más si es necesario

Monta todos los ingredientes hasta que la textura sea suave. Si es necesario, añade más azúcar para espesar el glaseado o más zumo para diluirlo. Utilízalo enseguida.

. . . .

GLASA REAL

Si usas polvo de merengue (o claras en polvo) en lugar de las claras frescas, te ahorrarás problemas relacionados con la seguridad alimentaria. Encontrarás el polvo de merengue o las claras en polvo en tiendas especializadas en pastelería y en muchos supermercados. La glasa real se endurece rápidamente, así que, si no vas a usarla enseguida, guárdala en un recipiente hermético en el frigorífico durante una semana como máximo. Antes de utilizarla remuévela con una espátula flexible hasta que esté suave. **PARA 2 ½ TAZAS APROXIMADAMENTE**

400 g (4 tazas) de azúcar glas tamizado

50 g (¼ de taza y 1 cucharada) de polvo de merengue

120 ml (½ taza escasa) de agua y un poco más si es necesario

Con una batidora eléctrica a velocidad baja, bate todos los ingredientes hasta que la textura sea suave, en unos 7 minutos. Si la mezcla es demasiado espesa, añádele agua poco a poco batiendo hasta que forme una tira en la superficie durante unos segundos al levantar la batidora. En cambio, si queda demasiado líquida, sigue mezclándola 2-3 minutos más.

CREMA PASTELERA

La crema pastelera es la crema por excelencia para rellenar pasteles, tartas, pastas y otros dulces horneados. Asegúrate de llevar la mezcla a ebullición para activar la harina de maíz y que así se espese como conviene. **PARA 3 TAZAS APROXIMADAMENTE**

4	yemas de huevos grandes
95 g	(½ taza) de azúcar
40 g	(¼ de taza) de harina de maíz
1	pizca de sal
475 ml	(2 tazas) de leche
1 ¼	cucharaditas de extracto puro de vainilla

1. Monta las yemas en un cuenco grande hasta que estén cremosas. En una olla mediana, mezcla el azúcar, la harina de maíz y la sal y caliéntalo a fuego medio. Remuévelo constantemente y añade la leche gradualmente y con un flujo continuo; cuécelo hasta que la mezcla se espese y empiecen a formarse burbujas, en unos 5 minutos.

2. Sin dejar de montar, vierte lentamente un tercio de la mezcla de la leche sobre las yemas (a este paso se le llama templar, así evitas que las yemas cuajen). Vierte la mezcla resultante en la mezcla de la leche que sobra en la olla. Cuécelo a fuego medio sin dejar de montar hasta que la mezcla hierva completamente y se espese lo bastante como para mantener la forma al levantarla con una cuchara, de 2 a 4 minutos. Retíralo del fuego; añade y mezcla la vainilla.

3. Pasa la mezcla por un calor fino hacia un cuenco resistente al calor. Cúbrelo y presiona la superficie directamente con papel de hornear o film transparente para evitar que se forme una costra. Guárdalo en el frigorífico hasta que se haya enfriado y endurecido, al menos durante 2 horas (o hasta 2 días).

NATA MONTADA

Esta familiar cubierta para postres permite decorar cupcakes de manera versátil en un abrir y cerrar de ojos. Puedes servirla a cucharadas encima del cupcakes como alternativa a coberturas más pesadas o bien usarla para rellenar cupcakes partidos por la mitad. Tanto si usas una batidora de mano como una eléctrica para montar la nata, procura no hacerlo en exceso porque obtendrías una consistencia granulosa. Si deseas nata montada sin azúcar, basta con no añadirlo. **PARA 4 TAZAS APROXIMADAMENTE**

480 ml	(2 tazas) de nata para montar
50 g	(¼ taza) de azúcar glas tamizado

Monta la nata hasta que se formen picos blandos. Añade el azúcar glas y sigue montándolo para mezclarlo bien. Si no la vas a usar enseguida, puedes guardar la nata montada en un recipiente hermético bien cerrado en el frigorífico hasta 3 horas.

LEMON CURD

Una gran cantidad de zumo de limón concederá a esta crema un sabor intenso. Por su acidez, el zumo evita que las yemas cuajen al calentarlas (algo que no ocurre cuando se prepara crema pastelera, que requiere un paso adicional para templar las yemas). Puedes sustituir la misma cantidad de zumo de limón por el de otro cítrico, como lima, pomelo o naranja sanguina. **PARA 2 TAZAS APROXIMADAMENTE**

- 2 huevos enteros más 8 yemas
- 190 g (1 taza) de azúcar
- 160 ml (⅔ de taza) de zumo de limón recién exprimido (unos 6 limones)
- 2 cucharadas de mantequilla sin sal, cortada en trozos pequeños y a temperatura ambiente

Mezcla los huevos y las yemas, el azúcar y el zumo de limón en un cuenco resistente al calor sobre una olla con agua hirviendo a fuego lento. Cuécelo montándolo constantemente hasta que la mezcla sea lo bastante espesa como para cubrir la parte posterior de una cuchara. Retíralo del fuego. Añade la mantequilla en tandas de unos cuantos trozos y remuévela bien cada vez hasta que la mezcla sea suave. Pasa la mezcla por un colador fino a otro cuenco y cúbrelo con papel de hornear o film transparente presionando la superficie directamente para que no se forme una costra. Deja que se enfríe y endurezca un poco en el frigorífico durante 2 horas por lo menos (o hasta 2 días).

MERENGUE SUIZO

Este merengue hinchado se usa para imitar champiñones con manga pastelera para los cupcakes de frutas de la página 249 y también las flores de los cupcakes con ramo de merengue de la página 264. (Asimismo, sirve de base para la crema de mantequilla de merengue suizo de la página 304.) **PARA 4 TAZAS APROXIMADAMENTE**

- 4 claras de huevos grandes
- 190 g (1 taza) de azúcar
- 1 pizca de cremor tártaro
- 1 cucharadita de extracto puro de vainilla

1. Mezcla las claras, el azúcar y el cremor tártaro en el cuenco resistente al calor de una batidora amasadora eléctrica; coloca el cuenco sobre una olla con agua hirviendo a fuego lento. Sujeta un termómetro para caramelo en un lado del cuenco. Cuécelo mientras no paras de montar manualmente hasta que la mezcla alcance los 60 °C y el azúcar se haya disuelto (con una textura totalmente suave al tocarla con los dedos), en unos 3 minutos.

2. Traslada el cuenco a la batidora amasadora y ajusta el accesorio para montar. Empieza a velocidad baja e increméntala gradualmente hasta la alta mezclando el merengue para enfriarlo completamente (toca la base del cuenco para comprobarlo) y se formen picos firmes y brillantes (pero no secos), en unos 10 minutos. Incorpora la vainilla y mézclala. Usa el merengue enseguida.

GALLETAS DE CHOCOLATE

Con esta masa de múltiples aplicaciones se pueden hornear galletas deliciosas y oscuras, y además se puede estirar una y otra vez sin apenas comprometer la textura. Sigue esta receta para elaborar tus propios diseños o bien corta y hornea tal como se indique en las recetas de los cupcakes que elijas. **PARA 3-4 DOCENAS DE GALLETAS DE 8 CM**

180 g (1 ½ tazas) de harina normal y un poco más para la superficie de trabajo

65 g (½ taza y dos cucharadas) de cacao en polvo alcalinizado sin azúcar

⅛ de cucharadita de sal

¼ de cucharadita de canela en polvo

170 g (¾ de taza) de mantequilla sin sal a temperatura ambiente

195 g (1 ½ tazas) de azúcar glas tamizado

1 huevo grande ligeramente batido

½ cucharadita de extracto puro de vainilla

1. Tamiza la harina, el cacao, la sal y la canela. Con una batidora eléctrica a velocidad media-alta, trabaja la mantequilla y el azúcar glas hasta que la mezcla sea blanquecina y esponjosa. Añade el huevo y la vainilla y bátelo para mezclarlo. Reduce a la velocidad baja. Añade la mezcla de la harina gradualmente batiendo solo hasta unirla.

2. Divide la masa en dos partes iguales, aplánalas dándoles forma de disco y envuélvelas con plástico. Introdúcelas en el frigorífico durante al menos 1 hora (o toda la noche) hasta que endurezcan. Puedes congelar la masa bien envuelta en plástico y dentro de una bolsa de plástico con cierre hermético hasta 3 meses; descongélala durante toda una noche en el frigorífico antes de usarla.

3. En una superficie de trabajo ligeramente espolvoreada con harina (o un trozo de papel para hornear), estira uno de los discos de masa con un rodillo para que tenga un grosor un poco inferior a 0,63 cm. Traslada la masa a una bandeja para horno; introdúcela en el frigorífico hasta que esté dura, tardará unos 15 minutos.

4. Precalienta el horno a 180 °C colocando las bandejas en el tercio superior y el inferior. Con un cortador de galletas de 8 cm, corta rápidamente las galletas (si la masa empieza a ablandarse, enfríala en el frigorífico durante 5 minutos) y traslada las galletas a bandejas para horno forradas con papel separándolas 5 cm las unas de las otras. Reúne los trozos que sobren y estira la masa para cortar más galletas. Retira el exceso de harina. Enfría las galletas durante 15 minutos aproximadamente hasta que endurezcan. Repite este proceso con otro disco de masa.

5. Hornea las galletas hasta que estén crujientes, en unos 8 minutos; da un golpe seco a las bandejas y gíralas a la mitad de la cocción. Deja que las galletas se enfríen completamente en las bandejas sobre rejillas de alambre antes de decorarlas. Las galletas se pueden guardar hasta 1 semana a temperatura ambiente y en un recipiente hermético.

GALLETAS DE AZÚCAR

Mantecosas y crujientes, las galletas de azúcar son deliciosas solas o como decoración de suculentos cupcakes con glasa real. Esta masa es una de las preferidas de los editores de la sección de alimentación de Martha Stewart Living por su sabor y textura, perfecta para extenderla y cortar varias formas. Sigue la receta siguiente para elaborar tus propios diseños o corta y hornea las galletas como se indica en las recetas de los correspondientes cupcakes. **PARA 4 DOCENAS DE GALLETAS DE 5 CM**

480 g (4 tazas) de harina normal tamizada y un poco más para la superficie de trabajo

1 cucharadita de polvo de hornear

½ cucharadita de sal

230 g (1 taza) de mantequilla sin sal a temperatura ambiente

200 g (2 tazas) de azúcar

2 huevos grandes a temperatura ambiente

2 cucharaditas de extracto puro de vainilla

1. Tamiza la harina, el polvo de hornear y la sal. Con una batidora eléctrica a velocidad media-alta, trabaja la mantequilla y el azúcar hasta que la mezcla sea blanquecina y esponjosa. Añade los huevos y la vainilla y bátelo para integrarlo. Reduce a la velocidad baja. Añade la mezcla de la harina gradualmente batiendo solo hasta integrarla.

2. Divide la masa en dos partes iguales, aplánalas dándoles forma de disco y envuélvelas con plástico. Introdúcelas en el frigorífico durante al menos 1 hora (o toda la noche) hasta que endurezcan. Puedes congelar la masa bien envuelta en plástico y dentro de una bolsa de plástico con cierre hermético hasta 3 meses; descongélala durante toda una noche en el frigorífico antes de usarla.

3. Espera a que un disco de la masa alcance la temperatura ambiente y se ablande lo suficiente para estirarla, en unos 10 minutos. En una superficie de trabajo ligeramente espolvoreada con harina (o un trozo de papel para hornear), estira uno de los discos de masa con un rodillo para que tenga un grosor un poco inferior a 0,63 cm; si es necesario añade más harina para evitar que la masa se pegue. Traslada la masa a una bandeja para horno; introdúcela en el frigorífico hasta que esté dura, tardará unos 15 minutos.

4. Precalienta el horno a 180 °C colocando las bandejas en el tercio superior y el inferior. Con un cortador de galletas de 5 cm, corta rápidamente las galletas (si la masa empieza a ablandarse, enfríala en el frigorífico durante 5 minutos) y traslada las galletas a bandejas para horno forradas con papel separándolas 5 cm las unas de las otras. Reúne los trozos que sobren y estira la masa para cortar más galletas. Retira el exceso de harina. Enfría las galletas durante 15 minutos aproximadamente hasta que endurezcan. Repite este proceso con otro disco de masa.

5. Hornea las galletas hasta que los bordes se doren, en unos 15 o 18 minutos; da un golpe seco a las bandejas y gíralas a la mitad de la cocción. Deja que las galletas se enfríen completamente en las bandejas sobre rejillas de alambre antes de decorarlas. Las galletas se pueden guardar hasta 1 semana a temperatura ambiente y en un recipiente hermético.

GALLETAS DE JENGIBRE

Utiliza esta masa para elaborar niños y niñas de galleta de jengibre, o bien otras formas, como dinosaurios gigantes de jengibre para decorar cupcakes (adapta el tiempo de cocción cuando sea necesario). Estas galletas crujientes saben a una mezcla de especias: jengibre, canela, clavo y nuez moscada, y se endulzan con una combinación de melaza y azúcar moreno. Sigue esta receta para preparar tus propios diseños o corta y hornea los que se indican en la receta de cada cupcake. **PARA 4-5 DOCENAS DE GALLETAS DE 5 CM**

660 g (5 ½ tazas) de harina normal y un poco más para la superficie de trabajo

1 cucharadita de bicarbonato sódico

1 ½ cucharaditas de sal

1 cucharada y 1 cucharadita de jengibre molido

1 cucharada y 1 cucharadita de canela en polvo

1 ½ cucharaditas de clavos de olor molidos

1 cucharadita de nuez moscada recién rallada

230 g (1 taza) de mantequilla sin sal a temperatura ambiente

180 g (1 taza) de azúcar moreno oscuro compacto

2 huevos grandes

360 g (1 ½ tazas) de melaza sin clarificar

1. Mezcla la harina, el bicarbonato sódico, la sal y las especias. Con una batidora eléctrica a velocidad media-alta, trabaja la mantequilla y el azúcar moreno hasta que la mezcla sea blanquecina y esponjosa. Añade los huevos y la melaza y bátelo para integrarlo. Reduce a la velocidad baja. Agrega la mezcla de la harina gradualmente batiendo solo hasta unirla.

2. Divide la masa en tres partes, aplánalas dándoles forma de disco y envuélvelos con plástico. Introdúcelos en el frigorífico durante al menos 1 hora (o toda la noche) hasta que endurezcan. Puedes congelar la masa bien envuelta en plástico y dentro de una bolsa de plástico con cierre hermético hasta 3 meses; descongélala durante toda una noche en el frigorífico antes de usarla.

3. En un trozo de papel de hornear espolvoreado con bastante harina, estira un disco de masa con un rodillo hasta lograr un grosor de 6 mm. Retira el exceso de harina y enfría la masa en el frigorífico hasta que esté dura, tardará unos 15 minutos.

4. Precalienta el horno a 180 °C colocando las bandejas en el tercio superior y el inferior. Con un cortador de galletas de 5 cm, corta rápidamente las galletas y traslada las galletas a bandejas para horno forradas con papel separándolas 5 cm las unas de las otras. Enfría las galletas durante 15 minutos aproximadamente hasta que endurezcan. Repite este proceso con los dos discos de masa restantes.

5. Hornea las galletas hasta que estén crujientes sin ser oscuras, de 8 a 10 minutos; da un golpe seco a las bandejas y gíralas a la mitad de la cocción. Deja que las galletas se enfríen completamente en las bandejas sobre rejillas de alambre antes de decorarlas. Las galletas se pueden guardar hasta 1 semana a temperatura ambiente y en un recipiente hermético.

HOJAS DE MENTA CON CHOCOLATE

PARA 24 CUPCAKES (UNAS 6 HOJAS POR CUPCAKE)

1-2 ramitas de menta fresca, las hojas separadas de los tallos

230 g de chocolate semiamargo derretido y templado (consulta abajo)

1. Lava las hojas de menta suavemente con un papel absorbente húmedo y déjalas secar por completo. Con un pincel de repostería pequeño y seco, baña el dorso de las hojas con una capa gruesa de chocolate templado. (Si el chocolate mancha el anverso de la hoja, límpiala cuidadosamente con el dedo.)

2. Cubre el anverso de las hojas con chocolate, dispuestas sobre un palillo largo o el mango de una cuchara de madera, sobre una bandeja forrada con papel para hornear. Enfríalas en el frigorífico durante 10 minutos aproximadamente para que el chocolate se adhiera.

3. Con cuidado y unas pinzas de cocina, levanta la capa de chocolate de las hojas (para evitar que el chocolate se derrita no lo toques con las manos). Mientras sujetas el tallo, separa la hoja con los dedos. Las hojas de chocolate se conservan en un recipiente hermético, colocadas en una sola capa, en el frigorífico hasta 2 días.

CUBRIR Y DAR FORMA A LAS HOJAS

SEPARAR LAS HOJAS DE MENTA DEL CHOCOLATE

TEMPLAR EL CHOCOLATE

Todo el chocolate está templado cuando lo compras: se rompe de manera limpia, se derrite suavemente y presenta un brillo precioso. Pero en cuanto derrites el chocolate se destempla, así que cuando haces hojas u otros diseños con chocolate tienes que seguir estos pasos para asegurarte resultados óptimos. Templa solo chocolate de la mejor calidad, como el de las marcas Valrhona, Callebaut o El Rey. Empieza por trocear 230 g de chocolate en pedazos pequeños. Reserva media taza de chocolate troceado y traslada el restante a un cuenco mediano resistente sobre (no dentro) una olla con agua apenas hervida. Caliéntala mientras remueves de vez en cuando hasta que el chocolate se derrita y un termómetro para chocolate o caramelo marque 55 °C. (Muchas marcas de chocolate negro no deberían calentarse a más de 48 °C, compruébalo en la etiqueta.) Retira al chocolate del fuego; añade y remueve la media taza de chocolate troceado que habías reservado hasta que se derrita. Sigue removiendo hasta que se enfríe a 28-29 °C. Vuelve a colocar el cuenco de chocolate sobre la olla de agua caliente y recaliéntalo hasta los 31 °C. Utilízalo enseguida.

CUPCAKES DE BROWNIE

Esta receta sirve para preparar los corazones de brownie de la página 213; parte de la masa se hornea en moldes para muffins y el resto en una fuente de 20 cm para poder cortar los corazones.

PARA 24 CUPCAKES Y 24 CORAZONES

Espray antiadherente de cocina

360 g (3 tazas) de harina normal

1 ½ cucharaditas de polvo de hornear

1 ½ cucharaditas de sal gruesa

345 g (1 ½ tazas) de mantequilla sin sal troceada y a temperatura ambiente

340 g de chocolate sin azúcar cortado en trozos grandes

575 g (3 tazas) de azúcar

6 huevos grandes a temperatura ambiente

1 cucharada de extracto puro de vainilla

1. Precalienta el horno a 180 °C. Forra los moldes para muffins con cápsulas de papel. Aplica espray antiadherente de cocina en la fuente cuadrada de 20 cm. Forra el fondo de la fuente con papel para hornear y pulveriza el papel con el espray. En un cuenco, mezcla la harina, el polvo de hornear y la sal.

2. Calienta la mantequilla y el chocolate en un cuenco resistente al calor colocado sobre (no dentro) una olla con agua hervida mientras remueves de vez en cuando hasta que los ingredientes se derritan. Retíralos del fuego y añade el azúcar. Con una batidora eléctrica a velocidad media-alta, monta la mezcla hasta que sea suave. Añade los huevos de uno en uno, bate cada uno que agregues para incorporarlo y raspa el cuenco cuando convenga. Añade la vainilla y bátelo durante 3 minutos más. Reduce a la velocidad baja. Poco a poco, vierte dos tercios de la mezcla de harina; bátelo solo hasta unirlo. Extrae el cuenco de la batidora. Añade la mezcla de la harina restante y remuévelo manualmente realizando movimientos envolventes sin mezclarlo demasiado.

3. Reparte la masa en partes iguales en los moldes forrados, hasta rellenar los dos tercios. Extiende la masa que sobre en la fuente ya preparada y alisa la parte superior con una espátula acodada. Hornéalo todo, gira los moldes y la fuente a la mitad de la cocción hasta que la masa haya adquirido consistencia (pero aún sea blanda) y la parte superior brille, más o menos 18 minutos para los cupcakes y 21-23 minutos para la fuente cuadrada. Traslada los moldes y la fuente a rejillas y deja enfriar completamente antes de extraer los cupcakes y el cuadrado.

RELLENO DE CARAMELO SALADO

PARA 2 TAZAS APROXIMADAMENTE

480 g (2 ½ tazas) de azúcar

160 ml (⅔ de taza) de agua

1 cucharada de sirope de maíz claro

180 ml (¾ de taza) de nata para montar

2 ½ cucharaditas de sal marina, preferiblemente flor de sal

Calienta el azúcar con el agua y el sirope de maíz en una olla de fondo grueso a fuego alto removiendo de vez en cuando hasta que el sirope esté transparente. Sujeta un termómetro para caramelo en un lado de la olla. Deja de remover y cuécelo hasta que el sirope hierva raspando la olla con un pincel mojado cuando sea necesario. Hierve la mezcla y, de vez en cuando, dale vueltas a la olla suavemente hasta que haya caramelizado y alcance los 190 °C. Retira la olla del fuego; vierte la nata lentamente (la mezcla salpicará) y remueve con una cuchara de madera hasta integrar. Añade y mezcla la sal. Utiliza este relleno enseguida; si el caramelo empieza a endurecerse, recaliéntalo un poco hasta que lo puedas verter.

CHIPS DE ZANAHORIA CONFITADA

PARA 24 CHIPS

240 ml de jarabe de arce, preferiblemente de grado B

1 zanahoria delgada pelada y cortada en 24 rodajas muy finas

Lleva el sirope a punto de hervor en una olla a fuego medio. Divide las rodajas de zanahoria en cuatro partes y añádela por tandas a la olla; sumérgelas de forma que queden cubiertas por el sirope. Cuécelas hasta que los bordes se ondulen y los centros estén ligeramente traslúcidos, en unos 2 minutos. Con una espumadera, traslada las rodajas a una bandeja con papel absorbente y aplánalas con una espátula. Deja que se enfríen completamente. Las chips de zanahoria se pueden guardar hasta 3 días a temperatura ambiente en un recipiente hermético.

FLORES CRISTALIZADAS

PARA 24 CUPCAKES

1 clara de huevo grande

1 cucharada de agua

Flores comestibles sin pesticidas, como pensamientos y violas sin los tallos (6 por cupcake)

Azúcar superfino para espolvorear

Monta la clara de huevo con el agua en un cuenco pequeño. Trabaja cada flor por separado y sujétala con pinzas de cocina. Con un pincel pequeño, pinta toda la superficie de la flor con el huevo batido. Espolvoréala con azúcar superfino y cúbrela totalmente. Trasládala a una bandeja o una rejilla y deja que se seque. Se pueden guardar hasta 3 meses a temperatura ambiente en un recipiente hermético y en una única capa entre papel encerado.

FLORES DE PIÑA DESHIDRATADA
PARA 24 FLORES

2 piñas grandes o 4 pequeñas peladas

Precalienta el horno a 110 °C. Forra dos bandejas de horno con papel para hornear. Con un vaciador de fruta, extrae los «ojos» de la piña. Utiliza un cuchillo afilado para cortar la piña en rodajas muy finas. Colócalas en las bandejas y hornéalas hasta que la parte superior parezca seca, en unos 30 minutos. Gira las rodajas y hornéalas hasta que estén bien secas, 25-30 minutos más (o más, según lo gruesas que sean). Pellizca el centro de las rodajas para darles forma de cuenco; deja que se enfríen en un molde para muffins limpio para que formen un flor como la de la página 223. Una vez frías, puedes guardar las flores (apiladas) hasta 3 días en un recipiente hermético a temperatura ambiente.

NUECES PECÁN CARAMELIZADAS
PARA 2 TAZAS APROXIMADAMENTE

100 g (½ taza) de azúcar

60 ml (¼ de taza) de agua

120 g (1 taza) de nueces pecán a trozos grandes

Forra una bandeja para horno con borde con una lámina antiadherente para horno. Calienta el azúcar y el agua hasta el punto de ebullición en una olla de fondo grueso a fuego medio, remueve de vez en cuando y espera a que el azúcar se haya disuelto. Deja de remover; cuécelo hasta que el sirope empiece a hervir, raspa la cacerola con un pincel mojado y evitarás que se formen cristales. Hiérvelo mientras das suaves vueltas a la olla de vez en cuando, hasta que la mezcla adquiera un color ámbar claro. Retíralo del fuego. Echa y remueve las nueces con una cuchara de madera, cúbrelas completamente. Extrae las nueces del caramelo enseguida; repártelas en una sola capa sobre la bandeja de horno. Deja que se enfríen del todo antes de usarlas o guardarlas. Rómpelas en trozos pequeños si es necesario.

FRUTOS SECOS TOSTADOS

Precalienta el horno a 180 °C. Extiende frutos secos de manera uniforme sobre una bandeja de horno con borde y tuéstalos. Remuévelos de vez en cuando hasta que desprendan aroma, de 8 a 10 minutos. (Vigila que no se quemen.) Traslada los frutos secos a un plato y deja que se enfríen completamente.

AVELLANAS PELADAS Y TOSTADAS

Precalienta el horno a 121 °C. Extiende las avellanas sobre una bandeja para horno con borde. Hornéalas, remuévelas a media cocción y cuando desprendan aroma y la piel empiece a quebrarse, en unos 20 minutos, retíralas del horno. Aún calientes, colócalas sobre un trapo de cocina y frótalas para pelarlas. Vuelve a hornearlas peladas unos minutos más y después frótalas de nuevo. Deja que se enfríen del todo.

COCO TOSTADO

Precalienta el horno a 180 °C. Extiende el coco de manera uniforme sobre una bandeja para horno con borde; tuéstalo y remuévelo de vez en cuando hasta que empiece a estar marrón, en unos 10 minutos (o más si quieres un color más oscuro). Traslada la bandeja a una rejilla de alambre y deja que el coco se enfríe completamente.

CHOCOLATE DERRETIDO

Pon chocolate (blanco o negro) cortado en trocitos (o usa pepitas si se indica en la receta) en un cuenco resistente al calor sobre (no dentro) una olla con agua hervida (vigila que el agua no entre en contacto con el chocolate porque este se agarrotaría o se derretiría). Caliéntalo hasta que el chocolate casi se haya derretido, entonces remuévelo con una espátula flexible para derretirlo totalmente. Retira el cuenco de la olla y deja que se enfríe (remuévelo de vez en cuando) unos 30 minutos antes de usarlo.

VIRUTAS DE CHOCOLATE

Con un pelador de verduras corta tiras de una pieza de chocolate ligeramente caliente (caliéntalo en el microondas en intervalos de 5 segundos, comprobando si está caliente al tacto pero no demasiado). Para obtener virutas bien definidas, empieza por la esquina más alejada de la pieza de chocolate y desplaza el pelador hacia ti. Es mejor usar estas virutas de inmediato. También puedes cortarlas directamente sobre el cupcake.

presentación Y regalo

Todo dulce casero preparado con amor requiere una presentación adecuada. Pero esto no implica vajilla, cubertería y mantelería extravagantes; bien al contrario, la presentación puede ser informal o espectacular, majestuosa o divertida. Y del mismo modo, si vas a ofrecer cupcakes a una sola persona o a todo un grupo, piensa en qué modo los entregarás, incluidas las distintas opciones para transportarlo. Debido a la cobertura, la mayoría de los cupcakes no se pueden apilar como ocurre con las galletas, y al transportarlos tienden a deslizarse o girarse, con lo que se desmonta la decoración que con tanto cuidado habías diseñado y colocado. En las páginas siguientes encontrarás ideas de presentación, además de las ingeniosas banderitas y figuritas que puedes hacer tú y sugerencias para transportar los cupcakes de manera segura a la par que elegante

BANDERAS DE PAPEL PERFORADO
Las banderas de papel son una forma fácil de decorar incluso los cupcakes con una cobertura más sencilla, o los que no llevan cobertura. Las perforadoras (consulta Proveedores, en la página 342) cortan rápidamente el papel en varias formas: corazones, estrellas, círculos... Perfora la forma que quieras en papel grueso o cartulinas, luego pega dos formas idénticas dorso con dorso con cinta de doble capa y con un palillo en medio.

GORROS DE FIESTA CON IMÁGENES Ponle alegres gorros de fiesta rallados a una hornada de cupcakes para un cumpleaños. Fotocopia en color el diseño de la página 338 y recorta los gorros. Con cuidado, enrolla el papel en forma de cono, haz coincidir los bordes y pégalos con cinta de doble cara. En la punta del cono debería quedar un pequeño agujero por el que insertar un palillo con volantes que atraviese el gorro y se clave en el cupcake. Pega un hilo o un cordel en cada gorro para simular la correa.

BANDERAS DE CUMPLEAÑOS ILUSTRADAS Las banderas con ilustraciones modernas en colores vivos son una presentación magnífica para celebrar un cumpleaños. Fotocopia en color las imágenes de la página 339, luego recórtalas manualmente o con una perforadora redonda de 5 cm (gira la perforadora boca abajo para que te resulte más sencillo centrar el diseño). Pégales palillos con cinta adhesiva.

DECORACIONES DE PAPEL DE REGALO Puedes usar un alegre papel de envolver regalos para hacer decoraciones para una fiesta. Aquí, las banderas de los cupcakes las hemos hecho recortando formas en un papel divertido con perforadoras (consulta Proveedores, en la página 342). Un papel cuadrado con el mismo estampado sirve para forrar un soporte de pasteles (con un trozo más grande puedes improvisar un tapete o un mantel). Dado que el papel de regalo se encuentra en muchísimos diseños y colores, puedes adaptar esta idea a cualquier celebración.

EXPOSITOR DE POSTRES EN VARIOS PISOS Los cupcakes no son siempre el centro de atención, colócalos alrededor de unos generosos complementos de tonos similares para un buffet de postres. En este caso, los cupcakes con cápsulas de papel plateado de tres tamaños (consulta Proveedores, en la página 342, para encontrar las cápsulas) cubiertos con un baño blanco como la nieve y copos de coco se alternan entre galletas glaseadas con forma de pingüino y boles plateados repletos de peladillas en un expositor para celebrar las vacaciones de invierno.

POSAVASOS DE COPOS DE NIEVE PLATEADOS Reserva un
puesto de honor para cada cupcake sobre una estrella plateada y brillante
recortada de delicado papel de aluminio (consulta Proveedores, en la
página 342). Fotocopia la plantilla de la página 340 y recórtala. Corta
un círculo de papel de aluminio de 14 cm, dóblalo por la mitad dos veces.
Luego, dóblalo en tercios (debería quedarte en forma de cuña). Coloca
la plantilla sobre la cuña y córtala por la línea de puntos. Repite el proceso
hasta que tengas el número de posavasos que necesites; puedes hacer otras
formas para variar o bien repetir el mismo patrón, como en la fotografía.

CESTAS DORADAS DE CUPCAKES

Adornados con crema en entramado y asas de cinta de papel, un grupo de cupcakes se transforma ingeniosamente en una exposición de cestas de regalo, cada una esperando a que un afortunado invitado a la fiesta la tome. En estas que se muestran, se ha aplicado crema de mantequilla dorada en varios motivos de esterilla, y los cupcakes se han colocado sobre soportes de pasteles para una celebración importante. Para otras ocasiones menos formales serían apropiados otros tonos de cobertura y cápsulas de papel normal. Puedes adaptar la idea del asa de los cupcakes a los cupcakes de cesta de fresas de la página 280. Antes de colocar las asas, introduce los cupcakes en el frigorífico hasta que la cobertura adquiera consistencia.

Para hacer la cesta: Dobla por la mitad un trozo de cinta de papel de casi 37 cm y poco más de 3 mm de grosor y pliégala un poco para marcar la mitad. Mide unos 6 cm desde la mitad hacia los dos lados y dobla la cinta hacia fuera en esos dos puntos y pliégala bien. Une estos dos pliegues en el pliegue central formando un lazo y pégalo aplicando unos puntos de pegamento (consulta Proveedores, en la página 342). No pliegues los bucles del lazo. Para terminar el lazo, envuelve el centro con un trozo de cinta de 2,5 cm de ancho; fija los extremos debajo con pegamento. Dobla un poco más de 3 cm de los extremos de la cinta hacia dentro y pliégalos. Coloca cinta de dobla cara en el interior de las lengüetas y presiónalas en la base de la cápsula del cupcake.

TORRE DE CUPCAKES DORADOS Pisos de cupcakes envueltos en papel de aluminio bruñido componen un expositor deslumbrante tan adecuado para una boda como para el 50º aniversario de bodas. A la cobertura aplicada en forma de remolino se le añaden trozos pequeños y un poco arrugados de hoja de oro comestible y se espolvorea polvo de brillo para incrementar el brillo del conjunto. Puedes encontrar el oro comestible y el polvo de brillo en tiendas especializadas en pastelería y en Internet (consulta Proveedores, en la página 342). El oro comestible se vende en láminas, copos y gránulos.

TARJETAS PARA INDICAR EL LUGAR (arriba) Tanto si forma
parte de un grupo en un buffet como si quieres indicarle el lugar
de la mesa que le corresponde a alguien, un cupcake marcado con el
nombre de un invitado seguro que funciona. Escribe los nombres en una
tarjeta de regalo de un color (consulta Proveedores, en la página 342).
La mayoría de las tarjetas se venden con un agujero en la parte superior;
perfora otro en la parte inferior y pasa un palillo por los dos agujeros.
Estampa un detalle apropiado para la ocasión, en este caso, navideño.

EXPOSITOR CON ADORNOS DE CUPCAKES (página
siguiente) Adorna un árbol en dos dimensiones de una rama que
sobre de un árbol con alegres minicupcakes decorados con manga
pastelera para que parezcan los adornos navideños. Coloca la rama sobre
una fuente de servir grande y luego dispón los «adornos» en las «ramas».
Termina de decorar el árbol con unos cuantos «regalos» de *fudge* en
tamaño miniatura envueltos con cintas rojas finas.

DECORACIÓN CON FOTOGRAFÍA Celebra un aniversario de boda, un cumpleaños, una fiesta de bienvenida a un bebé o una boda con cupcakes personalizados a partir de una fotografía especial. Fotocopia (o descarga e imprime) fotografías en cartulina (necesitarás dos para cada bandera), luego pégalas dorso con dorso con cinta de doble cara con un palillo en medio, o una cucharilla de madera para el café.

TORRE DE CUPCAKES CON MONOGRAMA Una montaña de muchos pisos de cupcakes es una alternativa menos tradicional —aunque no menos sorprendente— a un pastel de boda de varias capas. Los cupcakes adornados con corazones de fondant estampados con monogramas (consulta la receta y las instrucciones en la página 258) se presentan sobre un soporte de pasteles de varios pisos y círculos de espuma de poliestireno y se adornan con cinta satinada azul, que se sujeta aplicando unos puntos de pegamento caliente. La blonda, que se adhiere con el mismo pegamento, recuerda los detalles de encaje de un vestido de novia.

CESTA DE RECUERDO

Un molde para muffins es un soporte muy natural para regalar cupcakes, y además será útil mucho tiempo después de que se coman la última miga de los cupcakes. Envuelve el molde con papel de color procurando no estropear la cobertura.

Para hacer el envoltorio: Para cubrir un molde de seis muffins tendrás que cortar un papel de hornear o antiadherente (*glassine*) (consulta Proveedores, en la página 342) en forma de rectángulo de 20 × 60 cm. Dobla el papel por la mitad longitudinalmente. Dobla un trozo de unos 2 cm de los extremos superiores hacia abajo. Dispón un cordel de 64 cm recorriendo el dobladillo por debajo, luego vuelve a doblar los extremos (ahora el cordel quedará en el dobladillo superior). Dobla las esquinas del dobladillo hacia abajo. Sujeta la funda de papel abierta (o pide a alguien que te ayude) y desliza el molde para muffins dentro. Ata el cordel en forma de lazo en la parte delantera y si quieres incluye una tarjeta de regalo.

1

2

CAJAS PARA LLEVAR Las cajas de cartón pequeñas con asas de alambre (que normalmente se asocian a la comida china) tienen el tamaño perfecto para guardar cupcakes individuales. Ofrécelos como regalo o como recuerdo de una fiesta o —fieles a su propósito original— dáselos a los invitados cuando se marchen con los cupcakes que sobren. Los encajes son muy sencillos de hacer y mantienen los cupcakes en su sitio para no estropear la decoración. Para hacer encajes de cupcakes personalizados, fotocopia la plantilla de la página 341 en una cartulina del color que quieras y recórtalos. Usa un cuchillo para manualidades o un cortador de círculos de 5,5 cm para extraer los centros. Copia la plantilla en más cartulinas hasta que tengas suficientes encajes y recórtalos. Dobla los laterales por las líneas de puntos e introduce cada encaje en una caja de 475 ml (consulta Proveedores, en la página 342).

TRÍO SABROSO Tres cupcakes de tamaño estándar encajan perfectamente en un molde pequeño de madera, conocido como molde Panibois, disponible en tiendas especializadas en manualidades o en pastelería (consulta Proveedores, en la página 342). Para adornar el molde, envuelve los lados largos del molde con un papel de la época del año que corresponda o bien estampado y cubre los cupcakes con papel de un solo color que combine con el estampado.

plantillas E ilustraciones

Fotocopia todo el material al 100%.

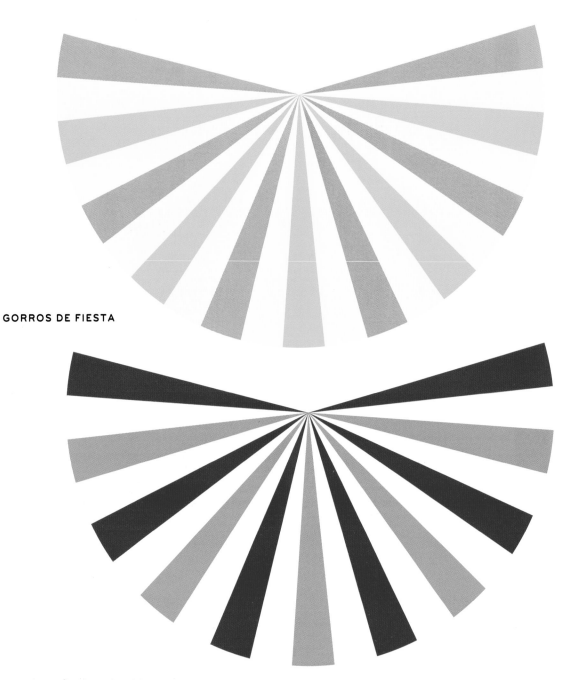

GORROS DE FIESTA

MANECILLAS DE RELOJ

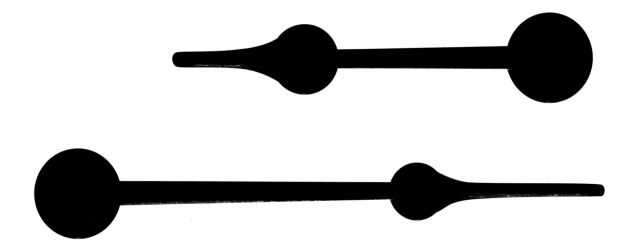

POSAVASOS DE COPOS DE NIEVE PLATEADOS

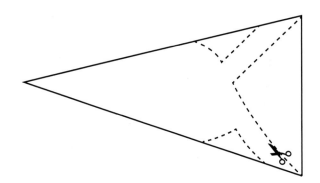

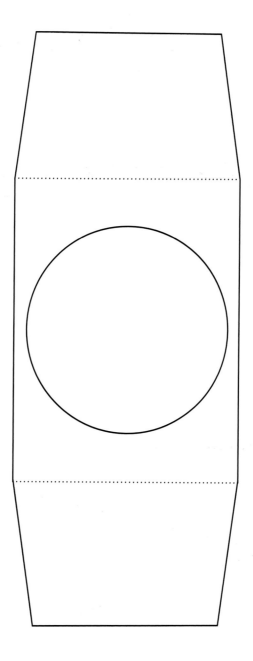

proveedores

La lista que aparece a continuación incluye los proveedores de confianza a los que suelen recurrir nuestros editores para conseguir ingredientes, utensilios, equipo y material. La lista de la página siguiente contiene información más específica relativa a las recetas y las fotografías que se indican. Todas las direcciones y los números de teléfono de Estados Unidos y los sitios web se han verificado en el momento de la publicación de este libro; esta información está sujeta a cambios.

CARAMELOS, GRÁNULOS Y FIDEOS

Economy Candy
800-352-4544
www.economycandy.com
Pipas de girasol bañadas en chocolate, chocolates, caramelos de goma, gominolas y regaliz

Macy's
800-289-6229
www.macys.com
Azúcares de colores y gránulos y fideos de Martha Stewart Collection

Sugarcraft
513-896-7089
www.sugarcraft.com
Gránulos, *nonpareils* y azúcares de colores

The Sweet Life
212-598-0092
www.sweetlifeny.com
Chocolates, gominolas (incluidas las tiras ácidas) y regaliz

FRUTA DESHIDRATADA, FRUTOS SECOS, ESPECIAS Y EXTRACTOS

Adriana's Caravan
800-316-0820 o 617-649-4749
www.adrianascaravan.com
Extractos y especias enteras y molidas

A. L. Bazzini
212-334-1280
www.bazzininuts.com
Fruta deshidratada y frutos secos

Kalustyan's
212-685-3451
www.kalustyans.com
Fruta deshidratada, extractos y frutos secos

Penzeys Spices
800-741-7787
www.penzeys.com
Especias y extractos

Russ & Daughters
800-787-7229 o 212-475-4880
www.russanddaughters.com
Fruta deshidratada y frutos secos

UTENSILIOS Y EQUIPO

Bridge Kitchenware
800-274-3435 o 212-688-4220
www.bridgekitchenware.com
Moldes (para muffins estándar, gigantes y mini), mangas pasteleras y boquillas, pinceles de repostería, espátulas flexibles y batidoras

Broadway Panhandler
866-266-5925 o 212-966-3434
www.broadwaypanhandler.com
Moldes (para muffins estándar, gigantes y minis), espátulas, mangas pasteleras y boquillas y batidoras

Candyland Crafts
877-487-4289
www.candylandcrafts.com
Moldes (para muffins estándar, gigantes y minis), espátulas, mangas pasteleras y boquillas

CopperGifts.com
620-421-0654
www.coppergifts.com
Cortadores de galletas

Macy's
800-289-6229
www.macys.com
Moldes de pastelería de Martha Stewart Collection (moldes para muffins estándar y minis), cortadores de galletas, portacupcakes, tazas y cucharas de medición, batidoras

Sugarcraft
513-896-7089
www.sugarcraft.com
Cápsulas de papel

Williams-Sonoma
877-812-6235
www.williams-sonoma.com
Moldes (para muffins estándar, y mini), sopletes de cocina, mangas pasteleras y boquillas, espátulas flexibles, batidoras

MATERIAL DE EXPOSICIÓN Y EMBALAJE

GlerupRevere Packaging
866-747-6871
www.glerup.com
Cajas y papel

Macy's
800-289-6229
www.macys.com
Cajas, soportes para pasteles, portacupcakes, expositores de varios pisos para cupcakes

Martha Stewart Crafts
877-882-0319
www.marthastewartcrafts.com
Cajas, perforadoras, cintas y papel

Michaels
800-642-4235
www.michaels.com
Cajas de Martha Stewart, perforadoras, cintas y papel

The Container Store
800-786-7315
www.containerstore.com
Cajas y cintas

CUPCAKES PARA CUALQUIER DÍA

Página 15: soporte para pasteles de loza blanca, cuadrado y de 20 cm de Martha Stewart Collection, adquirido en Macy's, 800-289-6229 o www.macys.com para consultar las tiendas

Página 43: CUPCAKES DE ARÁNDANOS NEGROS Y NATA Soporte para pasteles de loza blanca de 25 cm de Martha Stewart Collection, adquirido en Macy's (consulta arriba)

Página 57: CUPCAKES DE MANTEQUILLA DE CACAHUETE Y GELATINA Papel para manualidades «Candy Shop», 30 × 30 cm, de Martha Stewart, de Michaels, 800-642-4235 o www.michaels.com para consultar las tiendas

Página 67: CUPCAKES DE COCO Y NUECES PECÁN CON GANACHE DE CHOCOLATE Mantequilla de coco, de Foods of India, Sinha Trading, 212-683-4419

Página 68: CUPCAKES DE PISTACHO CON GLASEADO Pistachos laminados, de Pariya Food, www.pariya.com

Página 83: CUPCAKES ESPECIADOS DE CHOCOLATE Soporte para pasteles de loza blanca de 20 cm de Martha Stewart Collection, de Macy's (consulta arriba)

Página 86: CUPCAKES DE BROWNIE CON BAÑO DE LAVANDA Lavanda deshidratada (#511062), de Dean & DeLuca, 800-221-7714 o www.deandeluca.com

Página 134: CUPCAKES SELVA NEGRA Cerezas ácidas Adro con sirope suave (#14093), de Parthenon Foods, 877-301-5522 o www.parthenonfoods.com

Página 139: CUPCAKES SNICKERDOODLE Cápsulas de pastelería (juego de 30 estándar y 30 minis), de Sur La Table, 866-328-5412 o www.surlatable.com

Página 142: CUPCAKES DE LIMÓN Y MERENGUE Soplete de cocina, de Williams-Sonoma, 877-812-6235 o www.williams-sonoma.com

Página 147: CUPCAKES DE FRESA Cápsulas parafinadas rosas para cupcakes (#7100-BC-PG-1), de Fancy Flours, 406-587-0118 o www.fancyfl ours.com

Página 151: CUPCAKES S'MORES Soplete de cocina, de Williams-Sonoma (consulta arriba)

CUPCAKES PARA DÍAS ESPECIALES

Página 164: MINICUPCAKES CON GELATO Vasos de papel tuerca de 35 g (#415-500), de Sugarcraft, 513-896-7089 o www.sugarcraft.com

Página 170: CUPCAKES CON MARIQUITAS Cápsulas de cupcakes de Martha Stewart Crafts, de Michaels (consulta arriba)

Página 176: CUPCAKES CON FLORES DE GELATINA Rodajas de fruta, gominolas variadas y golosinas de especias, de Economy Candy, 800-352-4544 o www.economycandy.com

Página 177: CUPCAKES CON FLORES DE GALLETA DE AZÚCAR Cortador de galletas similar en forma de margarita (#94), de CopperGifts.com, 620-421-0654; palos de piruleta (#300-500C), de Sugarcraft (consulta arriba)

Página 178: CUPCAKES CON MONOGRAMA DE GALLETA Cortadores de galletas similares en forma de círculo (#416) y juego de 26 cortadores de galletas del alfabeto (#871), de CopperGifts.com (consulta arriba)

Página 182: CUPCAKES DE RATONES Pipas de girasol bañadas en chocolate, de Economy Candy (consulta arriba)

Página 186: CUPCAKES DE DINOSAURIOS Cortador de galletas similar en forma de dinosaurio (#77), de CopperGifts.com (consulta arriba); palos de piruleta (#300-500C), de Sugarcraft (consulta arriba)

Página 190: CACHORRO JUGUETÓN Papel para manualidades «Candy Shop», 30 × 30 cm, de Martha Stewart (de fondo), de Michaels (consulta arriba)

Página 191: BÚHOS SABIOS Papel para manualidades «Café», 30 × 30 cm, de Martha Stewart (de fondo), de Michaels (consulta arriba)

Página 213: CORAZONES DE CARAMELO ESPOLVOREADOS Corazones de caramelo rojos para espolvorear (#78-13101), de Sugarcraft (consulta arriba)

Página 217: CUPCAKES DE CONEJO DE PASCUA SPRINGERLE Molde Springerle en forma de conejo (#M5630), de House on the Hill, 877-279-4455 o www.houseonthehill.net

Página 225: CUPCAKES DE LA HORA DEL TÉ PARA EL DÍA DEL PADRE Bolitas de menta (para las pelotas de golf), de Economy Candy (consulta arriba)

Página 226: CUPCAKES DEL CUATRO DE JULIO Cápsulas para cupcakes similares (#7100-VIPR-1), de Fancy Flours (consulta arriba)

Página 236: CUPCAKES CON FIGURA DE CALABAZA Cortador de hojas pequeñas similar (juego de 6; #FR4790) de Golda's Kitchen, 866-465-3299 o www.goldaskitchen.com

Página 242: CUPCAKES DE BONIATO CARAMELIZADO Cápsulas naranjas para cupcakes (#BCA0850064), de Confectionery House, 518-279-4250 o www.confectioneryhouse.com; soplete de cocina, de Williams-Sonoma (consulta arriba)

Página 244: CUPCAKES CON DESLUMBRANTE ESTRELLA DE DAVID Cápsulas azules para cupcakes (#BCA0850056), de Confectionery House (consulta arriba)

Página 248: CUPCAKES DE FRUTAS CON CHAMPIÑONES DE MERENGUE Cápsulas para cupcakes con rayas oblicuas doradas («pisa») (#7100-VI-PG-1), de Fancy Flours (consulta arriba)

Página 252: ACEBO ALEGRE Golosinas de cereza ácida y gominolas en forma de hoja de menta cubiertas de azúcar, de Groovy Candies, 888-729-1960 o www.groovycandies.com

Página 253: LAZOS DE GOMINOLA Cápsulas de rayas rojas para cupcakes (#7100-QP-RD-1), de Fancy Flours (consulta arriba)

Página 258: CUPCAKES DE CORAZONES Cortador de galletas similar en forma de minicorazón (#264), de Copper Gifts.com (consulta arriba); sello de goma personalizado con inicial, de Stampworx 2000, 800-998-7826 o www.stampworx2000.biz

Página 269: CUPCAKES PARA EL DÍA DE LA GRADUACIÓN Tira ácida de frambuesa (#gutslsb1), de The Sweet Life, 212-598-0092 o www.sweetlifeny.com; soporte para pasteles de loza blanca de 25 cm de Martha Stewart Collection, de Macy's (consulta arriba)

Página 270: CUPCAKES DE UNA LIBRA CON FLORES FRESCAS Flores comestibles, de Sid Wainer & Son, 888-743-9246 o www.sidwainer.com

Página 273: CUPCAKES CON GIRASOLES Pipas de girasol bañadas en chocolate, de Economy Candy (consulta arriba); cápsulas verde oscuro para cupcakes (#BCA0850060), de Confectionery House (consulta arriba)

Página 277: CUPCAKES DE ALMENDRAS Y AVELLANAS CON DISCOS DE IMITACIÓN DE MADERA Veteadora de 10 cm (#B905-10), de J.B. Prince, 800-473-0577 o www.jbprince.com; láminas de acetato transparente de 30 × 45 cm (#559900), de Pfeil & Holing, 800-247-7955 o www.cakedeco.com

Página 280: CUPCAKES-CESTA DE FRESAS Juego de 3 cortadores de cálices (#242L) y herramienta de modelado con dos lados en forma de estrella (#PME8), de Sugarcraft (consulta arriba); cápsulas rojas para cupcakes (#BCA0850052), de Confectionery House (consulta arriba); cortador similar de goma (#260MN), de Creative Cutters; 888-805-3444 o www.creativecutters.com

Página 282: CUPCAKES CON ROSAS DE CREMA DE MANTEQUILLA Cápsulas marrones para cupcakes (#7100-BC-BM-1), de Fancy Flours (consulta arriba)

TÉCNICAS BÁSICAS

Página 298: CÓMO HACER UN CUCURUCHO DE PAPEL Triángulos de papel de hornear de Ateco, de BakersTools.com, 866-285-2665 o www.bakerstools.com

PRESENTACIÓN Y REGALO

Página 324: Expositor de varios pisos para cupcakes de Martha Stewart Collection, de Macy's (consulta arriba)

Página 326: BANDERAS DE PAPEL PERFORADO Perforadoras para manualidades en forma de copo de nieve, corazón y aciano de Martha Stewart Crafts, de Michaels (consulta arriba)

Página 327: DECORACIONES DE PAPEL DE REGALO Perforadoras para manualidades de 2,5 cm en forma de círculo festoneado, corazón y mariposa clásica de Martha Stewart Crafts, de Michaels (consulta arriba)

Página 328: EXPOSITOR DE POSTRES EN VARIOS PISOS Cápsulas de papel de aluminio de tamaño mini (#85-70121), estándar (#6432) y gigante (#680620), de Sugarcraft (consulta arriba)

Página 329: POSAVASOS DE COPOS DE NIEVE PLATEADOS Origami de papel de aluminio de 15 cm, de Paper Jade, paperjade.com

Página 330: CESTAS DORADAS DE CUPCAKES Puntos pequeños de pegamento, de Michaels (consulta arriba); cápsulas doradas para cupcakes estándar (#415-206), de Sugarcraft (consulta arriba)

Página 331: TORRE DE CUPCAKES DORADOS Cápsulas doradas para cupcakes estándar (#415-206), de Sugarcraft (consulta arriba); copos de hoja de oro comestible y polvo de brillo, de Technobake, 732-656-0888 o technobake.com

Página 332: TARJETAS PARA INDICAR EL LUGAR Tarjetas de regalo rojas de 4,4 × 2,7 cm (#11060), de Avery, 800-462-8379 o www.avery.com; juego de 12 sellos de goma navideños (#CV3001), de RedStamp.com, 877-405-2270; bolígrafo de gel blanco nuclear, de Yasutomo, www.yasutomo.com

Página 336: CESTA DE RECUERDO Papel de seda rosa, de Kate's Paperie, 800-809-9880 o www.katespaperie.com

Página 337: CAJAS PARA LLEVAR Cajas blancas de cartón de 475 ml con asas de alambre, de Paper Mart, 800-745-8800 o www.papermart.com. TRÍO SABROSO Molde Panibois grande (juego de 6), de GourmetBetty.com, 513-309-5506; papel de seda similar de Martha Stewart Crafts, de Michaels (consulta arriba)

créditos fotográficos

Todas las fotografías de
CON POULOS, excepto:

SANG AN 87, 229, 230, 231, 234, 235, 252 (izquierda), 312

JAMES BAIGRIE 207

CHRISTOPHER BAKER 328

MELINDA BECK 339 (ilustraciones de las banderas de cumpleaños)

ALAN BENSON 222

REED DAVIS 192, 193

LAURIE FRANKEL 185

DANA GALLAGHER 94, 116

GENTL & HYERS 162, 163, 169, 172, 174, 175, 176 (izquierda), 190 (derecha), 191 (izquierda), 196, 197, 212 (derecha), 227, 232, 238, 252 (derecha), 253 (izquierda), 266, 267, 333

RAYMOND HOM 47, 48, 104, 121, 129, 151, 152, 166, 168, 171, 181-184, 190 (izquierda), 191 (derecha), 198, 206, 217, 218, 245, 264, 269, 273, 274, 278-280, 283, 284, 287, 290, 293, 295, 296, 298, 299, 301, 305, 314, 321, 326, 329, 332, 334, 336, 337

LISA HUBBARD 215

YUNHEE KIM 327 (izquierda)

ANDERS KRUSBERG 327 (derecha)

RICK LEW 330

STEPHEN LEWIS 179

DAVID LOFTUS 132

WILLIAM MEPPEM 259, 335

MARCUS NILSSON 331

VICTORIA PEARSON 164, 236, 237

TOSCA RADIGONDA 177 (izquierda)

TINA RUPP 202

CLIVE STREETER 27, 45, 213 (derecha)

WENDELL T. WEBBER 176 (derecha), 250, 251

ANNA WILLIAMS 177 (derecha), 187, 194, 195, 199-201, 260

índice

Nota: los números de página en *cursiva* corresponden a las fotografías.